Depressionen
erkennen, verstehen und überwinden

ALEXANDER STERN

D1732042

DANKSAGUNGEN

Mein Dank geht an die vielen Menschen, die mitgeholfen haben, damit dieses Buch entstehen konnte. Ganz besonders danken möchte ich den Lesern meiner Bücher, die mit ihren Fragen und Anregungen entscheidend dazu beigetragen haben, dass dieses Buch entstanden ist.

Der Dank gilt auch den Besuchern unserer Website

www.gefühlundverstand.de

Deren Ansporn hat mich ermutigt, das Buch nun auch in gedruckter Form fertigzustellen. Denn scheinbar hat doch noch nicht jeder einen E-Book-Reader.

Nicht zuletzt gilt mein ganz besonderer Dank meiner Familie, die mich in jeder Hinsicht ermuntert und unterstützt hat.

Ohne euch alle, würde es dieses Buch nicht geben!

ALEXANDER STERN

INHALT

ÜBER DIESES BUCH

Sigmund Freud, Marilyn Monroe oder Charles Dickens. Viele berühmte, erfolgreiche und bewunderte Personen litten unter Depressionen. Eine Depression ist eine ernste Krankheit. Sie ist nicht zu vergleichen mit schlechter Laune oder Traurigkeit. Wer eine Depression durchmacht, leidet. Manchmal so sehr, dass er keinen anderen Ausweg als den Suizid sieht. Wer das noch nicht selbst erlebt hat, kann sich nicht wirklich vorstellen, wie quälend dieser Zustand für die Betroffenen sein kann.

Und eine Depression kann jeden treffen. Auch oder gerade solche Menschen, von denen man es vielleicht am wenigsten erwarten würde. Eine Depression hat nichts mit Erfolg oder Misserfolg, mit Reichtum oder Armut zu tun. Jeder kann an einer Depression erkranken. Unabhängig von Geschlecht, Alter, beruflichem Erfolg oder sozialer Stellung. Ein gutes Beispiel dafür ist die japanische Prinzessin Masako, die seit vielen Jahren unter schweren Depressionen leidet. Auch Kinder und Jugendliche bleiben nicht verschont. Seit Jahren ist eine ständige Zunahme der Zahl auch junger Patienten mit Depressionen zu beobachten.

Eine Depression ist eine ernste Krankheit. Bleibt sie unbehandelt oder finden die Betroffenen keine Hilfe, endet sie nicht selten mit dem (versuchten) Suizid der Erkrankten. Ein trauriges Beispiel ist das des Fußballers, Robert Enke, der sich vor einigen Jahren aus Verzweiflung das Leben nahm.

Zum Glück muss es aber nicht so weit kommen. Wer rechtzeitig die richtigen Schritte unternimmt, hat gute Chancen, die Krankheit zu überwinden. Eine professionelle Behandlung führt bei vielen Betroffenen zur vollständigen Heilung. Wo dies nicht möglich ist, ermöglicht sie zumindest ein weitgehend beschwerdefreies Leben. Wichtig ist, so früh wie möglich Hilfe zu suchen.

Man schätzt, dass in Deutschland etwa 5 % der Bevölkerung von Depressionen betroffen sind. Das sind 4 Millionen Menschen! Und mindestens doppelt so viele werden im Laufe ihres Lebens an einer Depression erkranken. In einigen Ländern treten Depressionen so häufig auf, dass die damit verbundenen wirtschaftlichen Folgen einen spürbar negativen Einfluss auf die Staatsfinanzen haben. Die japanische Regierung gibt an, dass der Wirtschaft des Landes durch Depressionen jährlich ein Schaden von fast 30 Milliarden Euro entsteht! Ähnliche Zahlen kommen aus vielen anderen Ländern.

Wenn Sie dieses Buch lesen, gehören Sie wahrscheinlich zu den Menschen, die befürchten selbst an einer Depression zu leiden, oder Sie haben einen Familienangehörigen oder Freund, der an einer Depression erkrankt ist. Vielleicht Sie fühlen sich erschöpft, lustlos und bedrückt, ohne dass es dafür einen erkennbaren Grund gibt. Oder Sie leiden unter Schmerzen und haben von Ihren Ärzten die Auskunft bekommen, dass es dafür keine erkennbare körperliche Ursache gibt. Möglicherweise haben Sie schon die Diagnose „Depression" bekommen und wissen nicht recht, was Sie damit anfangen sollen. Vielleicht haben Sie auch schon einen langen Leidensweg hinter sich, ohne wirkliche Hilfe gefunden zu haben.

Für Sie haben wir dieses Buch geschrieben. Es gibt Ihnen verständliche Antworten auf all die Fragen, die bei einer Depression entstehen. Sie finden unter anderem Antworten auf diese Fragen:

- Was ist eine Depression überhaupt?

- Welche Symptome deuten auf eine Depression hin?

- Wie verläuft eine Depression?

- Wie wird eine Depression behandelt?

- Wie sind die Heilungschancen?

- Was muss man über Antidepressiva wissen?

- Was muss man über Psychotherapie wissen?

- Wie kann man einer Depression vorbeugen?

- Was können die Familie oder Freunde tun, um einem depressiven Menschen zu helfen?

- Wie kann man eine Suizidabsicht erkennen und wie sollte man sich verhalten?

- Was kann man selbst tun, damit es einem wieder besser geht?

Die wichtigste Botschaft lautet: Eine Depression ist nichts, wofür man sich schämen müsste. Millionen sind betroffen und es gibt heute vielfältige Möglichkeiten der erfolgreichen Behandlung.

Geben Sie nicht auf. Hilfe ist in jedem Stadium der Erkrankung möglich!

Wichtige Hinweise

Die Antworten, Erklärungen und Erläuterungen in diesem Buch sind allgemeine Informationen und keine individuellen Behandlungsvorschläge. Sie sollen nicht zur Selbstdiagnose oder Selbstbehandlung verwendet werden. Die Informationen und beschriebenen Vorgehensweisen in diesem Buch ersetzen nicht einen Arztbesuch.

Suchen Sie einen Arzt auf

Wenn Sie auch nur den Verdacht haben, an einer Depression zu leiden, sollten Sie nicht zögern, einen Arzt aufzusuchen. Die erste Anlaufstelle dafür ist in der Regel der Hausarzt. Sie können aber auch direkt einen psychiatrischen Facharzt oder einen Psychologischen Psychotherapeuten aufsuchen. Lassen Sie sich nicht auf monatelange Wartezeiten ein. Weisen Sie auf die Dringlichkeit hin. Je früher eine Depression behandelt wird, desto besser sind die Heilungschancen.

Hören Sie auf Ihren Arzt

Sicher ist es richtig, auch die Diagnosen und die Behandlung durch einen Arzt nicht völlig unkritisch hinzunehmen. Sollten Sie (vielleicht durch das Lesen dieses Buchs) Fragen oder Zweifel haben, sprechen Sie Ihren Arzt direkt darauf an. Jeder gute Arzt wird sich die Zeit nehmen, Ihnen zu erklären, warum er welche Behandlungsschritte für richtig oder notwendig hält. Suchen Sie einen Arzt, dem Sie vertrauen, und halten Sie sich im Zweifelsfalle immer an dessen Anweisungen.

„Andere Bezeichnungen"

Beim Thema Depressionen (und auch bei anderen psychischen Erkrankungen) findet man häufig unterschiedliche Bezeichnungen für gleiche oder ähnliche Krankheitsbilder und Symptome. Dazu gehören ältere, aber noch gebräuchliche alternative Bezeichnungen oder solche, die aus dem internationalen Sprachgebrauch übernommen werden. Wir verwenden im Buch die den neuesten Richtlinien entsprechenden Begriffe. Wo es alternative Bezeichnungen gibt, weisen wir darauf hin. Das hilft Ihnen, wenn Sie zum Beispiel in einem Buch, einem Zeitschriftenartikel oder in einem Arztbrief auf Begriffe stoßen, die nicht den aktuellen Richtlinien entsprechen.

Aktualisierungen und Kontakt

Bitte beachten Sie, dass die Erforschung der Depression und ihrer Ursachen zeitgleich auf vielen wissenschaftlichen Ebenen stattfindet. Dementsprechend ist sie ständig im Fluss. Monat für Monat erscheinen neue Studien und Untersuchungsergebnisse. Durch die neue Print on Demand-Technologie sind wir in der Lage, das Buch regelmäßig zu aktualisieren. Sie erhalten also automatisch immer die zum Zeitpunkt der Bestellung aktuellste Ausgabe des Buchs.

Wenn Sie Fragen oder Anregungen zum Buch haben, freuen wir uns, wenn Sie uns schreiben. Die entsprechenden Kontaktdaten finden Sie wie immer am Ende des Buchs.

ALLGEMEINE FRAGEN

Wer mit der Diagnose Depression konfrontiert wird, hat zwangsläufig viele Fragen. Was ist eine Depression überhaupt? Was kann man dagegen tun, wie lange dauert sie, und vor allem: Wie sind die Heilungschancen? In diesem Abschnitt des Buchs finden Sie Antworten auf die häufigsten Fragen, die von Betroffenen, aber auch von deren Angehörigen oder Freunden gestellt werden.

Was ist eine Depression?

Zunächst einmal dies: Eine Depression ist eine ernste Krankheit. Sie ist nicht zu vergleichen mit den Schwankungen, denen die Stimmung bei gesunden Menschen unterliegt. Eine Depression ist schlimmer, sehr viel schlimmer! Eine Depression verschwindet auch nicht von selbst nach einigen Tagen. Unbehandelt kann sie Monate oder auch Jahre andauern.

Für die Betroffenen ist eine Depression eine Qual. Sie fühlen sich schlecht. Oft so schlecht, dass sie keinen Sinn mehr darin sehen, weiterzuleben. Viele erleben quälende Schmerzen, können nachts nicht schlafen und fühlen sich am Tag erschöpft und wie erschlagen. Nichts bereitet ihnen mehr Freude. Selbst geliebte Hobbys oder Freizeitbeschäftigungen sind nur noch lästige Verpflichtungen, wenn sie sich überhaupt noch dazu aufraffen können. Hinzu kommen Schuldgefühle, Sorgen und stundenlanges Grübeln darüber, wie das alles weitergehen soll.

Selbstvertrauen und Selbstwertgefühl sind Empfindungen, an die sich viele depressive Patienten nur noch dunkel erinnern können. Sie fühlen sich wertlos und als Belastung für Familie und Freunde. Das Interesse an Essen und Trinken schwindet. Viele haben keinen Appetit mehr und müssen sich zum Essen regelrecht zwingen. Sogar das Interesse an Sex verschwindet. Es gibt im Leben vieler depressiver Menschen einfach nichts mehr, was ihnen Freude bereiten könnte. Und dieser Zustand ist nicht etwa nach ein oder zwei Tagen vorüber. Depressionen dauern Wochen oder Monate an. Werden sie nicht behandelt, auch noch länger.

Hilfe kommt oft zu spät

Nur ein relativ kleiner Teil der Betroffenen erhält sofort die notwendige Hilfe. Die meisten Erkrankten wissen zunächst gar nicht, was da mit ihnen geschieht. Oft fällt ihnen zu Beginn gar nicht auf, wie ihre Stimmung immer gedrückter wird, dass sie immer seltener unter Menschen gehen und Stück für Stück jegliche Freude am Leben verlieren. Manche leiden auch lange Zeit an Symptomen, die man auf den ersten Blick gar nicht mit einer Depression in Verbindung bringen würde. Ganz typisch sind zum Beispiel Schmerzen, für die weder der Hausarzt noch der Orthopäde eine organische Ursache entdecken kann. In der Konsequenz dauert es oft viel zu lange, bis die Diagnose „Depressionen" gestellt und eine fachgerechte Behandlung eingeleitet wird. Dazu kommt, dass Depressionen trotz erheblicher Aufklärungsarbeit in den letzten Jahren immer noch zu den Erkrankungen zählen, die viele Patienten gerne verbergen würden. Der Weg zum

Psychiater oder Psychotherapeuten fällt den meisten deshalb schwerer als der zu einem anderen Arzt. Während es bei Rückenschmerzen völlig selbstverständlich ist, den entsprechenden Facharzt aufzusuchen, ist das bei psychischen Problemen auch im 21. Jahrhundert noch nicht der Fall. Nicht zuletzt aus diesem Grund verbirgt sich hinter so mancher als „Burnout" oder „Erschöpfungssyndrom" bezeichneten Erkrankung in Wahrheit eine Depression.

Ursachen

Aus medizinischer Sicht gibt es sowohl biologische als auch psychische Ursachen für eine Depression. Auf organischer Seite ist dies vor allem ein Ungleichgewicht der Neurotransmitter Serotonin und Noradrenalin im Gehirn. Auch das Stresshormon Cortisol steht im Verdacht, an der Entstehung von Depressionen beteiligt zu sein. Aber auch psychische Faktoren wie ungünstige Denkmuster, traumatische Erfahrungen oder unaufgelöste Konflikte scheinen an der Entstehung von depressiven Erkrankungen beteiligt zu sein. Genetisch betrachtet scheint zumindest eine gewisse Vulnerabilität (Anfälligkeit) von Eltern an ihre Kinder vererbt zu werden.

Formen

Depressionen können in unterschiedlichen Schweregraden und verschiedenen Verlaufsformen auftreten. Häufig in Form sogenannter Episoden, von denen im Verlauf des Lebens eine oder auch mehrere auftreten können. Eine besondere Form der Depression ist die sogenannte bipolare Störung. Bei ihr wechseln sich depressive Episoden mit manischen Episoden ab. Während die Patienten während der depressiven Episoden alle typischen Symptome einer Depression erleiden, schlägt die Stimmung in den manischen Episoden ins Gegenteil um. Nicht selten mit ernsthaften Konsequenzen, weil die Patienten in der manischen Phase oft jegliches Risikobewusstsein verlieren und in eine Art Größenwahn verfallen. Allerdings tritt die bipolare Störung wesentlich seltener auf, als die klassische Depression.

Schlechte Laune ist keine Depression

Die Begriffe „Depression" und „depressiv" werden im allgemeinen Sprachgebrauch oft falsch und viel zu häufig verwendet. Oft werden damit ganz normale Stimmungen wie Traurigkeit, oder auch einfach auch nur schlechte Laune bezeichnet. Solche harmlosen Gefühle, die nur kurze Zeit, bestenfalls einige Tage, andauern, bezeichnet man in der Medizin als „depressive Verstimmung", nicht aber als Depression. Wenn also jemand sagt

„Das deprimiert mich jetzt aber." oder „Ich bin heute deprimiert." meint er damit etwas völlig anderes, als das, was Mediziner und Psychologen unter einer Depression verstehen.

Es handelt sich bei einer Depression auch nicht „nur" um eine psychische Erkrankung. Vielmehr treten auch organische Veränderungen auf, die nachweisbar und messbar sind. Eine Depression ist eine „echte" Krankheit, die nicht durch Willensanstrengung beeinflusst werden kann. Sie unterliegt ebenso wenig dem eigenen Willen, wie die Masern, eine Blinddarmentzündung oder eine Viruserkrankung. Und niemand ist vor ihr sicher. Eine Depression kann jeden ereilen, ganz gleich, wie gesund, gebildet oder willensstark er ist.

Behandlung

Depressionen können heute gut mit Medikamenten und Psychotherapie behandelt werden. Die besten Ergebnisse werden mit der Kombination beider Behandlungsformen erzielt. Die Möglichkeiten der Behandlung sind heute so weit fortgeschritten, dass fast allen Betroffenen geholfen werden kann.

Welche Symptome treten bei einer Depression auf?

Die Depression ist eine Erkrankung, die in vielen unterschiedlichen Formen auftritt. Anders als ein zu hoher Blutdruck oder Herzrhythmusstörungen lässt sie sich nicht einfach an Messwerten festmachen oder mithilfe von Geräten diagnostizieren. Die Symptome einer Depression können sich auch von Patient zu Patient ganz erheblich unterscheiden. Es gibt jedoch eine Reihe von Anzeichen, die so oder in ähnlicher Form bei vielen oder gar den meisten Patienten auftreten. Oft treten mehrere, in den meisten Fällen jedoch nicht alle, der folgenden Symptome auf:

Psychische Symptome

Verlust von Freude und Interesse

Depressive Patienten verlieren häufig die Fähigkeit, Freude zu empfinden. Gleichzeitig verlieren sie das Interesse selbst an solchen Dingen, die ihnen bisher wichtig waren. So schwindet zum Beispiel das Interesse an geliebten Hobbys. Die Betroffenen können selbst durch objektiv erfreuliche Dinge nicht mehr aufgemuntert werden. Um eine Vorstellung davon zu bekommen, ein Beispiel aus der Praxis: Ein 49-jähriger depressiver Patient erfuhr vor einiger Zeit, dass er beim Lotto einen hohen sechsstelligen Betrag gewonnen hatte. Er konnte jedoch darüber absolut keine Freude empfinden, obwohl ihn der Gewinn mit einem Schlag von allen finanziellen Sorgen befreite!

Gedrückte Stimmung

Die Stimmung ist durchgehend oder zeitweise trüb und pessimistisch. Stimmungstiefs können auch plötzlich auftreten. Die Betroffenen berichten dann häufig davon, in ein „schwarzes Loch" zu fallen. Das Leben und die ganze Welt erscheinen den Betroffenen grau in grau. Sie haben keine Lust mehr, sich unter Menschen zu begeben, Veranstaltungen wie Partys, bei denen ausgelassen gefeiert wird, werden für sie zur Qual.

Antriebsstörungen

Die Energie, selbst einfache oder alltägliche Dinge in Angriff zu nehmen, fehlt. Die Betroffenen haben oftmals nicht die Kraft, eine Aufgabe zu beginnen oder sehen keinen Sinn darin. Schon das Aufstehen am Morgen kostet viel Kraft, was in schweren Fällen dazu führt, dass die Patienten das Bett tagelang nicht verlassen. Körperliche Aktivitäten erscheinen oft unmöglich. Es lastet ein Gewicht „wie Blei" auf dem ganzen Körper. Nichts geht mehr von selbst, nichts fällt mehr leicht, auch Dinge, die vor der Erkrankung selbstverständlich waren und „mit Links" erledigt wurden. Das führt in schweren Fällen bis hin zur Unfähigkeit, alltägliche Verrichtungen wie Waschen, Putzen oder gar Körperpflege durchzuführen.

Stimmungseinengung

Mit dem Begriff der Depression wird häufig nur der Verlust der Fähigkeit, Freude, Spaß und Glück zu empfinden, verbunden. Nicht selten geht aber nicht nur die Fähigkeit, Angenehmes zu empfinden, verloren, sondern zum Beispiel auch die Fähigkeit, Trauer zu empfinden. Die Betroffenen fühlen sich leer und emotionslos. Viele wären schon dankbar, wenigstens traurig sein zu können!

Gefühl der Sinnlosigkeit

Die Betroffenen stellen alles infrage. Das bisher Geleistete erscheint ihnen wertlos, ihr eigenen Leben ohne Sinn und Berechtigung. Dieser Zustand kann in schweren Fällen bis hin zum (versuchten) Suizid führen.

Sorgen um die Zukunft

Die Betroffenen machen sich häufig übermäßig viele Sorgen um die Zukunft. Nicht selten kommt es zu einem „Verarmungswahn". Der Patient befürchtet dann, den finanziellen Ruin, auch wenn das tatsächlich sehr unwahrscheinlich ist. Zu solchen Befürchtungen trägt natürlich auch die Tatsache bei, dass die Betroffenen erleben müssen, nicht mehr leistungsfähig zu sein, auch wenn das – objektiv betrachtet – nur vorübergehend ist.

Hoffnungslosigkeit

Die Betroffenen haben keine Hoffnung, dass sich ihr Zustand bessert. Sie sehen ihre Zukunft in den trübsten Farben. Daran ändert auch nichts, dass sie vielleicht rational wissen, dass diese Gedanken unrealistisch sind. Wer unter einer schweren Depression leidet, kann seine Sicht der Dinge nicht rational korrigieren. Man kann ihm nicht „beweisen", dass er im Unrecht ist. Er kann und wird seine Meinung nicht ändern.

Verlust des Selbstvertrauens und des Selbstwertgefühls

Die Betroffenen verlieren das Vertrauen in ihre eigenen Fähigkeiten. Sie sehen an sich selbst nur noch Negatives und sind davon überzeugt, so auch auf andere zu wirken. Eigene positive Eigenschaften werden nicht mehr gesehen oder heruntergespielt. Genauso wie erbrachte gute Leistungen.

Das Lob anderer wird zurückgewiesen oder als nicht ernst gemeint abqualifiziert. Im Gegenzug werden fast ausschließlich vermeintliche oder tatsächliche negative Eigenschaften gesehen und in den Vordergrund gestellt. Argumente ändern daran nichts.

Gefühle von Minderwertigkeit

Die Betroffenen sind fest davon überzeugt, nichts wert zu sein. Häufig kommt hinzu, dass sie sich selbst als Belastung für die eigene Familie oder für Freunde empfinden. Dieses Gefühl wird natürlich durch die bedrückende Erfahrung der Hilflosigkeit und Hilfsbedürftigkeit während der Erkrankung noch weiter verstärkt.

Schuldgefühle

Schuldgefühle sind ein typisches Symptom für eine Depression. Die Betroffenen machen sich selbst unterschiedlichste Vorwürfe und geben sich die Schuld sogar an solchen Dingen, die sie definitiv nicht zu verantworten haben. Oftmals fühlen sie sich zudem schuldig, weil sie meinen, durch ihre Erkrankung „nutzlos" zu sein und anderen zur Last zu fallen.

Hilflosigkeit

Depressive Menschen sehen keinerlei Möglichkeit, selbst etwas an ihrem Zustand zu ändern. Selbst einfachen Anforderungen des Alltags stehen sie hilflos gegenüber. Sie gehen grundsätzlich davon aus, nichts (zum Positiven) bewegen zu können.

Grübeln / Gedankenkreisen

Die Betroffenen grübeln häufig über tatsächliche oder auch nur vermutete Probleme und „Katastrophen" nach, ohne zu einer Lösung oder einem Schluss zu kommen. Die Grübelphasen treten oft nachts auf. Die Patienten liegen stundenlang wach, grübeln und werden dabei immer verzweifelter.

Konzentrationsstörungen

Die Fähigkeit, sich auf eine Tätigkeit oder Aufgabe zu konzentrieren ist oft herabgesetzt. Es kann vorkommen, dass ein depressiver Mensch schon damit überfordert ist, eine einzige Buchseite bis zum Ende zu lesen, ohne mit seinen Gedanken abzuschweifen. Das Gleiche gilt für andere Aufgaben im Alltag oder bei der Arbeit.

Verlangsamung des Denkens

Das Denken ist oftmals verlangsamt oder stockend. Logische Schlüsse können erst nach intensivem Nachdenken gezogen werden. Gleichzeitig ist die Flexibilität des Denkens eingeschränkt. Die Trennung von Wichtigem und Nebensächlichem fällt schwer. Nicht selten „verfängt" sich das Denken in unangenehmen oder gar quälenden Gedanken (Grübeln). Das betrifft auch hochintelligente Menschen, die vor ihrer Erkrankung täglich mit komplexen Aufgaben befasst waren.

Unfähigkeit, Entscheidungen zu treffen

Ein anderer Aspekt der bei einer Depression auftretenden Denkstörungen ist die Schwierigkeit, (schnelle) Entscheidungen zu treffen. Nicht selten stehen die Betroffenen minutenlang vor einfachen Entscheidungen, ohne sich für eine Alternative entscheiden zu können.

Alkohol/Drogenmissbrauch

Alkohol- oder Drogenmissbrauch kann als ungeeigneter Versuch der Selbstbehandlung betrachtet werden. Manchmal schaffen es die Betroffenen dadurch zumindest für kurze Zeit, ihre quälenden Gedanken und Gefühle zu unterdrücken. Dabei droht natürlich immer die Gefahr einer Sucht. Man geht davon aus, dass viele Fälle von Alkoholismus, insbesondere bei Männern, ursächlich auf depressive Erkrankungen zurückzuführen sind. Tragischerweise sind Alkohol und Drogen dafür bekannt, Depressionen auslösen oder bereits bestehende Depressionen aufrechtzuerhalten, was natürlich extrem problematisch ist.

Ängstlichkeit / Angst / Panik

Angst und Depressionen sind medizinisch betrachtet zwei verschiedene psychische Störungen. In der Praxis ist diese Unterscheidung aber nicht immer leicht zu treffen, da sich die Symptome zum Teil ähneln. Tatsache ist, dass viele depressive Menschen auch unter Ängsten leiden. Diese können sich in Form einer generellen Ängstlichkeit, aber auch als regelrechte Panikanfälle äußern. Die Betroffenen schränken häufig ihre Sozialkontakte immer weiter ein. Sie können meist nicht angeben, wovor sie eigentlich Angst haben. Hinzu kommen existenzielle Ängste in Bezug auf die sozialen und möglicherweise finanziellen Folgen der Erkrankung.

Aggression/Reizbarkeit

Insbesondere bei Männern kommt es vor, dass sich die Depression durch Reizbarkeit und aggressives Verhalten äußert. Die Betroffenen sind selbst von Kleinigkeiten „genervt" oder fahren leicht aus der Haut. Ein Zustand, der auch als „Dysphorie" bezeichnet wird. In schweren Fällen kann es bis zum Kontrollverlust kommen. Auch hier nicht selten in Verbindung mit Alkohol.

Libidoverlust

Der Verlust des Interesses an körperlicher Nähe und sexuellen Aktivitäten ist ein typisches Symptom von Depressionen. Bei depressiven Männern kommt es nicht selten zur erektilen Dysfunktion (Impotenz). Frauen verlieren ebenfalls das Interesse an oder die Lust auf Sex.

Morgentief – Abendhoch

Bei vielen (aber nicht bei allen) Patienten ist zu beobachten, dass sich die Stimmung im Verlauf des Tages verändert. Meist in der Form, dass sie morgens am schlechtesten ist und gegen Abend deutlich besser wird. Man spricht dementsprechend auch von einem „Morgentief" bzw. einem „Abendhoch".

Wahnvorstellungen und/oder Zwangsgedanken

In schweren Fällen kommt es zu krankhaften Einbildungen, die meist nichts mit der Realität zu tun haben. So glauben manche Patienten, unheilbar körperlich krank zu sein, obwohl bei ihnen keine körperliche Erkrankung vorliegt (hypochondrischer Wahn). Andere sind grundlos davon überzeugt zu verarmen (Verarmungswahn) oder fühlen sich für etwas schuldig, das sie nicht zu verantworten haben (Schuldwahn). Patienten, die unter Zwangsgedanken leiden, grübeln stundenlang über ihr Schicksal nach oder können sich nicht von dem (unrealistischen) Gedanken befreien, einem anderen womöglich etwas anzutun.

Suizidgedanken und Suizidversuche

In schweren Fällen kann die Verzweiflung des Patienten so weit gehen, dass er eine Selbsttötung als einzigen Ausweg sieht. Etwaige Hinweise oder Ankündigungen müssen immer äußerst ernst genommen werden. Die weitverbreitete Vermutung, dass nach einer Suizidankündigung meist keine Taten folgen, ist erwiesenermaßen falsch. Wenn Sie selbst an Suizid denken oder die Befürchtung haben, ein Angehöriger oder Freund könne einen Suizid planen, müssen Sie unbedingt Hilfe bei einem Arzt oder in einer Klinik suchen!

Körperliche Symptome

Neben den psychischen Symptomen leiden viele depressive Patienten zusätzlich auch unter verschiedenen körperlichen Symptomen. Manche körperlichen Symptome werden zunächst gar nicht mit der Depression in Verbindung gebracht. Oft haben die Betroffenen viele Arztbesuche hinter sich, ohne dass eine organische Ursache für ihre Probleme gefunden werden konnte.

Müdigkeit und Erschöpfung

Die Patienten fühlen sich schon morgens müde und erschöpft. Dies verstärkt sich noch, wenn Symptome wie Schlaflosigkeit hinzukommen. Viele Patienten berichten über Kraftlosigkeit und fühlen sich außerstande, körperliche Belastungen zu ertragen.

Appetitlosigkeit

Appetitlosigkeit ist ein häufiges Symptom von Depressionen. Das geht so weit, dass die Betroffenen oft innerhalb weniger Wochen mehrere Kilo an Gewicht verlieren, ohne dies zu wollen. Oftmals verlieren sie jede Freude am Essen, das Essen schmeckt ihnen nicht mehr und sie müssen sich regelrecht zwingen, regelmäßig Nahrung zu sich zu nehmen.

Gewichtsabnahme/Gewichtszunahme

Vor allem durch die o. g. Appetitlosigkeit kommt es schnell zu starker Gewichtsabnahme. Allerdings kann es in einigen Fällen auch zu einer Gewichtszunahme kommen. Das gilt vor allem, wenn statt der Appetitlosigkeit Symptome wie Heißhunger oder „Essattacken" auftreten.

Schlafstörungen

Schlafstörungen treten bei einer Depression fast immer auf. Im Rückblick stellen viele Betroffene fest, dass Schlafstörungen die ersten Anzeichen ihrer Depression waren. Dazu gehören Einschlaf- und Durchschlafstörungen. Frühmorgendliches Erwachen. Langes nächtliches Wachliegen oder häufiges nächtliches Erwachen.

Schmerzen

Depressionen können sich durch unterschiedlichste Schmerzsymptome äußern. Besonders häufig sind Rückenschmerzen und schmerzhafte Verspannungen von Nacken und Schultern. Auch Kopf- und Gliederschmerzen kommen vor. Bei einer entsprechenden Untersuchung durch den Arzt wird keine körperliche Ursache gefunden. Diagnostiziert werden bestenfalls Muskelverspannungen.

Impotenz beim Mann

Oft erlischt nicht nur das Interesse an sexuellen Aktivitäten, sondern auch die körperliche Fähigkeit dazu. Erektionsstörungen beim Mann bis hin zur Impotenz sind nicht selten.

Menstruationsbeschwerden bei Frauen

Bei Frauen kommt es nicht selten zu Regelschmerzen (Dysmenorrhoe). In manchen Fällen bleibt die Regel auch ganz aus. Ein weiteres Zeichen dafür, wie sehr eine Depression auch in die organischen Abläufe des gesamten Körpers eingreift.

Verdauungsstörungen

Es können unterschiedliche Probleme des Verdauungstraktes auftreten. Diese reichen von Bauchschmerzen über Blähungen bis zur Verstopfung oder auch Durchfall.

Die körperlichen Symptome, die bei einer Depression auftreten, können extrem vielfältig sein. Forscher haben nachgewiesen, dass sogar die Anfälligkeit für Infektionen bei vielen depressiven Patienten erhöht ist. Natürlich steckt nicht hinter jedem körperlichen Problem gleich eine Depression. Kommen aber die oben genannten psychischen Symptome hinzu, sollte man diese Möglichkeit immer in Erwägung ziehen. Endgültigen Aufschluss über die Ursachen kann aber nur eine Untersuchung beim Arzt bringen.

Psychomotorische Symptome

Die Psychomotorik beschreibt das Zusammenspiel zwischen Bewegung und dem Denken und Fühlen des Menschen. Auch bei depressiven Erkrankungen sind häufig Symptome zu beobachten, die sich in der Art und Weise widerspiegeln, wie sich ein Mensch bewegt.

Man unterscheidet die sogenannte psychomotorische Agitiertheit (Unruhe) und die psychomotorische Hemmung (Verlangsamung).

Psychomotorische Agitiertheit (Unruhe)

- Bewegungsdrang, Unfähigkeit, still zu sitzen

- keine Ruhe, um sich auf eine Sache zu konzentrieren

- eingeschränkte oder fehlende Kontrolle über Gestik und Gesichtsausdruck

- Schreckhaftigkeit

Psychomotorische Hemmung (Verlangsamung)

- Passivität

- verzögerte und/oder krampfhafte Bewegungen

- vorsichtige und/oder langsame Bewegungen

- leises, fast flüsterndes Sprechen

In schweren Fällen kann ein sogenannter Stupor (lateinisch: Erstarrung) eintreten. Die Patienten sind dann in wachem Zustand fast vollständig bewegungsunfähig und können sich auch nicht selbst versorgen. Allerdings sind solche extremen Fälle sehr selten.

Was passiert bei einer Depression im Gehirn?

Unser Gehirn besteht aus mehr als 100 Milliarden Nervenzellen, die auf vielfältige und auch veränderbare Art und Weise miteinander verbunden sind. Ganz gleich, ob wir unsere Hände benutzen, laufen, sprechen oder denken: All das wird von hochkomplexen Strukturen von Nervenzellen gesteuert und geregelt. An jeder kleinsten Bewegung sind Millionen solcher Zellen beteiligt. Aber nicht nur Bewegungen oder das Sprechen werden durch Nervenzellen gesteuert. Auch unsere Wahrnehmung, unser Denken und Fühlen hängt von ihnen ab.

Eine wichtige Rolle spielt dabei, wie die einzelnen Nervenzellen miteinander verbunden sind und wie sie miteinander kommunizieren. Stark vereinfacht könnte man sagen, dass sich die Signale im Gehirn wie Strom in einer elektrischen Leitung zwischen den Nervenzellen bewegen. Allerdings sind die einzelnen Zellen nicht direkt miteinander verbunden. Die Übertragung von Signalen und Impulsen funktioniert nicht etwa über „Kabel" oder „Leitungen", sondern mithilfe sogenannter Botenstoffe. Die korrekte Bezeichnung für diese Botenstoffe ist „Neurotransmitter". Die Neurotransmitter werden an den Verbindungsstellen, den sogenannten Synapsen der Nervenzellen ausgeschüttet. Sie müssen dann den Abstand zu den benachbarten Zellen (den sogenannten „synaptischen Spalt") überwinden, um ihr Signal weiterzugeben.

Ist der Austausch zwischen den Nervenzellen über die Neurotransmitter gestört, treten Probleme auf. Diese können die Körpermotorik, aber auch das Denken und Fühlen betreffen. Man geht davon aus, dass bei einer Depression einige dieser Neurotransmitter nicht in ausreichender Menge produziert werden oder zu schnell wieder abgebaut werden, um eine ausgeglichene Stimmung zu gewährleisten. Im „Verdacht" stehen dabei vor allem die Neurotransmitter Serotonin und Noradrenalin. Ersteres scheint vor allem für Freude und Wohlbefinden, Letzteres für den Antrieb zuständig zu sein. An beidem mangelt es depressiven Menschen.

Man muss aber offen zugeben, dass die exakten Vorgänge, die bei einer Depression im Gehirn stattfinden, bis heute noch nicht ausreichend verstanden werden. So ist nach wie vor nicht wirklich geklärt, ob der Mangel der genannten Botenstoffe der Auslöser oder vielmehr nur ein Symptom einer Depression ist.

Da eine direkte Untersuchung und Beobachtung der Aktivität der Neurotransmitter kaum möglich ist, basieren viele Erkenntnisse auf den Ergebnissen von Versuch und Irrtum. So hat man im Laufe der letzten Jahrzehnte herausgefunden, dass Medikamente, die direkt oder indirekt die Menge von Serotonin und/oder Noradrenalin im Gehirn erhöhen, bei vielen Patienten eine antidepressive Wirkung haben.

Neuere Forschungsergebnisse scheinen zu belegen, dass bei einer Depression auch organische Veränderungen im Gehirn stattfinden. So kann man mithilfe bildgebender Verfahren wie der Magnetresonanztomografie (MRT) messbare Veränderungen im Gehirn darstellen.

Nur der Vollständigkeit halber sei hier erwähnt, dass es noch weitere Theorien darüber gibt, wie Depressionen entstehen. So zeigen zum Beispiel einige Forschungsergebnisse, dass bei depressiven Patienten häufig eine Störung der sogenannten Homöostase vorliegt, die dazu führt, dass ein erhöhter Pegel des Stresshormons Cortisol, nachweisbar ist.

Die Kenntnis darüber, was bei einer Depression im Gehirn falsch läuft, ist natürlich von größtem Interesse, wenn es darum geht, Behandlungsmethoden und Medikamente zu entwickeln. So setzt zum Beispiel die pharmakologische (medikamentöse) Behandlung gezielt bei dem Ungleichgewicht der Neurotransmitter Serotonin und Noradrenalin an. Antidepressiva, also Medikamente zur Behandlung von Depressionen, können dafür sorgen, dass die genannten Botenstoffe wieder in ausreichender Menge zur Verfügung stehen.

Auf dem Gebiet der Depressionsforschung arbeiten Wissenschaftler aus den Gebieten der neurowissenschaftlichen und psychiatrischen Forschung gemeinsam mit Kliniken und Ärzten. Molekular- und Zellbiologen arbeiten daran, besser zu verstehen, wie die Signalübertragung zwischen den Zellen auf molekularer Ebene funktioniert, und Pharmakologen sind dabei, Medikamente zu entwickeln, die für jeden Patienten maßgeschneidert angepasst werden können. Es wird also auf vielen Ebenen geforscht und es ist zu erwarten, dass diese interdisziplinäre Zusammenarbeit in der Zukunft neue Einsichten und vor allem neue, verbesserte Behandlungsmöglichkeiten hervorbringen wird.

Was ist eine Depressive Episode?

„Depressive Episode" ist die wissenschaftlich verbindliche aktuell korrekte Bezeichnung für das Krankheitsbild Depression. Die Diagnose „Depressive Episode" ersetzt die bis 1991 üblichen Bezeichnungen „Endogene Depression" und „Neurotische Depression". Eine Episode ist in diesem Zusammenhang also eine Krankheitsphase, während der bei einem Patienten die depressiven Symptome auftreten. Eine Episode hat immer eine begrenzte Dauer, wobei Beginn und Ende der Episode fließend sein können.

Eine depressive Episode kann einmalig oder mehrfach im Leben auftreten. Bei zwei oder mehr depressiven Episoden spricht man von einer rezidivierenden depressiven Störung. Eine erneute depressive Episode wird dann zum Beispiel als „Rezidivierende depressive Störung, gegenwärtig leichte/mittelgradige/schwere Episode" bezeichnet.

Wie verläuft eine Depression?

Eine Depression kann bei verschiedenen Patienten sehr unterschiedliche Verlaufsformen haben. Häufig tritt sie in Form von Episoden (siehe oben) auf. Eine depressive Episode dauert ohne Behandlung in der Regel 6 – 8 Monate. Wird sie rechtzeitig behandelt, kann sie auf etwa drei Monate verkürzt werden. Es gibt aber auch Fälle, in denen Episoden länger dauern oder kürzer sind.

Remission

Bei etwa einem Drittel der Patienten, die zum ersten Mal eine depressive Episode erleben, tritt eine vollständige Remission (Heilung) ein. Bei einem weiteren Drittel ist die Remission nicht vollständig. Das heißt, es bleiben Restsymptome auch nach dem Abklingen der depressiven Episode bestehen. Das Risiko, erneut eine depressive Episode zu erleben, ist bei diesen Patienten erhöht.

Rezidivierende (Wiederkehrende) Depression

Depressionen verlaufen oft in Schüben. Während bei etwa der Hälfte der behandelten Patienten nur eine einzige depressive Episode auftritt, erleidet die andere Hälfte im Laufe des Lebens zwei oder mehr Episoden. Man unterscheidet bei den wiederkehrenden Depressionen solche, bei denen nur Episoden mit den typischen Symptomen einer Depression auftreten und solchen, bei denen sich depressive und manische Phasen abwechseln. Die erste Gruppe bezeichnet man als unipolare Depression, die zweite als bipolare Störung.

Weitere Informationen finden Sie im Kapitel „*Was ist eine unipolare Depression?*" und im Kapitel „*Was ist eine bipolare Störung?*"

Dysthymia/Dysthymie

Dysthymia ist die aktuell korrekte Bezeichnung für ein Krankheitsbild, das früher auch als „neurotische Depression" bezeichnet wurde. Es handelt sich um eine chronifizierte „leichtere" Depression, die meist über mehrere Jahre hinweg andauert. Im Verlauf der Erkrankung können zusätzlich schwerere depressive Episoden auftreten. Man spricht dann von einer „doppelten Depression" („double depression").

Weitere Informationen zu diesem Thema finden Sie im Kapitel „*Was ist Dysthymie oder Dysthymia?*"

Welche Schweregrade unterscheidet man bei einer Depression?

Die in den ersten Kapiteln beschriebenen Symptome treten bei fast allen Formen von Depressionen auf. Allerdings kann eine Depression mehr oder weniger schwer verlaufen. Dementsprechend unterscheidet man Depressionen auch nach ihrem Schweregrad. Bei den weniger schweren Verlaufsformen treten nicht alle Symptome einer Depression auf. In der Regel sind sie auch weniger stark ausgeprägt. Man unterscheidet folgende Schweregrade von Depressionen:

I Leichte Depression, leichte depressive Störung

Depressive Störungen, unter denen der Patient leidet, die es ihm aber noch ermöglichen, seinen Alltag zu bewältigen fallen in diese Kategorie. In der ICD-10 (einem offiziellen Klassifikationssystem) werden solche leichteren depressiven Störungen offiziell als „Leichte depressive Episode" bezeichnet. Kennzeichnend ist, dass der Patient trotz gewisser Einschränkungen noch in der Lage ist, seinen beruflichen und privaten Pflichten nachzukommen. Das heißt, der Patient kann zum Beispiel seinen Beruf ausüben, sofern er es bei seiner Arbeit vorwiegend mit Routinetätigkeiten zu tun hat. Kommen unvorhergesehene, besonders schwierige Aufgaben auf ihn zu, kann es sein, dass er diese nicht mehr bewältigen kann oder sich überfordert fühlt.

II Mittelschwere Depression

Bei einer mittelschweren Depression treten alle Symptome der leichten Depression auf. Sie ist zusätzlich dadurch gekennzeichnet, dass der Betroffene nicht mehr oder nur noch zeitweise in der Lage ist, seinen beruflichen und privaten Verpflichtungen nachzukommen. Häufig (aber nicht immer) ist dies tageszeitabhängig. Bei vielen Betroffenen sind die Symptome morgens besonders stark ausgeprägt und bessern sich gegen Abend. Man spricht dann auch von einem „Morgentief" bzw. einem „Abendhoch".

III Schwere Depression / Major Depression

Bei einer schweren Depression treten die Symptome der leichten und mittelschweren Depression in verstärktem Maße auf. Der Betroffene ist nicht mehr in der Lage, seinen Alltag, ohne Hilfe zu bewältigen. Häufig besteht ein hohes Selbsttötungsrisiko. Die Betroffenen sollten ständig unter Aufsicht sein. Wenn dies zu Hause nicht gewährleistet werden kann, sollte eine Einweisung in eine Klinik erfolgen. Die ICD-Bezeichnung für diese schwere Form der Depression lautet: „Schwere depressive Episode ohne psychotische Symptome". In der Literatur wird für die schwere Depression häufig auch der englischsprachige Begriff „Major Depression" verwendet.

IV Schwere Depression mit psychotischen Symptomen

Kommen zu einer schweren Depression Wahngedanken oder Halluzinationen hinzu, spricht man von einer schweren depressiven Episode mit psychotischen Symptomen. Wahngedanken können zum Beispiel in abwegigen Schuldgefühlen, einer übersteigerten Angst vor Erkrankungen oder einer unrealistischen Angst vor Verarmung und sozialem Abstieg bestehen. Halluzinationen treten manchmal in Form von Stimmen auf, die den Betroffenen beschuldigen oder ihm Versagen vorwerfen. Die Gefahr eines Suizids ist beim Auftreten psychotischer Symptome deutlich erhöht.

Warum gibt es so viele unterschiedliche Bezeichnungen für Depressionen?

Sprachverwirrung

Bei der Einteilung und korrekten Benennung der verschiedenen Erscheinungsformen der Depression gibt es leider eine gewisse Sprachverwirrung, die insbesondere für Patienten und Angehörige irritierend sein kann. So kann es vorkommen, dass im Gespräch mit einem Arzt oder Therapeuten ganz andere Begriffe auftauchen als die, die später für die offizielle Diagnose, zum Beispiel in einem Arztbrief, verwendet werden. Privatversicherte, die einen Einblick in die Abrechnungen ihres Arztes mit der Krankenversicherung haben, finden dort manchmal Begriffe, die ganz anders klingen als die, die während des Diagnosegesprächs verwendet wurden. Genauso werden Sie in Zeitungsartikeln, in Büchern oder in Radio- und Fernsehsendungen immer wieder bestimmte Bezeichnungen hören oder lesen, die sich von denen unterscheiden, die Ihr Arzt oder Therapeut verwendet.

Die Ursachen für die oftmals uneinheitlichen Bezeichnungen der verschiedenen Krankheitsbilder durch Ärzte und andere Experten liegen zum Teil in den zugrunde liegenden Diagnose- und Klassifikationssystemen.

ICD-10

In Deutschland wird für die Diagnose von Krankheiten in der Regel die *„International Statistical Classification of Diseases and Related Health Problems" (Internationale statistische Klassifikation der Krankheiten und verwandter Gesundheitsprobleme) a*ngewendet. Sie wird von der Weltgesundheitsorganisation (WHO) herausgegeben. Dieser Kriterienkatalog wird meist kurz als ICD bezeichnet. Die aktuelle Ausgabe trägt die Nummer 10. Man spricht also von der ICD-10. In der ICD sind grundsätzlich alle diagnostizierbaren Krankheiten aufgeführt. Psychische Erkrankungen werden im Abschnitt V („Psychische und Verhaltensstörungen") mit den Kennziffern F00 bis F99 aufgeführt.

Ihr Arzt oder Therapeut wird für Diagnosen, Abrechnungen, Arztbriefe usw. mit großer Wahrscheinlichkeit, die in der ICD verwendeten Bezeichnungen verwenden. Im Internet finden Sie den Katalog der ICD auf vielen kostenlosen Webseiten. Sie können dort jederzeit nachschlagen, was Ihr Arzt diagnostiziert hat.

Beispiele:

http://www.sanego.de/ICD-10/

http://www.icd-code.de/icd/code/ICD-10-GM-2013.html

DSM-5

Beim sogenannten DSM bzw. DSM-5 handelt es sich um ein „Diagnostisches und Statistisches Handbuch Psychischer Störungen". Genau wie beim ICD stammt die Bezeichnung DSM aus dem Englischen und steht ursprünglich für „Diagnostic and Statistical Manual of Mental Disorders".

Das DSM ist ein diagnostisches Klassifkationssystem, das speziell für die einheitliche Beschreibung und Diagnose psychischer Störungen von der Amerikanischen Psychiatrischen Vereinigung entwickelt wurde. Die erste Ausgabe erschien bereits im Jahr 1952, die neueste (DSM-5) stammt aus dem Jahr 2013. Das DSM, das auch in einer deutschen Fassung vorliegt, wird weltweit von Ärzten und Therapeuten verwendet. Uneinheitlich wird es mal als Ersatz, oder auch als Ergänzung des ICD verwendet. Es ist nicht unumstritten, da gewisse Verbindungen zwischen den Autoren und der Pharmaindustrie bestehen.

Für Sie als Patienten ist das DSM insofern relevant, da sich manche Autoren, aber auch Ärzte und Therapeuten auf die Klassifikationen und Definitionen aus dem DSM beziehen. Das kann zur Verwirrung führen, weil diese in manchen Fällen von der offiziell in Deutschland verwendeten ICD-10 abweichen können, oder sogar mit dieser vermischt werden. So wird zum Beispiel auch im deutschsprachigen Raum häufig der Begriff „Major Depression" aus dem DSM verwendet.

Ältere Bezeichnungen

Darüber hinaus gibt es eine ganze Reihe älterer Bezeichnungen für die unterschiedlichen Formen von Depressionen. Diese Bezeichnungen werden in den aktuellen Kriterienkatalogen und Richtlinien nicht mehr verwendet, tauchen aber im Sprachgebrauch noch häufig auf. Hier einige Beispiele:

- **endogene Depression**
  Die Bezeichnung „endogene Depression" ist heute nicht mehr gebräuchlich. Sie stammt noch aus der Zeit, als man Depressionen in
  neurotische Depression (auch Erschöpfungsdepression), reaktive
  Depression und endogene Depression unterteilte. Als endogene
  (von innen kommende) Depressionen wurden solche bezeichnet,
  bei denen man eine organische Veranlagung oder Erkrankung an-
  nahm, weil keine äußeren psychischen Ursachen zu erkennen waren.

- **neurotische Depression**
  (Erschöpfungsdepression)
  Depressionen, die durch länger andauernde belastende Situationen
  in der Lebensgeschichte des Betroffenen ausgelöst werden.

- **reaktive Depression**
  Depressionen, die durch aktuelles belastendes Ereignis (z. B. Tod
  eines nahestehenden Menschen) ausgelöst werden.

In der heute verwendeten Klassifikation tauchen diese Begriffe nicht mehr
auf. Man unterscheidet heute nur noch zwischen depressiven Episoden und
wiederholt auftretenden depressiven Störungen. Dazu kommt die Einteilung in leichte, mittelgradige und schwere Episoden.

Wodurch werden Depressionen ausgelöst?

Depressionen gehören zu den am häufigsten diagnostizierten psychischen Erkrankungen überhaupt. Gleichzeitig treten sie in einer Vielzahl unterschiedlicher Varianten auf. Man geht deshalb davon aus, dass es nicht nur eine einzige Ursache für die Entstehung einer Depression gibt, sondern mehrere, die zusammenspielen. Man spricht in solchen Fällen auch von *multifaktoriellen* Ursachen.

Experten gehen davon aus, dass bei der Entstehung einer Depression sowohl organische (körperliche) als psychische und soziale Faktoren eine Rolle spielen. Außerdem nimmt man an, dass eine gewisse Anfälligkeit (Vulnerabilität) für Depressionen auch genetisch bedingt sein kann. Allerdings muss man einräumen, dass nach wie vor nicht völlig geklärt ist, wie es zu einer Depression kommt und warum manche Menschen betroffen sind und andere nicht.

Störungen im Hirnstoffwechsel

Es gilt als sicher, dass bei einer Depression eine Störung von bestimmten Funktionen im Hirnstoffwechsel vorliegt. Insbesondere die neurologischen Systeme, die für die Botenstoffe Serotonin und Noradrenalin zuständig sind, scheinen nicht richtig zu arbeiten. Ursachen können sein, dass zu wenig Serotonin bzw. Noradrenalin vorhanden ist, oder dass die Funktionsfähigkeit der Synapsen, die diese Stoffe aufnehmen sollen, herabgesetzt ist. Da Serotonin und Noradrenalin maßgeblich für die Stimmung und den Antrieb verantwortlich sind, führt ein Mangel zu den bekannten Symptomen einer Depression wie Freudlosigkeit oder Antriebsmangel. Ob allerdings das Ungleichgewicht dieser Neurotransmitter die Ursache oder nur ein Symptom einer Depression ist, ist nach wie vor ungeklärt.

Lesen Sie dazu auch: „*Was passiert bei einer Depression im Gehirn?*"

Psychologische Faktoren

Ein weiterer wichtiger Faktor bei der Entstehung von Depressionen sind psychische Vorgänge. Es gibt hierzu eine ganze Reihe verschiedener wissenschaftlicher Erklärungsversuche. Die Wichtigsten gehen davon aus, dass bestimmte ungünstige Denkmuster sowie Gefühle der Hilflosigkeit eine Rolle spielen. Insbesondere die subjektive Annahme, keinen Einfluss auf die eigene Situation und das eigene Leben zu haben, wirkt sich negativ aus.

Psychosoziale Faktoren

Dazu zählen alle Faktoren, die unser Verhältnis und unsere Bindungen zu anderen Menschen betreffen. Typische psychosoziale Faktoren, die eine depressive Episode auslösen können, sind zum Beispiel der Verlust eines geliebten Menschen, eine schwere körperliche Erkrankung oder Arbeitslosigkeit. Aber auch Armut, Einsamkeit oder eine problematische Partnerschaft können eine Depression auslösen. Generell gelten Menschen, die nur sehr wenige Sozialkontakte (ein sehr kleines soziales Netzwerk) haben, als stärker gefährdet als andere.

Man nimmt an, dass bei den psychologischen und psychosozialen Faktoren eine gewisse genetische Anfälligkeit (Vulnerabilität) hinzukommen muss, damit eine Depression entsteht. So erklärt sich auch, warum bei verschiedenen Menschen mit dem gleichen Problem (zum Beispiel Arbeitslosigkeit oder Verlust des Partners) die einen mit einer Depression reagieren und andere nicht.

Lesen Sie dazu auch: *„Was ist das Vulnerabilitäts-Stress-Modell?"*

Vererbung

Man geht davon aus, dass eine gewisse „Anfälligkeit" (Vulnerabilität) für Depression von Eltern an ihre Kinder weitergegeben werden kann. Eine direkte genetische Vererbung wurde aber noch nicht nachgewiesen.

Lesen Sie dazu auch: *„Sind Depressionen vererbbar?"*

Medikamente:

Es scheint so, dass bestimmte Medikamente nach der Einnahme, oder aber beim Absetzen, depressive Symptome hervorrufen können. Im Verdacht stehen unter anderem Lipidsenker, Betablocker, Antibiotika, Antikonvulsiva, Zytostatika, Sexualhormone und Neuroleptika. Beim Absetzen bzw. beim Entzug scheint dies auch auf Benzodiazepine (Beruhigungsmittel) und auf einige Antidepressiva zuzutreffen.

Lesen Sie dazu auch das Kapitel: *„Kann eine Depression durch Medikamente ausgelöst werden?"*

Hormonelle Faktoren

Die häufigste Form der Depression, von der man annimmt, dass sie durch hormonelle Veränderungen ausgelöst wird, ist die postnatale (auch „postpartale") Depression Diese Form der Depression tritt bei manchen Müttern kurz nach der Geburt eines Kindes auf.

Lesen Sie dazu auch das Kapitel: *„Was ist eine postpartale Depression?„*

Mangel an Tageslicht

Man vermutet, dass ein Mangel an Tageslicht, wie er häufig in den Herbst- und Wintermonaten auftritt, bei manchen Menschen eine Depression auslösen kann. Man bezeichnet diese Formen der saisonalen Depression deshalb häufig auch als Winter- oder Herbstdepression.

Lesen Sie dazu auch das Kapitel: *„Was ist eine saisonale Depression?"*

Indirekte körperliche Ursachen oder Auslöser

Dazu zählen alle körperlichen Erkrankungen, die den Patienten psychisch belasten können. Dazu gehören natürlich schwere oder gar lebensbedrohliche Erkrankungen wie Krebs, insbesondere aber auch viele chronische Erkrankungen. So haben zum Beispiel Patienten, die unter chronischen Schmerzen leiden, eine größere Wahrscheinlichkeit, an einer Depression zu erkranken als andere. Das Gleiche gilt für Patienten, die sich einer schweren Operation unterziehen müssen.

Direkte organische Faktoren

Einige, wenige körperliche Erkrankungen oder Störungen können eine Depression oder die Symptome einer Depression auslösen. Depressionen, die aus einer solchen körperlichen Erkrankung resultieren, bezeichnet man als „organische Depressionen". Mit organisch ist hier gemeint, dass die organische Störung oder Erkrankung die direkte Ursache der Depression ist. Es ist also nicht das Wissen um die organische Erkrankung, sondern die Erkrankung selbst, die die Depression auslöst.

Lesen Sie dazu bitte auch das Kapitel: *„Was ist eine organische Depression?"*

Sie sehen, es gibt viele verschiedene mögliche Ursachen und Auslöser für eine Depression. Und man muss der Ehrlichkeit halber zugeben, dass die Wissenschaft auch im 21. Jahrhundert noch nicht alle Prozesse verstanden hat, die bei einer depressiven Erkrankung ablaufen. Das ist einerseits unbefriedigend, spielt aber für die Behandlung der Erkrankung nur eine untergeordnete Rolle. Die Mittel und Wege zur Behandlung und Heilung von Depressionen unterscheiden sich nämlich kaum voneinander. Ganz gleich, welches Erklärungsmodell man zugrunde legt. Eine Ausnahme bildet nur die relativ seltene organische Depression, bei der natürlich die Behandlung der Grunderkrankung im Vordergrund steht.

Was ist das Vulnerabilitäts-Stress-Modell?

Vulnerabilität bedeutet übersetzt „Verletzlichkeit" oder auch „Anfälligkeit". Im Zusammenhang mit Depressionen bezeichnet Vulnerabilität das Erkrankungsrisiko eines Menschen. Es gibt Menschen mit einer hohen Vulnerabilität, bei denen das Risiko, im Lauf des Lebens an einer Depression zu erkranken, hoch ist, und solche mit einer geringen Vulnerabilität. Letztere tragen ein geringeres Risiko, zu erkranken.

Aber auch Menschen mit einer erhöhten Vulnerabilität erkranken nicht automatisch. Erst wenn bestimmte weitere Faktoren hinzukommen, bricht die Krankheit aus. In der Wissenschaft verwendet man das sogenannte **Vulnerabilitäts-Stress-Modell**, um diese Zusammenhänge zu beschreiben. Nach diesem Modell addieren sich die Faktoren Vulnerabilität, sowie Stress und Belastungen zu einem Wert. Wenn dieser Wert eine bestimmte Grenze überschreitet, kann eine depressive Erkrankung ausbrechen.

Beispiel:

Angenommen der Wert für den Ausbruch einer depressiven Erkrankung liegt bei 100. Für einen Menschen mit einer Vulnerabilität von 70 reicht also zusätzlicher Stress oder Belastungen mit einem Wert von 30 aus, um dem kritischen Wert zu erreichen. (70 + 30 = 100). Ein Mensch mit einer Vulnerabilität von 40 bleibt bei zusätzlicher Belastung durch den gleichen Stress weit unter der kritischen Marke (40 + 30 = 70).

Das bedeutet, dass für Menschen mit einer hohen Vulnerabilität schon eine Stressmenge zu viel sein kann, die für andere völlig unproblematisch ist. Nicht zuletzt deshalb ist es für anfällige Menschen besonders wichtig, darauf zu achten, dass das eigene Stresslevel nicht zu groß wird. Mögliche Mittel dazu sind regelmäßige Entspannung, körperliche Bewegung, ausreichend Schlaf und gesunde Ernährung. Ebenso gehört ein ausgeglichenes Verhältnis von Arbeit, Freizeit und Erholung dazu.

Sind Depressionen heilbar?

Viele Betroffene stellen sich die Frage, ob sie ihre Depressionen jemals wieder völlig loswerden oder ob Depressionen generell heilbar sind. Die gute Nachricht lautet: „Ja, Depressionen können geheilt werden, wenn Sie richtig behandelt werden". Viele Erkrankte werden vollständig geheilt. Allerdings bleibt auch bei diesen Patienten ein Risiko, eine erneute depressive Episode zu erleiden, das deutlich größer ist als bei Menschen, die nie unter einer Depression litten.

Wer also bereits einmal an einer Depression erkrankt ist, muss Zeit seines Lebens auf Anzeichen achten, ob sich eine erneute Episode anbahnt. Die Patienten sollten darüber hinaus Risikofaktoren wie zum Beispiel großen Stress und andere Belastungen vermeiden. In manchen Fällen kann es auch notwendig sein, dass die Betroffenen nach Abklingen der Krankheitssymptome weiterhin Medikamente einnehmen müssen.

Rechtzeitige Behandlung ist wichtig

Für Patienten, deren Depression über lange Zeit nicht erkannt oder nicht behandelt wurde, stehen die Chancen auf eine vollständige Heilung deutlich schlechter. Man kann sagen, dass eine vollständige Heilung umso unwahrscheinlicher wird, je länger eine unbehandelte Depression besteht. Das Gleiche gilt für lang andauernde chronische Formen der Depression wie zum Beispiel der Dysthymia.

Doch auch wenn in diesen Fällen oftmals keine vollkommene Heilung möglich ist, können die Beschwerden der Betroffenen durch eine professionelle Behandlung deutlich gelindert und dauerhaft gebessert werden. Es gibt hierbei übrigens kein „zu spät". Wenn Sie oder ein Angehöriger vermuten, unter einer Depression zu leiden, sollten Sie IN JEDEM FALL möglichst bald einen Arzt aufsuchen und eine Behandlung beginnen. Je früher, desto besser.

Hilfe ist in jedem Stadium der Erkrankung möglich. Es ist dafür nie zu spät!

Psychische Stabilität

Ein wesentlicher Aspekt jeder Behandlung einer Depression ist es, den Betroffenen zu mehr psychischer Stabilität zu verhelfen. Insbesondere in einer Psychotherapie lernen die Patienten, in kritischen Situationen günstigere Verhaltensmuster zu entwickeln. Auf diese Weise kann durch eine veränderte Einstellung und geeignete Verhaltensstrategien in vielen Fällen verhindert werden, dass der Patient wieder in eine depressive Episode abrutscht.

Durch eine Kombination von Psychotherapie und Medikamenten ist es erreichbar, den allermeisten Patienten ein mehr oder weniger beschwerdefreies Leben zu ermöglichen.

Welche Warnsignale deuten auf eine Depression hin?

Eine Depression entsteht in der Regel nicht von einem Tag auf den anderen. Oft sind es anfänglich unauffällige Veränderungen, die die Stimmung, das Wohlbefinden, das Sozialverhalten oder ganz alltägliche Verhaltensweisen betreffen. Sie entwickeln sich schleichend. Das Gefährliche dabei ist, dass die Betroffenen es gerade deshalb nicht oder erst zu spät bemerken. Häufig haben sie sich im Laufe der Zeit schon so an ihren bedrückenden Zustand gewöhnt, dass er ihnen völlig „normal" erscheint. Deshalb ist zum Beispiel die Unfähigkeit, Überforderungen im Job oder im Privatleben rechtzeitig zu erkennen, ein typischer Risikofaktor für das Ausbrechen einer Depression.

Vorsicht ist geboten, wenn Sie eines der folgenden Warnsignale bemerken. Treten gleich mehrere davon auf, sollten Sie umgehend Hilfe suchen.

Warnzeichen, die auf eine (beginnende) Depression hindeuten:

- Gefühl der Überforderung
- Alkohol/Drogen/Tablettenmissbrauch
- Schlafstörungen
- Verlust der Freude an der Arbeit
- Verlust der Freude daran, Freunde zu treffen
- Verlust der Freude an bisher geliebten Hobbys und anderen Tätigkeiten
- Das Gefühl, das eigene Leben nicht (mehr) im Griff zu haben
- Häufiges Grübeln
- Stimmungsschwankungen
- Reizbarkeit
- Häufiges Weinen
- Müdigkeit / Erschöpfung
- Angst / Ängstlichkeit

Kann Konzentrationsmangel ein Zeichen einer Depression sein?

Ja, Konzentrationsmangel ist ein typisches Symptom einer Depression. Es kommen Merk- und Konzentrationsstörungen vor. Manche Betroffene berichten von einer förmlichen „Leere" im Kopf. Man weiß nicht mehr, was man gerade gelesen oder gehört hat, oder man steht im Keller und weiß nicht mehr, was man von dort holen wollte. Manche Betroffene befürchten, dass mit ihrem Gedächtnis oder ihrem Gehirn im Ganzen etwas nicht in Ordnung ist. Nicht selten kommt die Angst auf, zum Beispiel an Alzheimer zu leiden.

Gedächtnis- und Konzentrationsstörungen können viele Ursachen haben, die durch einen Arzt abgeklärt werden müssen. Unter anderem können sie auch als Symptom einer depressiven Erkrankung auftreten. Berichten Sie Ihrem Arzt von den Problemen. Er kann herausfinden, ob die Depression die Ursache der Beschwerden ist, oder ob etwas anderes dahinter steckt.

Können Schlafprobleme Zeichen einer Depression sein?

Ja, Einschlafprobleme, Durchschlafprobleme und insbesondere frühes Erwachen sind ganz typische Symptome einer Depression. Die Betroffenen erwachen häufig morgens sehr früh (Stunden vor der eigentlichen Aufstehzeit) und liegen dann wach. Häufig wird das Wachliegen von quälendem Grübeln und Sorgen über die Zukunft begleitet. Am Tage fühlen sie sich dann müde. Nicht selten schlafen sie tagsüber viel, um dann wieder eine unruhige Nacht zu verbringen.

Lesen Sie dazu auch das Kapitel: *„Kann eine Depression durch Schlafmangel ausgelöst werden?"*

Medikamente gegen Schlafprobleme

Schlafprobleme, die schon für einen ansonsten gesunden Menschen belastend sind, sind für depressive Patienten noch schwerer zu ertragen. Viele wünschen sich deshalb von ihrem Arzt ein Schlaf- oder Beruhigungsmittel. Dies kann auch für eine gewisse Zeit eine sinnvolle Option sein. Für den dauerhaften Einsatz sind diese Medikamente jedoch nicht geeignet. Sehr schnell entwickelt sich eine Gewöhnung oder Abhängigkeit, die dann zu weiteren Problemen führt.

Die Lösung ist in vielen Fällen ein Antidepressivum, das eine schlaffördernde Wirkung hat. Der Patient nimmt das Medikament abends ein und kann dadurch besser ein- und durchschlafen. Da bei Antidepressiva keine Gewöhnung oder Abhängigkeit zu befürchten ist, sind sie auch für den längerfristigen Einsatz geeignet.

Schlafprobleme können neben einer Depression auch viele verschiedene andere Ursachen haben. Typisch ist zum Beispiel nächtliches Schnarchen bis hin zur Schlafapnoe (Aussetzen der Atmung im Schlaf). Auch andere Probleme, wie zum Beispiel das Restless-Leg Syndrom (ruhelose Beine) führen zu Schlafstörungen. Schildern Sie das Problem Ihrem Arzt. Er kann herausfinden, wo die Ursachen für Ihre Schlafprobleme liegen und Ihnen helfen.

Können unklare Schmerzen ein Zeichen einer Depression sein?

Schmerzen können durchaus ihre Ursache in einer Depression haben. Insbesondere, wenn schon ein oder mehrere Ärzte keine organische Ursache für die Schmerzen feststellen konnten, liegt der Verdacht nahe, dass es sich um eine sogenannte somatoforme (psychisch bedingte) Störung handelt.

Typische Schmerzsymptome, die bei einer Depression auftreten können:

Rücken, Kopf und Nacken

- Rückenschmerzen

- Diffuse Schmerzen im Kopf- und/oder Nackenbereich

- Verspannungen im Schulter- und/oder Nackenbereich

Magen-Darm-Trakt

- Bauchschmerzen durch Blähungen

- Sodbrennen

- Magendruck

- Verstopfung/Durchfall

Kiefer/Zähne/Ohren

- Schmerzen an den Zähnen

- Schmerzen im Kiefer

- Zähneknirschen

- Verschiebungen des Kiefers (Gefühl, dass die Zähne im Ober- und Unterkiefer nicht richtig aufeinander „passen".)

- Ohrenschmerzen

Hinweis:

Schmerzen sind immer ein Warnsignal des Körpers. Wenn Sie unter Schmerzen leiden, muss deshalb auch die Ursache von einem Arzt abgeklärt werden. Kommt dieser aber zu keinem (organischen) Befund sollte auch über die Möglichkeit einer somatoformen, also durch die Psyche verursachten, Störung nachgedacht werden. Dies umso mehr, wenn zusätzlich auch noch Symptome oder Warnsignale, wie zum Beispiel die einer Depression, hinzukommen.

Was sind die typischen „Denkfehler", die bei einer Depression auftreten?

Im Verlauf einer Depression verfinstert sich nicht nur die Gefühlswelt, auch das Denken verändert sich auf ungünstige Weise. Das geschieht oft völlig unbemerkt. Die Betroffenen glauben, ihr Denken sei völlig „normal" und logisch. Tatsächlich treten aber eine ganze Reihe typischer Denkfehler auf, deren Ergebnis fast immer dazu führt, dass der depressive Mensch sich schlechter fühlt. Im Folgenden finden Sie die häufigsten Denkfehler, die man bei depressiven Patienten beobachten kann.

Übertreibungen

Insbesondere eigene Fehler und negative Ereignisse werden ganz unverhältnismäßig übertrieben:

- „Das war ja eine Katastrophe."

- „Ich hab mal wieder völlig versagt."

- „Ich habe immer nur Pech!"

Untertreibungen

Im Gegenzug werden eigene Leistungen oder auch positive Erlebnisse systematisch abgewertet:

- „Das war doch nichts Besonderes."

- „Das hätte doch jeder gekonnt."

- „Das war nur Glück."

Übergeneralisierung

Von einem einzelnen Ereignis wird völlig unlogisch eine allgemeine Regel aufgestellt:

- „Ich bin beim Einparken angeeckt." --> Ich kann nicht Autofahren!

- „Ich konnte die Aufgabe nicht lösen." --> Ich bin dumm!

Eine einzelne schlechte Erfahrung wird auf alle möglichen anderen Situationen angewendet:

- „Der Kellner war unfreundlich." --> Mich kann keiner leiden. Die Welt ist schlecht …

Unlogische Schlüsse

Es werden Schlussfolgerungen gezogen, die gänzlich unlogisch sind:

- „Ich habe meinen Kaffee verschüttet." --> Ich falle bestimmt durch die Prüfung.

- „Mein Wagen springt nicht an." --> Ich bin ein Versager.

Alles oder Nichts–Denken / Schwarz-weiß-Denken

Urteile fallen nur sehr gut oder sehr schlecht aus. Es gibt keine Abstufungen, obwohl die der Realität viel eher entsprechen würden:

- „Entweder ich erreiche mein Idealgewicht, oder ich sehe aus, wie ein fetter Sack."

- „Entweder ich schaffe in der Prüfung eine glatte Eins, oder ich bin ein Versager."

- „Entweder sie liebt mich, oder sie hasst mich."

- „Wer nicht für mich ist, ist gegen mich."

Ichbezogenheit (bei negativen Ereignissen)

Ereignisse oder Reaktionen anderer werden auf sich selbst bezogen, auch wenn sie gar nichts mit der eigenen Person zu tun haben:

- „Herr M. guckt heute Morgen so mürrisch." --> Bestimmt hat er etwas über mich herausgefunden.

- „Sabine hat heute keine Zeit fürs Kino." --> Das sagt sie nur, weil sie mich nicht leiden kann.

Selektive Wahrnehmung

Von einer Vielzahl von Ereignissen oder Reaktionen werden selektiv die „herausgepickt", die die eigene negative Meinung bestätigen:

Jemand, der beim Skat 10 Spiele gewonnen und eins verloren hat, denkt: „Ich verliere andauernd!"

Katastrophisieren

Es wird häufig das Schlimmste angenommen, oder die Konsequenzen bestimmter Handlungen oder Ereignisse werden völlig übertrieben negativ dargestellt:

- „Jan hat noch nicht angerufen. Bestimmt ist etwas Schlimmes passiert."

- „Wenn der Kunde nicht unterschreibt, ist alles aus!"

- „Wenn ich mich bei dem Vortrag verspreche, sterbe ich!"

Etikettieren

Es wird im übertragenen Sinn ein Etikett aufgeklebt, das ein absolutes Urteil darstellt und keinen Raum mehr für positivere Handlungsalternativen lässt:

- „Ich bin einfach ein Hypochonder!"

- „Ich bin der geborene Verlierertyp!"

- „Ich habe zwei linke Hände!"

Vermutungen zu Gewissheiten umdeuten

Das Denken folgt dem Muster „Weil ich glaube, dass etwas so ist, ist es auch wirklich so:

- „Ich glaube, keiner kann mich leiden." --> Es steht fest: Mich kann keiner leiden!

- „Der muss doch glauben, dass ich zu dumm bin." --> Der glaubt, dass ich zu dumm bin!

Schuld an den Stimmungen anderer übernehmen

Es wird angenommen, dass man daran schuld ist, wenn es einem anderen nicht gut geht. Man glaubt, selbst etwas falsch gemacht zu haben, wenn ein anderer schlechte Laune hat:

- „Mein Partner/Meine Mutter/Mein Vater ist heute total schlecht drauf." --> Ich muss irgendwas gemacht haben, was ihn/sie verärgert hat.

Oder: „Ich muss irgendwas tun, damit er/sie wieder bessere Laune hat!"

Kann man einer Depression vorbeugen?

Die möglichen Ursachen für eine Depression sind vielfältig. Einige kann der Einzelne aktiv beeinflussen, bei anderen ist das wahrscheinlich nicht der Fall. Man geht davon aus, dass ein Zusammenspiel von äußeren Faktoren wie zum Beispiel bestimmte belastende Ereignisse und eine angeborene Anfälligkeit zum Ausbruch einer Depression führen. Generell scheinen manche Menschen ein größeres Risiko zu haben, an einer Depression zu erkranken als andere. Darauf deuten auch familiäre Häufungen von Erkrankungen hin.

Was man mit Sicherheit sagen kann: Menschen, die ein bestimmtes Muster an Persönlichkeitsmerkmalen und Verhaltensweisen zeigen, sind beim Eintritt einer belastenden Situation weniger gefährdet, in eine Depression zu rutschen als andere. Sie verfügen häufig über gute Strategien, auch mit schwierigen Situationen umzugehen. Auch Faktoren, wie gute Freunde und ein gut funktionierendes persönliches Netzwerk tragen dazu bei, das Risiko einer Depression zu verringern. Einigkeit besteht auch darüber, dass sich eine gesunde Lebensweise mit viel Bewegung und der weitest gehende Verzicht auf Alkohol, Nikotin oder andere Drogen positiv auswirken.

Darüber hinaus spielt auch die Persönlichkeitsstruktur eine wichtige Rolle. Wer über ein gesundes Selbstvertrauen verfügt, hat ein geringeres Risiko. Und wer einer Arbeit nachgeht, die ihm Freude bereitet und die er ohne Überforderung bewältigen kann, ebenfalls.

Die folgenden Faktoren können das Risiko einer Erkrankung verringern:

+ gute Sozialkontakte

+ gesunde Ernährung

+ Sport und Bewegung

+ wenig Stress

+ Verzicht auf Alkohol, Nikotin und andere Drogen

+ günstiger Umgang mit Problemen

+ gesundes Selbstvertrauen

+ befriedigender Job

+ rechtzeitiges Erkennen von Überlastung und anderen Warnzeichen

Die gleichen Faktoren spielen übrigens auch bei der Rückfallprävention und bei der Bewältigung einer bestehenden Depression eine wichtige Rolle. Es lohnt sich also immer, daran zu arbeiten. Eine endgültige Versicherung dafür, nicht an einer Depression zu erkranken, stellen aber auch die genannten Faktoren nicht dar. Es gibt immer wieder auch Fälle, bei denen Patienten trotz guter Rahmenbedingungen erkranken.

Bekommt man eine Depression immer wieder?

Etwa 50 % der Patienten, die eine behandelte depressive Episode überstanden haben und als geheilt gelten, erleben im Laufe ihres Lebens eine erneute depressive Episode. Die Wahrscheinlichkeit, einer erneuten Erkrankung steigt mit jeder weiteren Episode. 70 % der Patienten, die bereits zwei depressive Episoden erlebt haben, erkranken erneut. Bei den Patienten mit drei oder mehr Episoden sind es sogar etwa 90 %.

Das heißt, das Risiko, nach einer überstandenen Depression irgendwann erneut zu erkranken, ist relativ hoch. Es bedeutet jedoch nicht, dass man dem völlig wehrlos ausgeliefert wäre. Im Gegensatz zur ersten Episode, die die meisten Patienten völlig unvorbereitet trifft, können diese eine erneute Erkrankung oft frühzeitig bemerken und Schritte einleiten, die die erneute Episode deutlich abmildern, oder deren Ausbruch sogar ganz verhindern können.

Lesen Sie hierzu bitte auch das Kapitel *„Was kann ich selbst tun, um einen Rückfall zu vermeiden?"*

Hilfreich: das Stimmungstagebuch

Eine Depression, auch die erneuten Episoden, entwickeln sich häufig schleichend. Sie bleiben oft lange unentdeckt, weil die ersten Symptome wie Müdigkeit, Lustlosigkeit, schlechte Laune oder Gereiztheit zunächst nicht bedrohlich wirken. Schnell gewöhnt man sich daran und empfindet es schon fast als normal, "schlecht drauf" zu sein. Dagegen kann ein Stimmungstagebuch helfen. In einem solchen Tagebuch können die Patienten täglich ihre Stimmungen auf einer Skala von 1 – 10 bewerten. Auf diese Weise kann man leichter feststellen, wenn die eigene Stimmung nicht nur vorübergehend einmal schlechter wird (was ja bei jedem Menschen vorkommt), sondern sich über einen längeren Zeitraum eintrübt. Mittlerweile gibt es auch einige Apps, mit deren Hilfe man die eigene Stimmung täglich sehr bequem auf einem Tablet oder Smartphone aufzeichnen kann.

Wichtig: <u>Rechtzeitig</u> den Arzt aufsuchen

Wenn Sie bereits eine depressive Episode erlebt haben und feststellen, dass Ihre Stimmung über einen Zeitraum von mehr als drei Tagen schlecht bleibt oder sich verschlechtert, sollten Sie unverzüglich Ihren Arzt aufsuchen. Akzeptieren Sie keinen Termin, der Wochen in der Zukunft liegt. Weisen Sie darauf hin, dass möglicherweise eine erneute depressive Episode droht, und bestehen Sie darauf, den Arzt kurzfristig zu sehen. Sollten Sie trotzdem keinen Termin bekommen, informieren Sie Ihre Krankenkasse oder Krankenversicherung darüber. Danach dauert es erfahrungsgemäß nur wenige Tage, bis Ihnen ein akzeptabler Termin angeboten wird.

Ist eine Depression eine Geisteskrankheit?

Mit dem Begriff Geisteskrankheiten oder Geistesstörungen wurden seit dem 19. Jahrhundert zunächst alle Verhaltensweisen und Störungen bezeichnet, die in irgendeiner Weise vom „normalen", heißt gesellschaftlich akzeptierten, Verhalten abwichen. Später verwendete man die Bezeichnung vor allem für schwere psychische Störungen, wie zum Beispiel Psychosen. Depressionen gehören in der Regel nicht dazu. Sie wurden früher eher mit dem Begriff „Gemütskrankheiten" bezeichnet.

Heute wird der Begriff „Geisteskrankheit" innerhalb der Medizin und Psychologie kaum noch verwendet. Man spricht grundsätzlich von „psychischen Störungen", die dann je nach Symptomatik und Schweregrad differenzierter beschrieben werden.

Eine Ausnahme bildet der juristische Bereich. Hier wird der Begriff „Geisteskrankheit" für schwere psychische Störungen wie z. B. Schizophrenie oder geistige Behinderungen weiterhin verwendet. Dies zum Beispiel dann, wenn es um Entmündigungen oder Schuldfähigkeit von Patienten geht. Auch in diesem Sinne ist eine Depression keine Geisteskrankheit.

Sind Depressionen vererbbar? / Werden meine Kinder auch unter Depressionen leiden?

Depressionen treten familiär gehäuft auf

Ist in einer Familie ein oder beide Elternteile von Depressionen betroffen, ist die Wahrscheinlichkeit, dass die Kinder im Laufe ihres Lebens ebenfalls an einer Depression erkranken, deutlich erhöht. Allerdings spricht man bei einer Depression von einer sogenannten *multifaktoriell bedingten Krankheit*. Gemeint ist damit, dass sich die Erkrankung nicht auf eine eindeutige Ursache zurückführen lässt. In der Regel sind mehrere Faktoren notwendig, damit eine Depression tatsächlich ausbricht. Eine Depression wird auch nicht wie eine Erbkrankheit an die Kinder weitergegeben. Es ist noch keine genetische Veränderung bekannt, die mit der Entstehung von Depressionen ursächlich in Verbindung gebracht werden könnte.

Es scheint aber so, dass einer der Faktoren, die zur Entstehung einer Depression beitragen, genetischer Natur zu sein könnte. Dieser Faktor löst nicht selbst die Depression aus, sondern erhöht nur die Anfälligkeit (Vulnerabilität) der Betroffenen. Das heißt: Jemand, der diesen Faktor in sich trägt, muss nicht zwangsläufig an einer Depression erkranken. Kommen jedoch weitere belastende Faktoren hinzu, tragen die Betroffenen ein höheres Risiko mit einer Depression zu reagieren als andere. Das Vulnerabilität – Stress Modell beschreibt diesen Zusammenhang. Keiner der Faktoren (Vulnerabilität / Stress) allein löst eine Depression aus. Kommen jedoch beide zusammen, kann eine depressive Erkrankung entstehen.

Man geht davon aus, dass die Vulnerabilität für Depressionen von Eltern an ihre Kinder weitergegeben werden kann. Im Fall der Depression handelt es sich allerdings um eine sogenannte „genetisch komplexe" Vererbung. Das bedeutet, sie treten familiär gehäuft auf, folgen aber nicht dem Muster der klassischen Vererbungslehre. Kurz gesagt: Man hat bisher kein Depressions-Gen und keine Genmutation gefunden, die man eindeutig der Vulnerabilität für Depressionen zuordnen könnte.

Bei der Erforschung dieser Zusammenhänge untersucht man aus naheliegenden Gründen häufig eineiige und zweieiige Zwillinge. Und tatsächlich hat man herausgefunden, dass wenn ein Zwilling an einer Depression erkrankt, auch sein eineiiger Zwilling eine erhöhte Wahrscheinlichkeit einer Erkrankung hat. Noch höher ist die Wahrscheinlichkeit, dass beide Zwillinge erkranken bei einer bipolaren Störung. Bei zweieiigen Zwillingen ist die Korrelation deutlich geringer. Allerdings gilt auch hier: Erkrankt ein Zwilling, bedeutet das nicht zwangsläufig, dass der andere ebenfalls erkrankt. Lediglich die Wahrscheinlichkeit ist erhöht.

Vererbung scheint bei Frauen häufiger zu sein

In einer kürzlich veröffentlichten Studie fand der Humangenetiker Kenneth Kendler von der Virginia University in Richmond heraus, dass die genetische Vererbung des Risikos, an einer Depression zu erkranken, bei Frauen offenbar häufiger vorkommt als bei Männern. Der Forscher wertete für die Untersuchung die Daten von mehr als 42 000 Zwillingen aus. Dabei fand er heraus, dass in dieser Gruppe 42 Prozent der depressiven Frauen die Erkrankung offenbar von einem Elternteil ererbt hatten. Im Gegensatz dazu trat die Erblichkeit nur auf 29 Prozent der untersuchten Männer zu.

Fazit

Man geht also davon aus, dass das Risiko, an einer Depression zu erkranken, von einem oder beiden Elternteilen an die Kinder weitergegeben werden kann. Ein endgültiger Beweis dafür steht allerdings noch aus. Problematisch ist zum Beispiel, dass in vielen Fällen kaum mit Sicherheit gesagt werden kann, warum ein Kind einer depressiven Mutter ebenfalls depressiv wird. Liegt es an den Genen oder daran, dass das Kind in seiner Kindheit eine depressive Mutter erlebt hat? Unter Umständen besteht auch gar kein Zusammenhang. Schließlich erkranken Jahr für Jahr Millionen von Menschen an einer Depression, ohne, dass eine genetische Prädisposition nachgewiesen werden könnte.

Wer selbst aus einer Familie stammt, in der schon depressive Erkrankungen aufgetreten sind, sollte das im Auge behalten, wenn er bei sich selbst Stimmungsveränderungen feststellt. Es ist in solchen Fällen noch mehr als ohnehin schon darauf zu achten, Risikofaktoren wie zum Beispiel übermäßigen Stress zu vermeiden und möglichst gesund zu leben. Aufgrund der Möglichkeit oder gar Wahrscheinlichkeit der Vererbung sollten Kinder aus familiär vorbelasteten Familien in jedem Fall aufmerksam beobachtet werden. Denn Depressionen gibt es nicht nur bei Erwachsenen. Sie können bereits im Kindes- und Jugendalter auftreten.

Können auch Kinder an einer Depression erkranken?

Ja, auch Kinder und Jugendliche können an einer Depression erkranken. Allerdings unterscheiden sich die Symptome von denen Erwachsener.

Kleinkinder

Kleinere Kinder sind altersbedingt noch nicht in der Lage, Gefühle und Stimmungen (und erst recht nicht deren Störungen) zur artikulieren. Trotzdem können Eltern und Erzieher solche Störungen erkennen. Symptome sind zum Beispiel ein häufig ausdruckloses Gesicht, erhöhte Reizbarkeit und Essstörungen. Die Kinder wirken oft traurig oder missmutig und lassen sich dann auch nicht durch Spielangebote begeistern. Oft bleiben sie teilnahmslos, wenn man Begeisterung oder Spaß erwarten würde (zum Beispiel bei einer Aufführung im „Kasperletheater").

Auch exzessives Daumenlutschen oder auffällig häufige Selbststimulation (zum Beispiel ständiges Herumspielen mit den eigenen Geschlechtsorganen) können Symptome einer kindlichen Depression sein. Ausdauer und Konzentration beim Spielen oder Basteln sind oft im Vergleich mit gesunden Kindern herabgesetzt. Erzieher berichten auch von einer vergleichsweise geringen Kreativität oder zumindest von mangelnder Motivation, diese auszudrücken.

Kinder

Kinder, die sich bereits verbal artikulieren können, berichten von häufigen Albträumen. Andere zeigen ein auffällig in sich gekehrtes (introvertiertes) oder aber auch aggressives Verhalten. Die Stimmung ist im Vergleich mit gesunden Kindern weniger stabil und kann sehr leicht umschlagen. Depressive Schulkinder leiden häufig unter Schlafstörungen, können abends nicht einschlafen, werden nachts wach oder erwachen morgens sehr früh. In der Schule treten oft Probleme auf. Den Kindern und Jugendlichen fällt es schwer, dem Unterricht zu folgen, oder sie können sich nur schwer auf den Unterrichtsstoff konzentrieren. Bereits bei Schulkindern kommen manchmal Gedanken an Suizid auf.

Jugendliche

Bei Jugendlichen in der Pubertät werden vor allem Ängste und Konzentrationsprobleme beobachtet. Auch psychosomatische Beschwerden wie Kopfschmerzen oder Rückenschmerzen sind nicht selten.

Suizidgefahr bei Schülern:

Schüler und Jugendliche neigen nicht selten dazu, die Selbsttötung zur romantisieren. So reicht oft bereits der erste ernsthafte Liebeskummer als Anlass aus, um zumindest in der Fantasie die Idee von Suizid „durchzuspielen". Auch negative Erfahrungen durch Mobbing in der Schule oder in sozialen Netzwerken haben schon vielfach zu Selbsttötungen von Schülern geführt.

Es ist deshalb besonders wichtig, schon beim ersten Bemerken solcher Gedanken gemeinsam darüber zu sprechen, dass es IMMER einen besseren Weg gibt. Es nützt nichts, dabei zu moralisieren oder die Ideen des Jugendlichen als „Unsinn" abzutun. Fast 17 % aller Suizide werden von Jugendlichen oder jungen Erwachsenen verübt! Besondere Vorsicht ist geboten, wenn ein Suizid im Freundeskreis (oder in der Schule) vorkommt, oder wenn in den Medien ausführlich über einen Suizid berichtet wird. In der Folge kommt es statistisch messbar häufig zu Nachahmertaten. Schüler und Jugendliche sind hier besonders gefährdet.

Hinweis:

Man darf bei Kindern und Jugendlichen nicht übersehen, dass diese, insbesondere, wenn die Stimmungseinschränkungen schon länger bestehen, oft gar nicht selbst bemerken, dass sie depressiv sind. Es ist – nicht nur deshalb – besonders wichtig, bei der Erziehung von Kindern auch das Erlernen und das adäquate Äußern von Emotionen nicht zu vernachlässigen.

Welche Risikofaktoren begünstigen eine Depression?

Es gibt eine ganze Reihe von Risikofaktoren, die nachweislich die Wahrscheinlichkeit, an einer Depression zu erkranken, erhöhen. Wohlgemerkt: Keiner dieser Faktoren führt zwangsläufig zum Ausbruch einer Depression. Ihr Vorhandensein erhöht lediglich die Wahrscheinlichkeit. Kommen mehrere Risikofaktoren zusammen, vergrößert dies die Wahrscheinlichkeit einer depressiven Erkrankung zusätzlich.

Risikofaktoren:

Familiäre Vorbelastung

Sind bereits ein oder mehrere direkte Verwandte an einer Depression erkrankt, ist das Risiko für die anderen Familienmitglieder erhöht. Dies gilt insbesondere dann, wenn die eigenen Eltern oder Geschwister erkrankt sind.

Belastendes Erlebnis

Belastende Erlebnisse wie zum Beispiel der Tod eines geliebten Menschen können den Ausbruch einer Depression begünstigen. Nicht selten bleibt diese lange unentdeckt, da die Symptome der Depression leicht von denen der ganz „normalen" Trauer verdeckt werden. Aber auch Ereignisse wie ein schwerer Unfall oder der Verlust des Arbeitsplatzes erhöhen das Risiko, an einer Depression zu erkranken.

Dauerstress

Wer sich über einen langen Zeitraum überfordert fühlt, oder zum Beispiel am Arbeitsplatz permanent großem Stress ausgesetzt ist, hat ein erhöhtes Risiko, an einer Depression zu erkranken. Zu solchen Belastungen gehört auch Mobbing am Arbeitsplatz oder in der Schule. Auch Dauerstress in einer Beziehung oder ständiger Ärger in der Familie gelten als Risikofaktoren.

Missbrauch (in der Kindheit)

Menschen, die (sexuell) missbraucht wurden oder werden, tragen generell ein erhöhtes Risiko, an einer Depression zu erkranken. Zwischen dem Missbrauch und dem Ausbruch der Depression können dabei viele Jahre liegen. Die eigentliche Ursache kommt oftmals erst im Rahmen einer Therapie oder unter Umständen auch gar nicht zum Vorschein.

Schwere Erkrankungen

Wer an einer schweren körperlichen Krankheit erkrankt, hat ein erhöhtes Risiko, eine Depression zu erleiden. Das Gleiche gilt für Patienten, die einen schweren chirurgischen Eingriff vornehmen lassen müssen.

Chronische Erkrankungen / chronische Schmerzen

Wer an einer chronischen belastenden Krankheit leidet, trägt ein erhöhtes Risiko, an einer Depression zu erkranken. Das Gleiche gilt für Patienten mit chronischen Schmerzen.

Drogen und/oder Dopingmittel

Drogenkonsum, aber auch der Konsum von Mitteln zum Muskelaufbau, wie zum Beispiel Anabolika, stellen Risikofaktoren für depressive Erkrankungen dar.

Andere psychische Erkrankungen oder Störungen

Wer unter einer Angststörung, einer Zwangserkrankung oder einer Essstörung leidet, hat ein erhöhtes Risiko, zusätzlich an einer Depression zu erkranken. Gleiches gilt für Patienten, die unter einer posttraumatischen Belastungsstörung leiden.

Alter und/oder Demenz

Von einigen Forschern wird hohes Lebensalter als ein Risikofaktor für Depressionen angegeben. Es ist jedoch fraglich, ob tatsächlich das Alter die Wahrscheinlichkeit einer Depression erhöht, oder nicht vielmehr die bei einigen Menschen damit verbundenen Begleiterscheinungen wie Krankheit oder Einsamkeit. Demenz scheint ein Risikofaktor für Depressionen zu sein. Die Diagnose ist jedoch oft schwierig, da die Betroffenen in vielen Fällen ihre Symptome nicht angemessen schildern können. Symptome wie Apathie oder gedrückte Stimmung werden oft einfach der Demenz zugeschrieben.

Schwangerschaft und Geburt

Während der Schwangerschaft sowie kurz nach der Geburt eines Kindes treten bei nicht wenigen Frauen depressive Symptome auf. Man vermutet, dass hormonelle Prozesse diese „postpartale Depression" auslösen.

Menopause (Wechseljahre)

Das Einsetzen der Menopause und die damit verbundenen hormonellen Umstellungen erhöhen bei Frauen das Risiko, an einer Depression zu erkranken.

Starkes prämenstruelles Syndrom (PMS)

Frauen, die regelmäßig, kurz vor dem Einsetzen ihrer Regel, unter starken depressiven Symptomen wie Traurigkeit, Gefühle von Hoffnungslosigkeit, Gereiztheit oder Erschöpfung leiden, sind stärker gefährdet an einer Depression zu erkranken als andere.

Ovulationshemmer (Antibabypille)

Frauen, die mithilfe hormoneller Präparate verhüten, haben ein erhöhtes Risiko an einer Depression zu erkranken. Das gilt sowohl für die Antibabypille, die Minipille, Hormonspiralen, Hormonspritzen als auch für Verhütungspflaster, die Hormone abgeben.

Bereits erlebte depressive Episode(n)

Jede bereits durchgemachte depressive Episode erhöht die Wahrscheinlichkeit, noch weitere depressive Episoden erleben zu müssen.

Kann eine Depression durch Stress ausgelöst werden?

Belastende Lebensereignisse, wie der Tod eines geliebten Menschen, aber auch der Verlust des Arbeitsplatzes oder Mobbing können eine Depression auslösen. Das Gleiche gilt für andauernde Überforderung. Wer sich und seinen Körper ständig überlastet, kann damit durchaus eine Depression auslösen.

Ob durch hohen Stress eine Depression ausgelöst wird oder nicht, hängt von mehreren Faktoren ab. So spielen sowohl eine genetische Veranlagung, frühere Erlebnisse (zum Beispiel in der Kindheit) als auch die Fähigkeit, mit Stress umzugehen, eine Rolle. Depressionen, die durch anhaltenden Stress ausgelöst werden, werden häufig als „Stressdepressionen" oder „Erschöpfungsdepressionen" bezeichnet. Ist die Depression die Folge eines Ereignisses, wie dem Tod eines nahestehenden Menschen, spricht man auch von einer „reaktiven Depression".

Was man tun kann, um die Gefahr einer Stressdepression zu verringern?

Strukturen schaffen

Erwiesenermaßen reduziert eine geordnete Tagesstruktur das Stresslevel. So ist es zum Beispiel wichtig, eine klare Trennung von Arbeitszeit und Freizeit vorzunehmen. Hilfreich sind dabei kleine Rituale, die klar signalisieren, dass jetzt ein neuer Tagesabschnitt beginnt. Das kann zum Beispiel ein kurzer Spaziergang sein, oder auch nur das Duschen und Umziehen, wenn man von der Arbeit nach Hause kommt.

Entspannung

Regelmäßiges Entspannen ist wichtig, damit die Anspannung durch Arbeit oder private Verpflichtungen nicht zum Dauerzustand wird. Geeignet sind Entspannungstechniken wie das Autogene Training oder die Progressive Muskelentspannung. Wirksam sind auch Meditation, Spaziergänge oder die Beschäftigung mit angenehmen Dingen.

Regelmäßiger Schlaf

Ausreichender und regelmäßiger Schlaf sind wichtig, um Stress abzubauen und die Energie zu sammeln, die notwendig ist, um mit stressigen Situationen besser umgehen zu können.

Bewegung

Jede Form sportlicher Bewegung, insbesondere jedoch Ausdauersport, hilft gegen Stress und auch gegen Depressionen. Zu bevorzugen ist Bewegung bei Tageslicht im Freien. Das Licht hilft zusätzlich, die Stimmung zu verbessern. Günstige sportliche Betätigungen sind zum Beispiel Radfahren, Joggen, (Nordic-) Walking oder Schwimmen. Aber auch ein zügiger Spaziergang oder eine Wanderung helfen.

Kann eine Depression durch Schlafmangel ausgelöst werden?

Schlaf und die seelische Verfassung stehen in einem engen Zusammenhang. Chronischer Schlafmangel kann sowohl eine Depression auslösen, als auch das Symptom einer bereits bestehenden oder beginnenden Depression sein. Die Übergänge sind hier fließend und meist nicht eindeutig klärbar. Fest steht, dass andauernde Schlafprobleme eine ernst zu nehmende Belastung für Körper und Seele sind.

Wann liegt eine Schlafstörung vor?

Da das Schlafbedürfnis jedes Menschen unterschiedlich ist, gibt es keine exakten Aussagen darüber, wie viel Schlaf ein Mensch mindestens benötigt. Von Napoleon, der angeblich nur 4 Stunden Schlaf pro Nacht brauchte, ist überliefert, dass er öfter heimlich einen Mittagsschlaf hielt und auch schon mal im Sattel einschlief. Die meisten Wissenschaftler sind sich einig, dass ein Erwachsener zwischen 5 und 8 Stunden Schlaf benötigt. Wie viel Schlaf man selbst braucht, kann man nur durch Ausprobieren herausfinden. Fühlt man sich am Morgen ausgeruht und übersteht den Tag ohne Müdigkeitseinbruch, stimmt die Schlafmenge.

Ein Schlafmangel liegt immer dann vor, wenn ein Missverhältnis zwischen dem individuellen Schlafbedürfnis eines Menschen und seiner tatsächlichen Schlafdauer vorliegt. Typische Symptome sind Müdigkeit am Tage, Konzentrationsstörungen, häufiges Gähnen, oder sogar unfreiwilliges Einschlafen am Tage. Eine Schlafstörung beschränkt sich aber nicht zwangsläufig auf die Dauer des Schlafs. Der Schlaf kann auch auf viele andere Arten gestört sein:

- Einschlafprobleme (langes Wachliegen)

- häufiges Erwachen in der Nacht

- langes Wach liegen in der Nacht

- nächtliches oder morgendliches Grübeln

- zu frühes Erwachen am Morgen

- Bewegungsunruhe oder Krämpfe in den Beinen

- Schlafapnoe (Aussetzen der Atmung im Schlaf)

- unruhiger Schlaf

- Albträume

- Müdigkeit oder gar Einschlafen am Tage

Tipp: „Viel hilft viel", stimmt beim Schlafen nicht!

In mehreren Studien fand man heraus, dass Menschen, die länger schlafen als notwendig, sich damit keinen Gefallen tun. Es scheint sogar so, dass das Immunsystem unter zu viel Schlaf leidet. Das Gleiche trifft auf Antrieb und Stimmung zu. Wer zu viel schläft, leidet oft an Antriebsmangel und Stimmungsschwankungen. Aus diesem Grund raten Ärzte depressiven Patienten morgens nicht länger im Bett zu liegen als nötig, sondern immer zu einer bestimmten Uhrzeit aufzustehen und den Tag zu beginnen.

Kann eine Depression durch Medikamente ausgelöst werden?

Einige Medikamente stehen im Verdacht, schon bei der Einnahme depressive Symptome auslösen zu können. Bei anderen können die depressiven Symptome beim Absetzen auftreten. Dazu gehören – wenig überraschend – auch einige Antidepressiva, weshalb das Absetzen hier immer mit der nötigen Vorsicht und unter Anleitung eines Arztes erfolgen sollte.

Zu den Medikamenten, die im Verdacht stehen, Depressionen auslösen zu können, gehören zum Beispiel Antikonvulsiva (Mittel zur Behandlung von Krampfanfällen), Benzodiazepine (Beruhigungsmittel), Sexualhormone und Betablocker. Auch bestimmte Medikamente, die zur Behandlung von Hepatitis C eingesetzt werden und der Wirkstoff Reserpin, der Bestandteil einiger Neuroleptika und Blutdrucksenker ist, stehen im Verdacht, an der Entstehung von Depressionen beteiligt zu sein.

Zu den Medikamenten, die im Verdacht stehen, beim Absetzen Depressionen auslösen zu können, gehören neben verschiedenen Antidepressiva insbesondere auch Beruhigungsmittel (Benzodiazepine). Das gilt besonders dann, wenn diese über einen langen Zeitraum eingenommen wurden. Es stellt sich in diesem Fall natürlich die Frage, ob die Depression nicht schon vorher bestand und das Medikament eingenommen wurde, um die depressiven Symptome zu mildern. Das passiert nicht selten, trägt aber nicht zur Überwindung der Depression bei. Grundsätzlich sind Beruhigungsmittel bestenfalls übergangsweise oder als Notfallmedikament geeignet. Für die Behandlung einer Depression taugen sie nicht.

Eine direkte ursächliche Beziehung zwischen einem Medikament und dem Ausbruch einer Depression ist naturgemäß oft nur schwer nachweisbar, da man nie mit letzter Sicherheit sagen kann, ob die Depression nicht auch ohne das Medikament entstanden wäre. Bei Medikamenten, die zur Behandlung schwerer Krankheiten eingesetzt werden, bleibt zudem die Frage, ob nicht die damit behandelte Krankheit der eigentliche Auslöser war und nicht das Medikament, mit dem sie behandelt wurde. So wirken zum Beispiel bei einem Patienten, der ein Zytostatikum als Teil einer Chemotherapie bekommt, sicher viele Faktoren, die womöglich auch ohne das Medikament zu einer Depression geführt hätten.

Keinesfalls sollte man die Einnahme eines medizinisch sinnvollen oder notwendigen Medikaments ohne Rücksprache mit dem Arzt beenden, nur weil man den Verdacht hat, es könne etwas mit der Depression zu tun haben.

Wie hängen Depressionen und chronische Schmerzen zusammen?

Chronische Schmerzen haben abgesehen von der Schmerz auslösenden Grunderkrankung eine ganze Reihe weiterer negativer Folgen. Für viele Patienten rückt der Schmerz immer weiter in den Mittelpunkt ihres Denkens und Fühlens. Dazu kommen Ängste vor der Behandlung, vor dem möglichen Verlust des Arbeitsplatzes, dem Verlust der eigenen Leistungsfähigkeit und der Verlust von Lebensfreude. Nicht wenige Betroffene ziehen sich zurück und vermeiden alle Bewegungen, die schmerzhaft sein könnten. Die Folge ist eine immer weiter eingeschränkte Beweglichkeit und Bewegungsfreiheit. Diese führt nicht selten zur sozialen Isolation. Ständiger Schmerz führt zu einer dauerhaft gedrückten Stimmung, eingeschränkter Lebensfreude bis hin zur Verzweiflung.

Chronische Schmerzen bestehen oft auch dann weiter, wenn die eigentliche Schmerzursache nicht mehr besteht. Sie sind dann nicht mehr hauptsächlich ein Symptom einer Erkrankung, sondern werden selbst zur Krankheit. Eine Ursache dafür ist das sogenannte „Schmerzgedächtnis". Verantwortlich dafür sind neurochemische Veränderungen in Gehirn und Rückenmark, die eine erhöhte Schmerzempfindlichkeit nach sich ziehen. Aber auch eine depressive Verschlechterung der Stimmung trägt zur Aufrechterhaltung der Schmerzen bei. Denn erhöhte Schmerzsensibilität ist eine typische Begleiterscheinung von Depressionen.

Schmerzen als Folge einer Depression?

Forscher der University of California San Diego berichten in einer Studie, dass bis zu 75 % aller Menschen, die an einer Depression erkranken, auch über wiederkehrende oder chronische Schmerzen klagen. In verschiedenen Untersuchungen konnten sie zeigen, dass bei depressiven Patienten die Aktivität in bestimmten Hirnrealen, die das Schmerzempfinden verringern, herabgesetzt war. Es gibt auch bestimmte Formen von Depressionen, deren Symptome hauptsächlich in Schmerzen bestehen. Man spricht dann auch von einer „larvierten", also von einer „versteckten" Depression.

Antidepressiva gegen Schmerzen

Einige Antidepressiva haben neben ihrer stimmungsaufhellenden und antriebssteigernden Wirkung auch einen positiven Effekt auf das Schmerzempfinden. In klinischen Studien konnte gezeigt werden, dass bestimmte Antidepressiva besonders gut auf Nervenschmerzen, Migräne oder Spannungskopfschmerzen wirkten. Gut nachgewiesen ist die schmerzlindernde Wirkung einiger trizyklischer Antidepressiva wie Imipramin (z. B. Tofranil®) oder Amitryptilin (z. B. Saroten®). Leider sind bei dieser Gruppe von Antidepressiva auch die unerwünschten Wirkungen besonders stark ausgeprägt, sodass sie nicht für jeden Schmerzpatienten geeignet sind. Aber auch neuere Antidepressiva, zum Beispiel aus der Gruppe der SSRI wirken gegen Schmerzen. Sie haben weniger Nebenwirkungen und stellen deshalb eine gute Alternative dar.

Seele und Körper hängen eng zusammen

Nicht selten lehnen Patienten eine Schmerzbehandlung mit Antidepressiva auch ab, weil sie der Ansicht sind, nicht seelisch, sondern körperlich krank zu sein. Dann liegt es beim behandelnden Arzt, die Patienten aufzuklären und die entsprechenden Zusammenhänge so zu erläutern, dass sie für den Patienten nachvollziehbar sind.

Generell kann man sagen, dass eine enge Beziehung zwischen chronischen Schmerzen und Depressionen besteht. Chronisch kranke Schmerzpatienten haben ein deutlich erhöhtes Risiko, an einer Depression zu erkranken. Gleichzeitig gehen Depressionen häufig mit einer erhöhten Schmerzempfindlichkeit und Schmerzwahrnehmung einher. Es entsteht also ein Teufelskreis, der mithilfe von medikamentöser und nichtmedikamentöser Therapie durchbrochen werden muss.

Die Annahme vieler Patienten, dass sie ohne die Schmerzen auch keine Depression hätten, trifft manchmal, aber nicht immer zu. Sie ist dann eher als der Versuch zu verstehen, den „unerklärlichen" Depressionen eine klare Ursache zuzuordnen. Das kann den Umgang mit der Depression zwar manchmal erleichtern, für die Arbeit an den eigentlichen Ursachen ist das aber nicht immer hilfreich.

Kann eine Depression durch eine Schwangerschaft oder Geburt ausgelöst werden?

Ja, der Fachmann spricht dann von einer „postpartalen" oder „postnatalen" Depression. Diese sollte nicht verwechselt werden mit dem sogenannten „Baby-Blues", mit dem häufig ein nur wenige Tage andauerndes Stimmungstief der Mutter direkt nach der Geburt bezeichnet wird. Man vermutet, dass eine postpartale Depression durch die hormonelle Umstellung nach Ende der Schwangerschaft verursacht wird.

Lesen Sie hierzu bitte auch das Kapitel „*Was ist eine postpartale Depression?*"

Eine postpartale Depression kann übrigens nicht nur nach der Geburt eines Kindes, sondern auch nach einer Fehlgeburt oder einer Totgeburt auftreten. Depressionen sind auch bereits während einer Schwangerschaft keineswegs selten. Die Mütter sind dann oft verzweifelt, weil sie sich nicht – wie vom Umfeld erwartet – auf das Kind freuen können.

Wie hängen Alkohol und Depressionen zusammen?

Alkohol entspannt und betäubt. Auch negative Gefühle wie innere Unruhe, Ängste oder eine gedrückte Stimmung lassen sich durch Alkohol scheinbar leichter ertragen. Nicht wenige depressive Menschen benutzen Alkohol als Selbstmedikation, um ihre depressive Stimmung besser ertragen zu können. Das Problem: Wenn der Alkoholrausch verflogen ist, kommt die schlechte Stimmung umso intensiver zurück. Im Laufe der Zeit brauchen die Betroffenen immer mehr und immer häufiger Alkohol, um sich halbwegs wohlzufühlen. Es entsteht dann schnell eine Abhängigkeit mit all ihren negativen körperlichen und seelischen Folgen.

Trinken, Scham und Depression

Fast alle Abhängigen leiden unter ihrer Alkoholsucht, schämen sich und fühlen sich zunehmend schlechter. Um dem entgegenzuwirken, greifen sie wieder zum Alkohol. Ein Teufelskreis. Viele der Betroffenen zeigen Symptome einer Depression. Allerdings ist oft kaum noch festzustellen, ob diese eine Folge des exzessiven Alkoholkonsums oder dessen Ursache ist.

Fest steht, dass übermäßiger Alkoholkonsum Depressionen auslösen und aufrechterhalten kann. Besteht die Depression noch nicht allzu lange, verschwindet sie häufig schon nach kurzer Zeit, wenn die Betroffenen keinen Alkohol mehr trinken.

Alkoholverzicht

Eine effektive Behandlung einer Depression ist nur möglich, wenn der Patient weitgehend auf Alkohol verzichtet. Das trifft in besonderem Maße bei einer medikamentösen Behandlung mit Antidepressiva zu. Viele dieser Medikamente verstärken die Wirkung von Alkohol oder es gibt unerwünschte Wechselwirkungen. Vor der Behandlung muss ein Arzt abklären, ob bei dem Betroffenen die Alkoholabhängigkeit als Grunderkrankung vorherrscht, oder ob diese eine Folge der Depression ist. Ist Letzteres der Fall, fällt der Verzicht auf Alkohol in der Regel viel leichter, wenn die depressiven Symptome nachlassen oder wegfallen. Liegt die Grunderkrankung in der Alkoholabhängigkeit, muss diese therapiert werden. Auch hier gilt: Je früher die Behandlung beginnt, desto besser.

Gibt es Unterschiede zwischen Frauen und Männern?

Man kann immer wieder lesen, dass Frauen deutlich häufiger an Depressionen erkranken als Männer. Einigen Statistiken besagen, dass Depressionen bei Frauen doppelt so häufig diagnostiziert werden, wie bei Männern. Allerdings sagt die Zahl der diagnostizierten Fälle eben nur aus, wie häufig die Diagnose Depression bei PatientInnen gestellt wurde. Nicht jedoch, wie viele Menschen (Männer oder Frauen) tatsächlich an einer Depression erkrankten.

Experten gehen davon aus, dass Frauen in der Regel gesundheitsbewusster und eher bereit sind, wegen psychischer Probleme Hilfe zu suchen als Männer. Hinzu kommt, dass die Erkrankung bei Männern womöglich unterdiagnostiziert ist. Das heißt, sie wird vom Arzt bei Männern häufiger nicht als Depression erkannt, als das bei weiblichen Patienten der Fall ist. Der Grund: Männer zeigen bei leichten und mittelgradigen Depressionen oft nicht die klassischen Symptome. Stattdessen äußert sich die Depression bei ihnen häufiger in hohem Alkoholkonsum oder aggressivem Verhalten.

Den Statistiken kann man ebenfalls entnehmen, dass Männer häufiger Suizid begehen als Frauen. Und auch das ist nur teilweise richtig. Tatsächlich versuchen mehr Frauen, sich zu töten als Männer. Die Männer sind nur aufgrund der Wahl ihrer Mittel „erfolgreicher". Frauen, die oftmals versuchen, sich mithilfe von Medikamenten zu töten, werden einfach häufiger gerettet.

Was haben Depressionen mit Angst zu tun?

Depressionen und Ängste gehören zu den am häufigsten diagnostizierten psychischen Störungen überhaupt. Angstzustände, Panikanfälle und andere diffuse Ängste treten nicht selten gemeinsam mit einer Depression auf. Mediziner sprechen dann von einer „gemischten Angststörung" oder von einer „Angst-Depression". Oftmals ist es schwierig, herauszufinden, ob die Ängste eine Folge der Depressionen sind, oder ob sie zur Entstehung der Depression beigetragen haben. Denn: Ängste sind nicht nur ein mögliches Symptom einer Depression. Vielmehr erkranken nicht wenige Patienten, die an einer Angststörung leiden, auch zusätzlich an einer Depression. Es ist dann Aufgabe des Arztes, herauszufinden, welche von beiden Störungen zuerst da war, also die *Grunderkrankung* ist.

Seelische Belastungen erzeugen Angst

Seelische Belastungen und Stress führen bei fast jedem Menschen zu Angstgefühlen. Depressive Patienten haben häufig viele Befürchtungen. Sie bangen nicht nur um ihre Gesundheit, sondern auch um ihren Arbeitsplatz und ihre Familie. Nicht wenige leben mit der Angst, vom Partner verlassen zu werden oder den Arbeitsplatz zu verlieren, weil sie das Gefühl haben, nichts wert zu sein oder nichts zu können. Viele leiden unter Ängsten vor Verarmung, Isolation oder auch vor weiteren Krankheiten.

Solche Ängste können sich verselbstständigen und auch körperliche Symptome nach sich ziehen, die dann wieder zur Aufrechterhaltung oder Verstärkung der Angst führen. Manche Patienten entwickeln eine Panikstörung mit sogenannten Panikattacken. Das sind Zustände höchster Not und Angst, in denen die Betroffenen nicht selten befürchten, ohnmächtig zu werden oder gar zu sterben. Ist die Angststörung „nur" ein Symptom der Depression, verschwinden die Ängste auch wieder, wenn die Depression erfolgreich behandelt wird.

Antidepressiva gegen Depressionen UND Angst

Bestimmte Antidepressiva haben neben einer stimmungsaufhellenden und antriebssteigernden Wirkung auch angstlösende (anxiolytische) Effekte. Sie eignen sich zur Behandlung von Patienten, die neben ihrer Depression auch unter Ängsten oder Panikanfällen leiden. Für die Behandlung von Angst und Panik werden bevorzugt Antidepressiva aus der Gruppe der selektiven Serotonin Wiederaufnahme-Hemmer (SSRI) eingesetzt. Auch ältere Medikamente aus der Gruppe der trizyklischen Antidepressiva wir-

ken angstlösend. Allerdings stellen sie wegen ihres ungünstigeren Neben-
wirkungsprofils nur die zweite Wahl dar. Sie können aber zum Beispiel
dann sinnvoll sein, wenn SSRIs nicht die gewünschte Wirkung zeigen.
Des Weiteren kommen zum Beispiel Antidepressiva mit dem Wirkstoff
Mirtazapin bei Patienten mit Angstproblemen zum Einsatz.

Wie lange dauert eine Depression an?

Aufgrund der vielen verschiedenen Formen der Erkrankung und der unterschiedlichen Schweregrade ist es kaum möglich, diese Frage allgemein zu beantworten. Eine depressive Episode kann Wochen, Monate und in einigen Fällen sogar Jahre andauern. Begibt sich der Patient in Behandlung, ist in den meisten Fällen spätestens nach zwei bis drei Monaten mit einer Besserung zu rechnen. In manchen Fällen auch früher.

Eine unbehandelte chronische Depression (Dysthymia) kann unter Umständen ein Leben lang bestehen bleiben. Das Gleiche gilt die bipolare Störung. Es ist noch kein Mittel gefunden worden, um diese Erkrankung endgültig zu heilen. Trotzdem können die Patienten mithilfe der richtigen Behandlung längere symptomfreie Phasen erleben. Die Ausprägung der depressiven und manischen Phasen kann mithilfe von Medikamenten reduziert werden.

Eine unbehandelte Depression dauert grundsätzlich deutlich länger als eine, bei der der Patient rasch ärztliche Hilfe findet. Aber auch Depressionen, die schon länger bestehen, können und sollten unbedingt behandelt werden.

Frühzeitiges Erkennen ist wichtig

Ein wichtiger Aspekt ist das möglichst frühzeitige Erkennen und Behandeln der Depression. Leider ist es aber auch heute noch so, dass etwa die Hälfte aller depressiven Erkrankungen bei Patienten, die bei ihrem Hausarzt vorstellig werden, nicht erkannt wird. Je länger eine Depression unbehandelt bleibt, desto geringer ist die Chance auf eine kurzfristige Heilung. Je eher die Behandlung beginnt, desto schneller kann eine Depression überwunden werden.

Psychosoziale Faktoren wie Stress, Arbeitslosigkeit, Probleme in der Partnerschaft oder in der Familie, hohe Arbeitsbelastung, usw. können nicht nur eine Depression auslösen, sondern tragen auch zur Verzögerung der Heilung bei. Grundsätzlich kann auch mangelnde Unterstützung im sozialen Umfeld eine Depression begünstigen oder aufrechterhalten. Der Patient und sein Umfeld können also auch selbst dazu beitragen, die Dauer einer Depression zu verkürzen.

Wie kann man einem depressiven Menschen helfen?

Das Zusammenleben und der Umgang mit einem depressiven Menschen ist keine einfache Sache. Angehörige und Freunde würden dem Betroffenen gerne helfen, wissen aber nicht, wie sie das anstellen sollen. Versuche, ihn aufzumuntern, scheitern in den meisten Fällen. Nicht selten wird die Hilfe auch zurückgewiesen, oder man findet gar keinen Zugang zu dem Erkrankten. Auch die Angst, etwas falsch zu machen, spielt eine Rolle. Wenn Sie sich fragen, was Sie tun können, um einem Angehörigen oder Freund in dieser schwierigen Zeit helfen zu können, finden Sie im Folgenden wichtige Hinweise.

Das Wichtigste: Sorgen Sie gut für sich selbst!

Als Angehöriger oder Freund eines depressiven Menschen benötigt man viel Kraft. Es ist also wichtig, gut für sich selbst zu sorgen, um nicht selbst unter der Belastung zusammenzubrechen. Man nützt dem Betroffenen nicht dadurch, dass man sich selbst überlastet, sondern dadurch, dass man für ihn da ist, wenn man gebraucht wird. Hinzu kommt, dass den meisten depressiven Menschen völlig klar ist, wie belastend die Situation für den Partner oder einen Freund sein kann. Sie fühlen sich deshalb oft ohnehin schon schuldig. Diese Schuldgefühle würde man nur verstärken, wenn man selbst unter der Belastung zusammenbricht.

Austausch mit anderen Betroffenen

Es gibt eigens für Angehörige und Freunde Selbsthilfegruppen und Foren im Internet, wo man sich mit anderen in einer ähnlichen Situation austauschen kann. Das kann sehr hilfreich sein. Man merkt, dass man mit dem Problem nicht allein dasteht, und bekommt womöglich gute Tipps und Hinweise für den Umgang mit der depressiven Person. Adressen von Selbsthilfegruppen finden Sie im Anhang dieses Buchs.

Je nachdem, wie sehr Sie selbst unter der Erkrankung Ihres Partners oder Freundes leiden, kann es auch sinnvoll sein, selbst therapeutische Hilfe in Anspruch zu nehmen. Nicht zuletzt ist es wichtig, dass Sie für sich einen Ausgleich finden. Gehen Sie weiter Ihren Hobbys nach oder treffen Sie sich mit Freunden. Wenn nötig, organisieren Sie für die Zeit eine Betreuung für den Kranken. Es ist wichtig, dass Sie selbst regelmäßig „rauskommen".

Informationen einholen

Informieren Sie sich über die Erkrankung. Je mehr Sie darüber wissen, desto besser können Sie mit dem depressiven Menschen und seinem Verhalten umgehen. Es gibt eine ganze Reihe von guten Büchern zum Thema Depressionen, die auch für Laien geeignet sind. (Eins davon halten Sie ja gerade in der Hand.) Einige richten sich auch ganz gezielt an Angehörige depressiver Menschen. Wenn Sie selbst zum Beispiel wissen, dass eine Depression geheilt werden kann, können Sie diese Zuversicht auch dem Kranken gegenüber viel glaubwürdiger vertreten. Ein anderer Aspekt ist Überzeugungsarbeit für den Fall, dass der Betroffene von sich aus keinen Arzt aufsuchen, oder keine Therapie beginnen will. Auch hier ist es äußerst hilfreich, wenn Sie gut über das Thema Depressionen informiert sind. Sie wirken so viel überzeugender und haben bessere Chancen, die depressive Person von der Wichtigkeit einer professionellen Behandlung zu überzeugen.

Das Thema aktiv ansprechen

Warten Sie nicht darauf, dass der Erkrankte von sich aus das Gespräch über seine Depression sucht. Machen Sie klar, dass Sie über seinen Zustand und die Erkrankung als solche Bescheid wissen. Machen Sie deutlich, dass Sie jederzeit ansprechbar und bereit zu helfen sind. In keinem Fall sollte das Thema tabuisiert oder verheimlicht werden. Nur durch absolute Offenheit haben Sie die Chance, zu dem depressiven Menschen durchzudringen und auch gefährliche Entwicklungen wie z. B. Suizidgedanken rechtzeitig zu bemerken.

Behandlung organisieren

Natürlich ist das Wichtigste, dass der Erkrankte so schnell wie möglich behandelt wird. Begleiten Sie ihn zum Arzt und/oder zur Therapie. Führen Sie selbst Gespräche mit Arzt oder Therapeut. Das sollte natürlich in Absprache mit dem Erkrankten passieren. Dieser kann auch den Arzt oder Therapeuten von seiner gesetzlichen Schweigepflicht Ihnen gegenüber entbinden. Sorgen Sie – wenn nötig – dafür, dass der Erkrankte die verschriebenen Medikamente regelmäßig einnimmt, und nehmen Sie Kontakt zum Arzt auf, wenn es zu Komplikationen kommen sollte. Sorgen Sie dafür, dass der Erkrankte alle Arzt- oder Therapietermine einhält. Motivieren Sie ihn mit der Aussicht auf Besserung und Heilung.

Kinder aufklären

Wenn es in der Familie Kinder gibt, macht es Sinn, diese entsprechend ihrem Alter über die Erkrankung der Mutter oder des Vaters aufzuklären. Das erspart den Kindern womöglich Enttäuschungen und dem betroffenen Elternteil, sich ständig verstellen zu müssen. Erklären Sie den Kindern den Verlauf der Erkrankung und dass der Betroffene nach der Heilung wieder wie vorher sein wird. Sorgen Sie dafür, dass die Kinder nicht allzu sehr unter der Erkrankung des Elternteils leiden müssen. Organisieren Sie Freizeitaktivitäten für die Kinder und nötigenfalls die Betreuung durch Großeltern oder Freunde.

Trauer, Enttäuschung, aber auch Wut sind völlig in Ordnung!

Machen Sie sich klar, dass auch Ihr eigenes Gefühlsleben durch die Erkrankung Ihres Partners oder Freundes in Mitleidenschaft gezogen wird. Es ist völlig normal und in Ordnung, wenn Sie darüber Trauer empfinden oder auch Wut. Sie sollten diese Gefühle allerdings nicht mit dem depressiven Menschen besprechen, sondern besser mit Freunden, Familienangehörigen oder einem Therapeuten.

Keine falschen Vorstellungen von der eigenen Wirksamkeit machen

Als Angehöriger oder Freund werden Sie einen depressiven Menschen nicht im Alleingang „retten" können. Jemand, der unter Depressionen leidet, braucht professionelle Hilfe, daran führt kein Weg vorbei. Eine Depression ist nichts, was man durch Liebe und Fürsorge allein heilen könnte. Es ist wichtig, sich das klarzumachen, um unnötige Enttäuschungen zu vermeiden. Sie können viel tun, um dem Betroffenen zu helfen, wieder gesund zu werden und um ihm das Leben zu erleichtern. Alleine heilen können Sie ihn nicht.

Zurückweisungen nicht persönlich nehmen

Angehörige von depressiven Patienten berichten immer wieder darüber, dass sie trotz zum Teil aufopferungsvoller Sorge für den Kranken, von diesem zurückgewiesen werden. Das kann sehr verletzend sein. Schließlich geht es meist um einen Menschen, den man liebt und dem man helfen möchte. Es ist wichtig, solche Zurückweisungen nicht persönlich zu nehmen. Sie sind Ausdruck der Depression und richten sich nicht gegen die Person, die helfen will. Der depressive Patient kann nicht anders reagieren, die Depression lässt ihm keine Alternative. Oftmals hasst er sich selbst dafür und kann trotzdem nicht anders handeln.

Zuhören statt reden

Vielen Betroffenen hilft es, wenn sie das Gefühl haben, dass ihnen jemand wirklich zuhört und ihre Erkrankung ernst nimmt. Man unterliegt im Gespräch mit einem depressiven Menschen leicht der Versuchung, selbst viel zu reden. Sei es, um den anderen aufzumuntern oder um das Gespräch in Gang zu halten. Halten Sie sich zurück und hören Sie zu. Und das bedeutet nicht, einfach nichts zu sagen. Richtig zuhören bedeutet auch, nachzufragen, wenn etwas unklar ist oder an bestimmten Stellen zuzustimmen. Keinesfalls sollte man das Gesagte infrage stellen oder dem depressiven Menschen beweisen wollen, dass seine negative Sicht falsch ist.

Alltag strukturieren

Für depressive Menschen ist es wichtig, nach und nach wieder eine Struktur in ihren Alltag zu bringen. Dazu gehören sowohl das Aufstehen zu einer bestimmten Uhrzeit als auch die regelmäßige Einnahme der Mahlzeiten. Nach und nach können weitere regelmäßige Termine oder auch Aufgaben in den Tagesablauf integriert werden. So ist zum Beispiel ein täglicher nachmittäglicher Spaziergang gut geeignet. Überhaupt ist jede Form körperlicher Aktivität (am besten unter freiem Himmel) gut für den Erkrankten. Je häufiger und je regelmäßiger, desto besser.

In Kontakt bleiben

Wenn Sie nicht mit dem depressiven Menschen zusammenleben, ist es hilfreich, wenn Sie einen regelmäßigen Kontakt aufrechterhalten. Rufen Sie regelmäßig an, schauen Sie vorbei oder schlagen Sie gemeinsame Aktivitäten vor. Depressive Menschen ziehen sich oft zurück. Es drohen Vereinsamung oder Isolation. Rechnen Sie damit, dass die Initiative meist von Ihnen ausgehen muss. Wundern oder ärgern Sie sich nicht darüber, wenn der Betreffende nicht zurückruft oder nicht auf Ihre Einladungen reagiert. Das ist Teil der Symptomatik und richtet sich nicht gegen Sie persönlich.

Unterstützen, aber nicht unterfordern

Depressive Patienten fühlen sich sehr schnell überfordert. Es fällt ihnen schwer, Entscheidungen zu treffen und komplexe Sachverhalte zu überschauen. Stellt man sie vor Aufgaben, die sie nicht bewältigen können, erzeugt dies Stress, Versagensängste und Minderwertigkeitsgefühle. Das gilt es, in jedem Fall zu vermeiden. Jede Form von Stress ist Gift für den depressiven Menschen. Stress kann Depressionen auslösen und diese aufrechterhalten.

Auf der anderen Seite sollte man dem Depressiven aber auch nicht alle Aufgaben abnehmen. Das würde ihn nur in seiner passiven Haltung unterstützen und auf Dauer dazu führen, dass er sich immer weniger zutraut.

Die nicht immer ganz einfache Aufgabe ist es also, den Patienten dazu zu bringen, dass er Aufgaben, die er selbst lösen kann, auch selbst in die Hand nimmt. Im Zuge der Genesung können dies nach und nach immer mehr und komplexere Aufgaben werden.

Zu Aktivitäten ermuntern

Es kann frustrierend sein, einen depressiven Menschen dazu bewegen zu wollen, etwas zu unternehmen. Und insbesondere in Zeiten, in denen es ihm besonders schlecht geht, wird das auch nicht gelingen. Trotzdem ist es wichtig, es immer wieder zu versuchen. Denn auch der kleinste Schritt aus der Wohnung oder der Kontakt zu anderen Menschen hilft. Besonders effektiv sind gemeinsame sportliche Aktivitäten im Freien. Aber auch ein gemeinsamer Spaziergang, wenn die Sonne scheint, hat einen positiven Effekt. Wichtig: Die Aktivitäten sollten für den Betreffenden problemlos erfolgreich zu bewältigen sein. Es macht keinen Sinn, sich zum Joggen zu verabreden, wenn der Betreffende dazu (körperlich) noch gar nicht wieder in der Lage ist. Ansonsten ist alles geeignet, was Spaß macht oder ablenkt.

Tipp: Vermeintlich aufmunternde Aktivitäten

Manche Helfer meinen, dem Erkrankten etwas Gutes zu tun, indem Sie ihn (manchmal gegen seinen Widerstand) zu aufmunternden Aktivitäten mitnehmen. Das kann eine Party sein, oder der Besuch in einem Freizeitpark. Und es ist durchaus möglich, dass das einen positiven Effekt auf den depressiven Menschen hat. Es kann aber auch sein, dass er sich an einem Ort, wo die Menschen um ihn herum ausgelassen und fröhlich sind, völlig deplatziert und äußerst unwohl fühlt. Er fühlt sich dann durch den Kontrast zu seinen eigenen Empfindungen unter Umständen noch schlechter als zuvor. Seien Sie also nicht enttäuscht, wenn so ein Versuch fehlschlägt. Es liegt weder an Ihnen noch an dem Betroffenen. Denn auch er kann in dieser Situation an seinen Gefühlen nichts ändern.

Auch kleinste Erfolge bemerken und loben

Für einen depressiven Menschen bedeuten oft selbst die einfachsten Dinge eine kaum zu überwindende Hürde. Das kann so weit gehen, dass selbst das Aufstehen am Morgen viel Überwindung und Kraft kostet. Umso wichtiger ist es, zu bemerken, wenn der Betreffende so eine Leistung vollbracht hat. Ganz gleich, ob er nach langer Zeit zum ersten Mal wieder mit zum Einkaufen geht oder von selbst auf die Idee kommt, etwas zum Essen zuzubereiten: Machen Sie klar, dass Sie bemerkt haben, was er geschafft hat und loben Sie ihn dafür. Das ist wichtig und motiviert dazu, weitere

Fortschritte zu machen.

Suiziddrohungen <u>immer</u> ernst nehmen!

Die Androhung oder Ankündigung einer Selbsttötung muss immer ernst genommen werden. Die weitverbreitete Ansicht, dass jemand, der einen Suizid ankündigt, ihn nicht ausführt, ist falsch! Das Gegenteil ist der Fall. Wenn jemand offen über Selbsttötung spricht, ist das ein Zeichen für seine Verzweiflung. Auch versteckte Hinweise sollten ernst genommen werden. Wenn jemand beginnt, seinen Nachlass zu regeln, seine Papiere in Ordnung zu bringen u. ä. ist das ein Warnsignal.

Weitere Informationen über den Umgang mit suizidgefährdeten Personen finden Sie im Kapitel „*Woran erkennt man, dass jemand suizidgefährdet ist?*"

Was soll man einem depressiven Menschen sagen?

Es ist nicht immer leicht, die richtigen Worte zu finden, wenn man mit einem depressiven Menschen spricht. Einerseits möchte man dem Betreffenden helfen, andererseits hat man vielleicht Angst, etwas Falsches zu sagen. Erschwerend kommt hinzu, dass depressive Menschen manchmal nicht so reagieren, wie man es erwarten würde. Eigentlich gut gemeinte Äußerungen können auf Ablehnung stoßen oder tragen gar dazu bei, dass der Betreffende sich noch schlechter fühlt. Im Folgenden finden Sie Beispiele dafür, was Sie einen depressiven Partner oder Freund sagen können, um ihn zu unterstützen.

Tipp: Authentisch bleiben

Natürlich behandelt man einen depressiven Menschen mit mehr Nachsicht, als man es bei einem völlig Gesunden tun würde. Das bedeutet aber nicht, dass man sich und die eigenen Gefühle oder Gedanken ständig verleugnen müsste. Denn trotz seiner Depression merkt der Betroffene, ob Sie ehrlich mit ihm umgehen, oder ihm etwas vormachen. Den meisten depressiven Menschen ist mehr als klar, dass ihre Erkrankung auch für den Partner oder für Freunde eine Belastung darstellt. Es ist also völlig in Ordnung, auch einmal zu sagen, dass man im Augenblick vielleicht nicht die Nerven hat, ein bestimmtes Thema zum x-ten Mal zu besprechen. Genauso ist es OK, klar zu formulieren, wenn man das Bedürfnis hat, andere Menschen zu treffen oder auch mal zu einer Party zu gehen, obwohl der Partner nicht mitkommen will. Gehen Sie so ehrlich wie möglich mit dem Betroffenen um, ohne ihn zu verletzen.

Unterstützung zusichern

Der depressive Mensch zweifelt ständig an sich selbst. Er empfindet sich selbst als nutzlos und nicht liebenswert. Das löst nicht selten Befürchtungen aus, dem eigenen Partner, der Familie oder Freunden zur Last zu fallen. Dementsprechend groß ist die Angst, verlassen oder abgelehnt zu werden. Sie können dem Betroffenen helfen, indem Sie versuchen, ihm diese Ängste zu nehmen. Seien Sie aber nicht zu enttäuscht, wenn er Ihnen Ihre Versicherungen nicht sofort glaubt. Was Sie sagen können:

+ „Du bist nicht allein. Ich halte zu dir!"

+ „Gemeinsam stehen wir das durch."

+ „Egal, was passiert, du kannst dich auf mich verlassen."

+ „Ich liebe dich. Daran ändert deine Erkrankung nichts!"

Mut machen

Ein depressiver Mensch hat wenig oder keine Hoffnung auf eine Besserung seines Zustands oder auf Heilung. Es ist wichtig, ihm immer wieder klar zu machen, dass sein Zustand vorübergehend ist und er sich ganz sicher wieder besser fühlen wird. Auch wenn er das vielleicht verneint oder bezweifelt, hilft es ihm doch, die schwerste Zeit zu überstehen. Was Sie sagen können:

+ „Die Behandlung wird bald ansprechen. Dann wird es dir wieder besser gehen."

+ „Halte durch. Es wird dir bald wieder besser gehen."

+ „Andere haben das auch schon durchgemacht und sind wieder gesund geworden."

+ „Auch wenn du es jetzt nicht glauben kannst, vertraue mir: Es wird wieder besser!"

+ „Wenn du das hier überstanden hast, werden wir beide eine schöne Reise unternehmen!"

Verständnis und Mitgefühl zeigen

Wer selbst noch keine Depression durchgemacht hat, kann sich nicht wirklich vorstellen, wie die Betroffenen sich fühlen. Es macht auch keinen Sinn, so zu tun, als wüsste man, wie sich der depressive Partner oder Freund fühlt. Dennoch kann man signalisieren, dass man ernsthaft versucht, ihn zu verstehen:

+ „Ich kann mir nicht wirklich vorstellen, wie du dich fühlst. Ich weiß aber, dass es dir sehr schlecht geht."

+ „Es tut mir sehr leid, dass es dir so schlecht geht."

+ „Ich wünschte, ich könnte dir helfen. Ich bin aber auf jeden Fall da, wenn du mich brauchst."

+ „Ich habe darüber gelesen, wie sich depressive Menschen fühlen.

Es tut mir sehr leid, dass du das durchmachen musst."

Ängste nehmen

Jemand, der an einer Depression erkrankt, hat viele Sorgen und Ängste. Diese betreffen sowohl seine Erkrankung, aber auch die sozialen Konsequenzen. Einige dieser Ängste können Sie ihm nehmen:

+ „Du wirst nicht verrückt. Du leidest unter Depressionen und das ist ein typisches Symptom."

+ „Es wird nichts geschehen, was du nicht willst."

+ „Ich passe auf dich auf."

+ „Ich werde dich nicht verlassen."

+ „Ich passe auf mich auf. Du musst dir um mich keine Sorgen machen."

+ „Es ist alles geregelt. Ich kümmere mich darum."

Nicht zuletzt ist es wichtig, dem Betroffenen zu versichern, dass man jederzeit für ihn ansprechbar ist, wenn notwendig, auch morgens um vier. Auch wenn der depressive Mensch diese Option vielleicht nie in Anspruch nehmen wird, hilft es ihm doch dabei, sich etwas sicherer und besser zu fühlen.

Was man niemals zu einem depressiven Menschen sagen sollte

Das Gefühlsleben eines depressiven Menschen ist von Schuldgefühlen und Versagensängsten geprägt. Er sieht die Welt und alles, was damit zusammenhängt in den trübesten Farben. Aber nicht nur die Gefühle sind betroffen. Auch das Denken ist beeinträchtigt und negativ eingefärbt. Dementsprechend wird er vieles, was man zu ihm sagt, nicht so verstehen, wie es gemeint ist. Er wird vielmehr in allem Gesagten nach Hinweisen für seine Schuld, sein Versagen und seine Ängste suchen. Ironie oder Sarkasmus wird er nicht als solche erkennen, sondern das Gesagte wörtlich nehmen. Misslungene Versuche, ihn zu trösten, wird er als Beweis dafür ansehen, dass man ihn nicht versteht. Gut gemeinte, aber sinnlose, Ratschläge versteht er als Beweis für sein Versagen oder dafür, dass ihm nicht zu helfen ist.

Im Folgenden finden Sie die häufigsten Fehler, die in Gesprächen mit depressiven Menschen gemacht werden.

Nicht relativieren

Der Hinweis darauf, dass es anderen schlechter geht, wirkt auf einen depressiven Menschen nicht aufmunternd. Ganz im Gegenteil: Er wird das viel mehr als Beleg dafür nehmen, dass die Welt ein Ort des Leidens ist. Hinzu kommt, dass es einem depressiven Menschen oft so schlecht geht, dass er liebend gern mit jemandem tauschen würde, dem es vielleicht aus der Sicht von Außenstehenden objektiv schlechter geht.

- „Denk mal an all die Menschen, denen es viel schlechter geht als dir!"

- „Denk mal an den. Der hat wirkliche Probleme!"

- „Jeder ist mal deprimiert."

- „Sei froh, dass du nicht im Rollstuhl sitzt!"

Nicht mit eigenen Stimmungen vergleichen

Sätze wie:

- „Ich bin montags morgens auch immer schlecht drauf."

- „Ich weiß, wie du dich fühlst. Ich bin auch manchmal deprimiert."

- „Letzte Woche war ich auch depressiv."

… wirken auf einen Depressiven wie Hohn. Das, was gesunde Menschen leichthin als „depressiv" bezeichnen, ist nicht vergleichbar mit den Qualen, die ein depressiver Mensch erlebt. Er fühlt sich dadurch unverstanden und nicht ernst genommen.

Keine Lebensweisheiten

Sätze wie:

- „Das Leben ist eben nicht immer fair."

- „Das Leben ist kein Ponyhof."

- „Jeder hat sein Päckchen zu tragen."

… sind nicht hilfreich.

Keine Angriffe, Vorwürfe oder Drohungen

Sätze wie:

- „Jetzt hör doch mal auf, dir selbst leidzutun."

- „Du bist aber auch selbst schuld, dass du in diese Situation geraten bist."

- „Ich habe dir immer schon gesagt, du solltest nicht …"

- „Du denkst ständig nur an dich."

- „Die Kinder und ich leiden unter deinen Launen."

- „Wenn ich noch einmal etwas von Selbstmord höre, verlasse ich dich!"

… bewirken das genaue Gegenteil.

Keine Provokationen

Sätze wie:

- „Wenn du meinst, dass das Leben sinnlos ist, dann musst du dich eben umbringen!"

… bewirken nicht das, was damit beabsichtigt ist. Depressive Menschen werden durch eine Provokation nicht angestachelt, das Gegenteil zu beweisen. Ganz im Gegenteil, sie werden in dem Eindruck bestätigt, wertlos zu sein und werden den als Provokation gemeinten Rat unter Umständen sogar in die Tat umsetzen. Das gilt insbesondere für Menschen, die suizidgefährdet sind.

Keine sinnlosen Aufforderungen

Sätze wie:

- „Jetzt lach doch mal!"
- „Jetzt sei mal nicht so muffig."
- „Jetzt reiß dich doch mal zusammen!"
- „Freu dich doch mal!"
- „Geh doch mal raus und treffe dich mit ein paar Freunden."
- „Kopf hoch!"
- „Nimm's doch nicht so schwer!"

… sind absolut sinnlos. Der depressive Mensch <u>kann</u> diese Dinge nicht tun, auch wenn er es noch sehr möchte. Er wird sich dadurch nur schlechter fühlen. Sie zeigen dem Betroffenen nur, dass derjenige, der sie äußert, nicht versteht, wie sich ein depressiver Mensch fühlt.

Keine sinnlosen Tipps

Sätze wie:

- „Hast du es mal mit Johanniskraut versucht?"
- „Schau dir doch mal einen lustigen Film an."
- „Bei mir helfen Bachblüten immer ganz toll."
- „Hier, nimm mal ein paar Rescue-Tropfen!"

- „Mach doch mal Autogenes Training!"

… zeigen dem Betroffenen, dass der Tippgeber nicht versteht, wie schlecht es ihm wirklich geht. Er fühlt sich nicht ernst genommen. Oder er bekommt noch mehr Schuldgefühle, weil mit den gut gemeinten Ratschlägen nichts anfangen kann.

Keine Therapieversuche

Einen schwer depressiven Menschen zu therapieren, ist selbst für erfahrene Psychotherapeuten eine Herausforderung. Etwaige Versuche, einem Betroffenen mit ein wenig „Küchenpsychologie" helfen, oder ihn gar therapieren zu wollen, sind zum Scheitern verurteilt. Versuchen Sie es erst gar nicht. Die Gefahr ist groß, mehr zu schaden als zu helfen. Zu solchen Therapieversuchen gehört auch, den Betroffenen zu drängen, endlich den „eigentlichen Grund" oder den Auslöser für seine Depression zu offenbaren. Einen solchen Grund oder eine klar definierte Ursache gibt es oft nicht, oder der Betroffene kann ihn nicht sehen.

Wem sollte ich von meiner Depression erzählen?

Auch wenn psychische Erkrankungen heute nicht mehr so stark stigmatisiert werden, wie das noch vor wenigen Jahren oder Jahrzehnten der Fall war, machen sich die meisten Betroffenen Gedanken darüber, wem sie von ihrer Erkrankung erzählen sollen und wem besser nicht. Grundsätzlich gilt: Je enger Sie mit anderen Menschen zusammenleben oder arbeiten, desto wahrscheinlicher ist es, dass diese ohnehin bemerken, dass etwas nicht stimmt. Natürlich hängt es auch immer vom Schweregrad der Erkrankung ab, ob die Betroffenen weiterhin ein nach außen normal erscheinendes Leben führen können, oder nicht. Spätestens bei einem Klinikaufenthalt oder einem erkrankungsbedingten Fernbleiben von Arbeit oder Schule lässt sich die Depression meist nicht mehr einfach verschweigen.

Innerhalb der Familie und des engeren Freundeskreises sollte man jedes Versteckspiel vermeiden. Der offene Umgang mit der Erkrankung hilft der Familie und Freunden, Ihr Verhalten besser zu verstehen und auch dabei, Sie besser zu unterstützen. Auch die Kinder sollten – ihrem Alter angemessen – darüber informiert werden, dass Mama oder Papa krank sind und sich vielleicht anders verhalten als früher. Natürlich mit dem Hinweis, dass dieser Zustand vorübergehend ist.

Ausweg Burn-out?

Manche Betroffene wählen für Bekannte und Kollegen die Bezeichnung „Burn-out", um ihre Erkrankung zu erklären. Ein Burn-out-Syndrom ist gesellschaftlich sicher besser akzeptiert als die Diagnose „Depressionen". Und am Arbeitsplatz macht ein Mitarbeiter, der sich „nur überarbeitet" hat, einen besseren Eindruck als einer, der unter Depressionen leidet. Zudem ähneln sich die Symptome und nicht wenige Wissenschaftler sind der Ansicht, dass Burn-out ohnehin nur eine besser klingende Bezeichnung für Depressionen ist. Es ist also völlig in Ordnung, wenn Sie diese Krankheitsbezeichnung gegenüber nicht nahestehenden Personen verwenden.

Nicht zu wenig Verständnis erwarten

Depressionen, Burn-out oder generell psychische Probleme waren noch bis vor wenigen Jahren in vielen Teilen der Gesellschaft ein Tabuthema. Das hat sich glücklicherweise mittlerweile geändert. Viele Menschen klagen über Burn-out, Depressionen, Angst- oder Essstörungen und nicht wenige Prominente haben sich öffentlich „geoutet". Das bedeutet nicht, dass jeder dafür Verständnis hat. Und man sollte die eigene Erkrankung sicher auch nicht jedem „auf die Nase binden". Trotzdem gibt es in der Gesellschaft heute ein höheres Maß an Verständnis. Fast jeder, der von einer Depression hört, kennt mindestens einen Menschen, der auch schon daran erkrankt ist.

Grenzen beim Verständnis beachten

Auch beim eigenen Partner oder bei guten Freunden gilt, dass es für jemanden, der noch nie eine Depression erlebt hat, so gut wie unmöglich ist, nachzuvollziehen, was in einem selbst dabei vorgeht. Man muss sich das immer wieder klar machen, weil es sonst leicht zu Enttäuschungen kommt. Man kann nur versuchen, die eigenen Gedanken und Gefühle so zu schildern, dass ein anderer verstehen kann, wie man sich fühlt. Allerdings wird das nicht immer gelingen. Die Schuld dafür liegt weder bei dem Betroffenen noch bei den Freunden oder Angehörigen. Eine Depression ist eben eine ganz besondere Erfahrung. Wer sie noch nicht machen musste, kann sich nur schwer oder gar nicht vorstellen, wie das ist.

Es kann passieren, dass Freunde sich abwenden

Und der Grund dafür ist meist nicht, dass sie von der negativen Stimmung oder den häufigen Klagen des Betroffenen genervt wären. Der Grund, warum manche Freunde und Bekannte Probleme beim Umgang mit depressiven Menschen haben, liegt darin, dass sie sich selbst so hilflos fühlen. Viele unternehmen ein, zwei oder drei Versuche, den Betroffenen aufzumuntern oder bieten auch ihre Unterstützung an. Wenn sie jedoch feststellen, dass sie in manchen Situationen rein gar nichts tun können, um ihm zu helfen, reagieren sie frustriert und enttäuscht.

Ein anderer Grund besteht im Verhalten des depressiven Menschen selbst. Häufig zieht er sich immer weiter zurück, hält Verabredungen nicht ein oder meldet sich für lange Zeit nicht bei seinen Freunden. Es ist für Außenstehende schwer, das zu verstehen. Sie wissen ja nicht, dass der Depressive das nicht tut, weil ihm nichts an der Freundschaft liegt.

Tipp: Gute Freunde informieren

Um Missverständnisse und Enttäuschungen zu vermeiden, ist es eine gute Idee, zumindest die engsten Freunde über die eigene Erkrankung zu informieren. Man kann zum Beispiel von vornherein darauf hinweisen, dass es passieren kann, dass man eine Verabredung kurzfristig absagen muss, weil es einem schlechter geht. Man muss dann in der entsprechenden Situation gar nicht viel erklären und weiß doch, dass der Freund es einem nicht übel nimmt, wenn man absagt. Und grundsätzlich erleichtert es den Umgang mit Freunden, wenn man sich in ihrem Beisein nicht ständig verstellen muss. Schon das allein ist ein Grund, sie einzuweihen.

Verhalten am Arbeitsplatz

Ob es sinnvoll oder hilfreich ist, Kollegen oder Vorgesetzte über die eigene Erkrankung zu informieren, hängt gleich von mehreren Faktoren ab. Wenn Sie bedingt durch die Erkrankung häufige Fehlzeiten oder sogar einen längeren Klinikaufenthalt haben, werden natürlich Fragen seitens der Kollegen auf Sie zukommen.

Grundsätzlich sollten Sie gut darüber nachdenken, ob oder wenn ja, welchem Kollegen oder Vorgesetzten Sie von Ihren Problemen berichten. Denken Sie dabei auch an die Zukunft. Was passiert, wenn sich der Kollege, dem Sie sich offenbart haben und Sie sich um die gleiche Stelle innerhalb des Unternehmens bewerben? Können Sie dann sicher sein, dass er sein Wissen nicht gegen Sie ausspielt?

Und überhaupt: In jedem Unternehmen gibt es einen gut funktionierenden „Buschfunk". Dinge, die nicht jeder wissen soll, sollte man grundsätzlich nur den Kollegen mitteilen, zu denen man 100%iges Vertrauen hat.

Hat man nur einen zeitlich begrenzten Arbeitsvertrag oder steht zu befürchten, dass in der Firma Arbeitsplätze abgebaut werden, ist ebenfalls besondere Vorsicht geboten. Eine bekannte psychische Erkrankung kann sich dann schnell als Nachteil erweisen.

Vorteile sich zu offenbaren:

+ Man muss sich nicht verstellen.

+ Andere haben mehr Verständnis für das eigene Verhalten.

+ Man trifft u. U. andere, die auch betroffen sind.

+ Man kann immer ehrlich sein.

Nachteile sich zu offenbaren:

- Andere könnten über einen reden.

- Man könnte berufliche Nachteile haben.

- Man könnte als „Psycho" abgestempelt werden.

- Normale Fehler könnten der Erkrankung zugeschrieben werden.

- Nachteile, wenn Konkurrenzsituationen im Job entstehen

- Nachteile bei befristeten und gefährdeten Arbeitsplätzen

Wie gut sind die Heilungschancen bei einer Depression?

Wird eine Depression rechtzeitig erkannt und behandelt, sind die Heilungschancen sehr gut. Die häufig anzutreffende Ansicht, dass Depressionen nicht heilbar seien, ist definitiv falsch! Eine Ausnahme stellen die bipolaren Störungen dar. Man muss leider auch im 21. Jahrhundert noch feststellen, dass für diese Form der Erkrankung leider nach wie vor kein Heilmittel gefunden wurde. Bipolare Patienten müssen sich ein Leben lang mit der Erkrankung auseinandersetzen. Bei manchen Patienten treten die depressiven und manischen Episoden im Alter seltener oder weniger stark ausgeprägt auf. Allerdings trifft das nicht auf alle zu.

Die Dauer einer klassischen unipolaren Depression wird durch eine professionelle Behandlung deutlich reduziert. Nach einer Behandlung von im Schnitt 10 - 16 Wochen können etwa 50 – 60 % der Patienten als geheilt betrachtet werden. Weitere 20 – 30 % überwinden ihre Depression mithilfe einer komplexeren Therapie (zum Beispiel durch das Ausprobieren und/oder Kombinieren mehrerer Antidepressiva). Grundsätzlich ist eine Kombination aus medikamentöser Behandlung und Psychotherapie im Hinblick auf Heilung und Wiedererkrankungsrisiko am wirksamsten.

Etwa 5 – 10 % der Patienten erweisen sich als „therapieresistent". Das heißt, sie reagieren nicht oder nicht zufriedenstellend auf gängige Behandlungsmethoden. Das bedeutet aber nicht, dass diesen Patienten gar nicht geholfen werden kann. Manchmal sprechen sie auf alternative Therapieformen an und in fast allen Fällen können ihre Symptome zumindest gelindert werden.

Weitere Episoden können auftreten

Etwa 50 % der Patienten, die an einer Depression erkrankt sind, erleben zu einem späteren Zeitpunkt eine erneute depressive Episode. Der zeitliche Abstand zur vorhergehenden Episode kann durchaus mehrere Jahre betragen. Wer einmal an einer Depression erkrankt ist, hat gegenüber Gesunden ein erhöhtes Risiko, zu einem späteren Zeitpunkt erneut eine Episode zu erleben. Das Risiko weiterer Episoden kann durch gesunde Lebensführung (Vermeidung von Risikofaktoren) und die in der Psychotherapie erlernten günstigeren Denk- und Verhaltensweisen verringert werden.

Erhaltungstherapie verringert das Wiedererkrankungsrisiko

Bei Patienten mit einem erhöhten Rückfallrisiko kann eine sogenannte

Erhaltungstherapie dabei helfen, zukünftige depressive Episoden zu mildern oder ganz zu vermeiden. Dabei können sowohl die Behandlung mit Antidepressiva, als auch eine Psychotherapie als Erhaltungstherapie durchgeführt werden. Diese kann zum Beispiel darin bestehen, ein Antidepressivum dauerhaft einzunehmen oder in größeren zeitlichen Abständen Therapiesitzungen beizubehalten.

Therapie als Grundlage für ein Leben ohne Depressionen

Die Akutbehandlung der Depression bildet die Grundlage für eine konstruktive Auseinandersetzung mit Belastungen und auslösenden Faktoren. Die Betroffenen können dann im Rahmen der sogenannten Psychoedukation erlernen, Belastungen und Risiken zukünftig früher zu erkennen und auf günstigere Weise mit ihnen umzugehen. Sie erlernen günstigerer Denk- und Verhaltensmuster können zudem viele auslösende oder eine Depression unterstützende Faktoren vermeiden oder ausschalten. Ebenso wichtig ist, dass die Patienten lernen, zu erkennen, wenn sie drauf und dran sind, in eine depressive Stimmung „abzurutschen". Oft können sie dann selbst oder mithilfe von Arzt oder Therapeut Gegenmaßnahmen ergreifen.

Eine professionelle Behandlung durch Arzt und Psychotherapeuten ist also bei einer Depression entscheidend dafür, wie schnell der Patient die Krankheit überwindet. Auch die Wiedererkrankungswahrscheinlichkeit wird durch eine Therapie reduziert. Und auch wenn bei einigen Patienten keine vollständige Heilung erreicht werden kann, können deren Symptome doch fast immer deutlich verbessert werden.

Sind Selbsthilfegruppen sinnvoll?

In Deutschland gibt es ca. 100.000 Selbsthilfegruppen. Sie stellen eine wichtige Säule bei der Versorgung von kranken oder behinderten Menschen dar. Insbesondere, wenn es darum geht, sich über Erkrankungen, Therapien, Ärzte oder Therapeuten zu informieren und auszutauschen, sind Selbsthilfegruppen äußerst hilfreich. Eine Umfrage im Auftrag der DAK aus dem Jahr 2010 ergab, dass 83 % aller Befragten, Selbsthilfegruppen bei psychischen Problemen wie Depressionen oder Angst für sinnvoll hielten. Mehr als 50 % gaben an, dass eine Selbsthilfegruppe in manchen Fällen hilfreicher sein kann als ein Arzt.

Ein wichtiger Aspekt von Selbsthilfegruppen ist der soziale Kontakt zu anderen Betroffenen oder Angehörigen. Die Mitglieder in einer Selbsthilfegruppe erkennen dadurch, dass sie mit ihren Problemen, Ängsten oder Fragen nicht allein dastehen, erhalten Rat und Unterstützung. Für Menschen, die unter einer Depression leiden, sind Sozialkontakte extrem wichtig. Aus diesem Grund sind Selbsthilfegruppen, deren Mitglieder sich nicht nur online, sondern auch im realen Leben treffen, besonders gut geeignet.

Kosten

Die Mitgliedschaft in einer Selbsthilfegruppe kostet in der Regel nichts. Unter Umständen sammeln die Mitglieder von Zeit zu Zeit kleinere Geldbeträge ein, um die anfallenden Kosten für Telefon, Briefporto oder auch den Betrieb einer Internetseite zu decken. Viele Selbsthilfegruppen haben den rechtlichen Status eines eingetragenen Vereins. Sie unterliegen dann natürlich den entsprechenden rechtlichen Bestimmungen. Man erkennt einen eingetragenen Verein an den Buchstaben „e. V." hinter dem Namen der Selbsthilfegruppe. Von Selbsthilfegruppen, bei denen sich die Mitglieder in irgendeiner Weise verpflichten müssen, über einen bestimmten Zeitraum Beiträge zu zahlen, sollte man Abstand nehmen. Das Gleiche gilt natürlich auch für jede Art von Abo-Mitgliedschaften im Internet.

Anonymität

Es gibt Selbsthilfegruppen, in denen sich die Mitglieder untereinander nur mit dem Vornamen kennen. Ein typisches Beispiel dafür sind die „Anonymen Alkoholiker". In anderen Gruppen ist es üblich, dass man sich mit seinem Namen vorstellt. Für die öffentliche Kommunikation, zum Beispiel in Internetforen, sollte man generell <u>nicht</u> seinen tatsächlichen Namen

(Klarname) verwenden. Es empfiehlt sich, einen sogenannten Nickname, also einen Fantasienamen zu verwenden, aus dem niemand auf den wirklichen Namen schließen kann.

Eine Selbsthilfegruppe sollte auch Spaß machen

Neben dem Austausch von Informationen und gegenseitiger Unterstützung, sollte bei einer Selbsthilfegruppe auch der Spaß nicht zu kurz kommen. Gruppen, in denen nur verbissen über Diagnosen oder Therapien diskutiert wird, sind nicht besonders hilfreich. Gerade für depressive Menschen ist es wichtig, neue Leute kennenzulernen und mit ihnen gemeinsam Spaß zu haben. Günstig ist es zum Beispiel, wenn eine Selbsthilfegruppe auch gemeinsame Freizeitaktivitäten durchführt.

DIAGNOSE

Die differenzierte Betrachtung unterschiedlicher psychischer Störungen ist eine Errungenschaft des 20. Jahrhunderts. Und erst seit wenigen Jahrzehnten werden Depressionen differenziert nach Verlaufsformen und Schweregraden unabhängig von der Ursache unterschieden. Die Kriterien, die dabei angelegt werden, sind größtenteils international anerkannt. Zum Einsatz kommen insbesondere zwei Kriterienkataloge, nach denen Ärzte auf der ganzen Welt ihre Diagnosen stellen. Beide Kataloge, die DSM (*Diagnostic and Statistical Manual of Mental Disorders*) und die ICD (*International Statistical Classification of Diseases and Related Health Problems*) werden Sie in diesem Abschnitt kennenlernen.

Leider gibt es noch keine labortechnischen Methoden, mit denen man eine Depression eindeutig diagnostizieren könnte. Anders als zum Beispiel beim Blutdruck oder der Körpertemperatur gibt es keine Mess- oder Grenzwerte, die eine Aussage darüber zulassen würden, ob jemand an einer Depression erkrankt ist oder nicht. Und auch ein Blick in das Innere eines Menschen mittels Röntgenstrahlen oder der Computertomografie lässt im Normalfall keine psychischen Störungen erkennen. Trotzdem wird Ihr Arzt möglicherweise einige Untersuchungen wie Blutdruckmessung, Temperaturmessung, Blut- oder Urinuntersuchung durchführen, um eine eventuelle körperliche Erkrankung auszuschließen.

Für die Diagnose einer psychischen Erkrankung wie der Depression wird Ihr Arzt Ihnen eine Reihe von Fragen stellen. Diese betreffen die typischen Symptome, die auf eine Depression hinweisen. Er wird fragen, welche Symptome Sie selbst bemerkt haben, wie lange diese schon bestehen und, ob sie sich zeitweise verändern. Der Arzt wird Sie fragen, wie Sie sich fühlen, und ob es in letzter Zeit besonders belastende Ereignisse in Ihrem Leben gegeben hat. Unter Umständen wird er Sie auch bitten, einen Depressions-Test-Fragebogen auszufüllen oder dies mit Ihnen gemeinsam tun.

Im letzten Schritt wird Ihr Arzt eine „offizielle" Diagnose stellen. Diese beinhaltet insbesondere die Art der Depression und ihren Schweregrad. Für das Stellen einer solchen Diagnose wird er in der Regel die Diagnosen und Kennziffern aus der weiter oben bereits beschriebenen ICD-10 verwenden.

Eine Diagnose nach der ICD beschreibt die Depression des Patienten meist nur sehr grob. Angaben über Ursachen, Details und individuelle Besonderheiten einer depressiven Erkrankung sind dort nicht zu finden. Ein Grund dafür ist, dass die kategorisierten Diagnosen auch für die Abrechnung mit den Krankenkassen oder Krankenversicherungen der Patienten verwendet werden. Denn dort haben persönliche Details, die der Patient dem Arzt mitteilt, natürlich nichts zu suchen.

Im Folgenden finden Sie die Antworten auf die häufigsten Fragen zum Thema Diagnose der Depression.

Normale Trauer oder Depression?

Trauer ist ein gutes Beispiel dafür, wie schwierig es manchmal sein kann, ganz „normale" menschliche Reaktionen von psychischen Störungen zu unterscheiden. Niemand wird ernsthaft bezweifeln, dass Trauer eine ganz natürliche Reaktion zum Beispiel auf den Verlust eines nahestehenden Menschen ist. Es wird von der Umgebung des Betroffenen geradezu erwartet, dass der Betreffende gedrückter Stimmung ist, sich zurückzieht, kaum lacht oder sogar häufig weint.

Doch wo liegen die Grenzen dieses „normalen" Verhaltens? Ist es noch normale Trauer, wenn der Betroffene nicht in der Lage ist, zu arbeiten? Und wie lang darf eine solche Trauer andauern? Sind 4 Wochen angemessen, oder eher 4 Monate? Was ist, wenn jemand auch nach einem Jahr nicht in der Lage ist, seine Trauer zu kontrollieren und wieder ein normales Leben zu führen?

Ärzte und Wissenschaftler entwickeln für solche Fälle Richtlinien, anhand derer sich Ärzte und Therapeuten orientieren können. Mithilfe der Richtlinien lässt sich so zum Beispiel erkennen, ob man es mit einer psychischen Störung zu tun hat, oder nicht. Eine solche Anleitung wird regelmäßig von der American Psychiatric Association (Apa) herausgegeben. Das DSM („Diagnostic and Statistical Manual of Mental Disorders") ist ein Standardwerk, an dem sich Wissenschaftler, Psychiater und Psychologen weltweit orientieren. Die Herausgeber legen damit sozusagen fest, was (noch) normal ist und was nicht.

In der kürzlich (2013) herausgegebenen neuesten Auflage, DSM-5, ist zum Beispiel nachzulesen, dass bei jemandem, der länger als zwei Wochen um den Tod eines geliebten Menschen trauert, bereits eine Depression diagnostiziert werden könnte. Wohlgemerkt „könnte". Das bedeutet nicht, dass jeder, der länger trauert, krank ist, zeigt aber wie schwierig es sein kann, das eine vom anderen zu unterscheiden. Natürlich bleiben solche Festlegungen nicht ohne Widerspruch. Und gerade beim Beispiel der Trauer sind viele Fachleute der Ansicht, dass auch eine intensive Trauerphase von mehr als einem Jahr noch kein Zeichen einer behandlungsbedürftigen Depression ist. Den Herausgebern des DSM-5 wird deshalb auch vorgeworfen, dass sie völlig gesunde Menschen quasi per Definition zu psychisch Kranken machen. Nicht zuletzt vor dem Hintergrund, dass einige der Herausgeber Verbindungen zur Pharmaindustrie haben, die natürlich davon profitiert, wenn mehr psychische Erkrankungen diagnostiziert werden.

Hören Sie auch auf Ihr <u>Gefühl</u>

Um zu entscheiden, ob Sie oder ein Angehöriger in der Gefahr sind, aus einer normalen Trauer in eine Depression abzurutschen, sollten Sie auch auf Ihr Gefühl hören. Wenn Sie das Gefühl haben, die Trauer nicht in den Griff zu bekommen oder wenn Ihre Lebensqualität für mehr als einige Wochen erheblich leidet, ist es sinnvoll, Hilfe zu suchen. Man spricht dabei auch vom sogenannten „Krankheitswert", also dem Grad, in dem jemand subjektiv leidet oder in seinem normalen Leben eingeschränkt oder behindert ist. Spätestens, wenn Gedanken an Suizid auftauchen oder wenn man auch nach Wochen nicht in der Lage ist, seinen Alltag wieder allein zu bewältigen, muss ärztliche Hilfe in Anspruch genommen werden.

Burn-out oder Depression?

Das sogenannte Burn-out oder Burn-out-Syndrom ist in aller Munde. In den Medien wird häufig darüber berichtet und auch im Bekannten- und Freundeskreis hört man immer öfter, dass jemand unter Burn-out leidet. Häufig wird dabei gar nicht oder nur sehr ungenau zwischen Burn-out und Depression unterschieden. Dazu beigetragen haben sicher auch viele Fälle, in denen die Betroffenen unter Depressionen leiden, „offiziell" aber die sozial besser akzeptierte Diagnose Burn-out verwenden. Manche Experten bezweifeln, dass es überhaupt ein eigenes Krankheitsbild Burn-out gibt. Sie nehmen an, dass im Grunde immer eine depressive Erkrankung dahinter steckt.

Diejenigen Fachleute, die davon ausgehen, dass es sich um zwei unterschiedliche Störungen handelt, haben einige Unterschiede herausgearbeitet:

Burn-out bezieht sich in der Regel konkret auf Situationen im Arbeitsleben der Betroffenen. Andere Lebensbereiche sind – wenn überhaupt – nur indirekt betroffen. Das heißt, dass ein von Burn-out Betroffener durchaus in anderen als den beruflichen Lebensbereichen ein fröhlicher und gut gelaunter Mensch sein kann. Im Gegensatz dazu zeigt eine Depression ihre negativen Symptome eher unabhängig vom Kontext. Man könnte überspitzt sagen, dass ein Burn-out-Betroffener sich über einen Lottogewinn freuen kann, während jemand, der sich in einer schweren depressiven Episode befindet, auch dadurch nicht aufzumuntern ist.

Ein Burn-out-Betroffener sieht im Gegensatz zu einem schwer depressiven Menschen in der Regel (noch) einen Sinn in seinem Leben. Nicht selten ist dieser Sinn (Karriere, Wohlstand, Konsum) mit eine der Ursachen für die berufliche Überlastung.

Burn-out tritt häufig in bestimmten Berufsgruppen auf. Dazu gehören zum Beispiel solche, in denen eine hohe Arbeitsbelastung, Zeitdruck und geringe Gestaltungsspielräume herrschen. Besonders häufig sind zum Beispiel Menschen in Pflegeberufen, Ärzte, aber auch Lehrer betroffen.

Tipp: Handy aus!

Ein Faktor, der von Burn-out-Betroffenen immer wieder als besonders belastend genannt wird, ist die ständige Erreichbarkeit durch Vorgesetzte, Kollegen oder Kunden. Dadurch wird es oft unmöglich, nach der Arbeit abzuschalten und sich zu erholen. Um dieser Falle zu entgehen, sollte man einfach sein Handy nach Feierabend abschalten. Wer nicht ganz aufs Handy verzichten will, kann sich einfach ein Zweithandy zulegen, dessen Rufnummer nur Freunde und Familienangehörige kennen.

Aus Burn-out wird Depression

Auch wenn das nicht immer und zwangsläufig so eintritt, ist es doch häufig der Fall. Je länger und heftiger jemand unter Burn-out leidet, desto mehr treten auch die typischen Symptome einer Depression auf. Das kann durchaus bis zum Suizid führen, womit klar ist, dass es sich auch beim Burn-out-Syndrom keineswegs um eine harmlose Erscheinung handelt.

In jedem Fall zum Arzt

Auch wenn der Begriff Burn-out inflationär gebraucht wird und sicher nicht jede stressige berufliche Situation gleich zum Burn-out wird, sollten Sie nicht zögern, einen Arzt aufzusuchen, wenn Sie Anzeichen für ein ernstes Burn-out-Syndrom bei sich entdecken.

Dazu gehören:

- Wechsel von Erschöpfung und Anspannung

- Unruhe

- Schlafprobleme

- nächtliches Grübeln über Probleme im Job

- Rückenschmerzen

- Kopfschmerzen

Die Symptome können wie bei allen seelischen Störungen von Patient zu Patient variieren. Ob Ihr Arzt letztlich ein Burn-out-Syndrom oder eine Depression diagnostiziert, hängt von vielen Faktoren ab. Wichtig ist jedoch, <u>dass</u> Sie überhaupt Hilfe suchen. Denn auch wenn die Diagnose Burn-out weniger dramatisch klingt, verbirgt sich dahinter eine seelische Störung, die der einer Depression sehr ähnlich sein kann, und die nicht weniger ernst zu nehmen ist.

Bin ich depressiv?

Wenn Sie dieses Kapitel lesen, haben Sie vielleicht den Verdacht, dass Sie an einer Depression erkrankt sind. Vielleicht haben Sie bemerkt, dass Ihre Stimmung in letzter Zeit häufig gedrückt ist, oder dass Sie keine Freude mehr an Dingen haben, die Sie früher gerne gemacht haben. Unter Umständen leiden Sie auch unter Schlafstörungen, können abends nicht einschlafen oder erwachen morgens viel zu früh, um dann im Bett zu liegen und über Probleme zu grübeln. Oder Sie bemerken, dass Ihre Konzentration schnell nachlässt, dass Ihnen Ihre Arbeit keinen Spaß mehr macht und Sie für bestimmte Arbeiten viel länger brauchen als früher. Vielleicht bemerken Sie auch, dass Sie in letzter Zeit häufiger von Ängsten geplagt werden. Oder Sie weinen manchmal, ohne dass es einen wirklichen Grund gibt.

All dies <u>können</u> Symptome einer (beginnenden) Depression sein. Insbesondere, wenn mehrere dieser Symptome über einen längeren Zeitraum (2 Wochen oder mehr) auftreten, liegt der Verdacht nahe, dass eine depressive Störung vorliegt. Kommen Gedanken an Suizid (Selbsttötung) hinzu, besteht dringender Handlungsbedarf. Sie müssen in diesem Fall umgehend einen Arzt aufsuchen. Eine aussagekräftige Diagnose kann und sollte nur ein Arzt oder ein Psychotherapeut stellen. Zögern Sie den Arztbesuch nicht hinaus.

Im Anhang des Buchs finden Sie einen kurzen Depressions-Selbsttest, der Ihnen dabei helfen kann, zu überprüfen, ob bei Ihnen typische Symptome einer Depression zu beobachten sind.

Lesen Sie hierzu bitte auch diese Kapitel:

„Welche Symptome treten bei einer Depression auf?“

„Welche Diagnosekriterien gibt es?“

„Sind Online-Tests zuverlässig?“

„Selbsttest Depressionen“

Welche Diagnosekriterien gibt es?

In diesem Kapitel finden Sie Informationen darüber, nach welchen Kriterien ein Arzt oder Psychotherapeut eine Depression diagnostiziert. Wenn Sie das interessiert, lesen Sie weiter. Wenn Sie das Gefühl haben, dass Sie diese detaillierten Informationen nicht benötigen, überspringen Sie diesen Abschnitt einfach. Sie können das Buch problemlos weiterlesen und verstehen, ohne darüber genau Bescheid zu wissen.

In früheren Zeiten war es üblich, dass ein Arzt eine Diagnose auf der Grundlage seines Wissens und seiner Erfahrungen frei formulierte. Das Problem: Die Diagnosen waren sehr uneinheitlich und kaum vergleichbar. Schnell kam also der Wunsch auf, Diagnosen zu vereinheitlichen und mithilfe bestimmter Diagnosekriterien auch zuverlässiger zu machen. Hinzu kam, dass die Krankenversicherer einheitliche Diagnosen und Bezeichnungen von Krankheiten benötigten, um eine korrekte Abrechnung mit Ärzten und Therapeuten zu ermöglichen. Das Resultat waren sogenannte Kriterienkataloge, anhand derer die Ärzte ihre Diagnosen (und Rechnungen!) stellen konnten.

Diagnosen nach ICD-10

Für die Diagnose von depressiven Erkrankungen kommt in Deutschland das „*International Statistical Classification of Diseases and Related Health Problems*" (*Internationale statistische Klassifikation der Krankheiten und verwandter Gesundheitsprobleme*) – kurz – ICD zum Einsatz.

Lesen Sie hierzu bitte auch: „*Warum gibt es so viele unterschiedliche Bezeichnungen ...?*"

Psychische Erkrankungen werden im Abschnitt V („Psychische und Verhaltensstörungen") aufgeführt. Jede einzelne Diagnose hat eine sogenannte Kennziffer. Die psychischen Erkrankungen sind unter den Kennziffern F00 bis F99 im ICD aufgeführt. Sie werden auf einer Überweisung, in einem Arztbrief oder auf einer Rechnung (Privatversicherte) Ihres Arztes möglicherweise eine Diagnose wie „Mittelgradige depressive Episode (F32.1)" finden. Die Kennziffer F32.1 steht im ICD-Katalog für genau diese Diagnose. Andere Formen oder Schweregrade der Depression erhalten entsprechend andere Kennziffern.

In der ICD-10 werden die Symptome einer Depression in Hauptsymptome und Nebensymptome unterteilt. Die Diagnose „Depressive Episode" wird gestellt, wenn über einen Zeitraum von mindestens zwei Wochen mindestens zwei Hauptsymptome und zwei Zusatzsymptome vorhanden sind.

Hauptsymptome (Leitsymptome)

- depressive Stimmung

- Verlust von Interesse oder Freude

- erhöhte Ermüdbarkeit

Nebensymptome:

- verminderte Konzentration und Aufmerksamkeit

- Verlust von Selbstwertgefühl und Selbstvertrauen

- Schuldgefühle und Gefühle von Wertlosigkeit

- negatives Zukunftsdenken und pessimistische Zukunftsperspektiven

- Suizidgedanken, Selbstverletzung oder versuchter Suizid

- Schlafstörungen jeder Art

- verminderter Appetit

Weitere Nebensymptome („somatisches Syndrom):

- Verlust des Interesses oder der Freude an normalerweise angenehmen Aktivitäten

- mangelnde Fähigkeit, auf erfreuliche Ereignisse emotional zu reagieren

- frühmorgendliches Erwachen. Mindestens zwei Stunden vor der gewohnten Zeit

- Morgentief (Gedrückte Stimmung am Morgen, die sich gegen Abend bessert)

- psychomotorische Hemmung oder Agitiertheit

- deutlicher Appetitverlust

- Gewichtsverlust, oft mehrere Kilo

- Libidoverlust (Verlust des Interesses an Sex)

Diagnose: Leichte depressive Episode (F32.0)

Mindestens zwei Hauptsymptome und mindestens zwei Nebensymptome treten über einen Zeitraum von mindestens zwei Wochen auf. Die Symptome sind nicht sehr stark ausgeprägt. Der Betroffene kann seinen alltäglichen Aktivitäten (teilweise) noch nachgehen.

Diagnose: Mittelgradige depressive Episode (F32.1)

Mindestens zwei Hauptsymptome und mindestens drei Nebensymptome treten für einen Zeitraum von mindestens zwei Wochen auf. Berufliche, soziale und häusliche Aktivitäten können nur mit erheblichen Problemen ausgeführt werden.

Diagnose: Schwere depressive Episode (F32.2)

Alle drei Hauptsymptome und mindestens vier Nebensymptome treten für einen Zeitraum von mindestens zwei Wochen auf. Die Patienten sind verzweifelt und fühlen sich wertlos. In schweren Fällen besteht Suizidgefahr. Die Betroffenen zeigen fast immer auch Symptome der Gruppe des somatischen Syndroms.

Verlaufsformen

Man unterscheidet bei der Diagnose einer Depression darüber hinaus, wie diese verläuft:

- Monophasisch:
  Es tritt eine einzelne depressive Episode auf

- Rezidivierend:
  Es treten in zeitlichem Abstand mehrfach depressive Episoden auf. Der zeitliche Abstand kann Monate, Jahre oder auch nur Wochen betragen.

- Bipolar:

Depressive und manische Episoden wechseln sich ab.

Psychotische Symptome

Psychotische Symptome sind Wahnideen oder Halluzinationen. Typische Wahnideen sind zum Beispiel die unbegründete Angst, zu verarmen oder die unrealistische Angst vor Krankheiten. Andere Patienten glauben, die Schuld an Dingen zu tragen, die sie gar nicht beeinflussen können und so weiter. Zu den Halluzinationen gehören zum Beispiel akustische „Wahrnehmungen" (Stimmen hören) oder die Wahrnehmung nicht vorhandener Gerüche. Auch der sogenannte Stupor, bei dem die Patienten völlig teilnahms- und bewegungslos sind, wird zu den psychotischen Symptomen gezählt.

Bei schweren Depressionen unterscheidet man zwischen solchen, die ohne psychotische Symptome auftreten und solchen, bei denen zusätzlich psychotische Symptome zu beobachten sind.

Die Diagnosen nach ICD-10 lauten dann:

Schwere depressive Episode ohne psychotische Symptome (F32.2) 3 Hauptsymptome + mindestens 4 Nebensymptome über einen Zeitraum von mindestens zwei Wochen

Schwere depressive Episode mit psychotischen Symptomen (F32.3) 3 Hauptsymptome + mindestens 4 Nebensymptome über einen Zeitraum von mindestens zwei Wochen + psychotische Symptome

Fragen Sie Ihren Arzt

Die Kriterien und Beschreibungen der Symptome in der ICD-10 sind sehr technisch und nüchtern gehalten. Unter Umständen finden Sie eine Diagnose nach einer der Kennziffern für sich selbst als nicht zutreffend oder als zu ungenau. Sprechen Sie Ihren Arzt darauf an, er kann Ihnen erklären, warum er Ihr Krankheitsbild einer bestimmten Diagnose zugeordnet hat und was das für Sie bedeutet.

Kann man eine Depression messen?

Bei dem Versuch, exakte Diagnosen zu stellen, stoßen Ärzte und Therapeuten bei psychischen Erkrankungen an ihre Grenzen. Es lassen sich eben nur die Symptome beobachten, von denen der Patient selbst berichtet. Und wenn es um Gefühle geht, sind diese Schilderungen naturgemäß äußerst subjektiv. Das ist natürlich auch bei einer Depression der Fall. Deshalb arbeiten Psychiater und Psychologen schon seit Langem daran, Messinstrumente zu entwickeln, mit deren Hilfe es möglich wird, depressive Erkrankungen objektiver zu beurteilen. Dabei handelt es sich in den meisten Fällen um psychologische Testverfahren. Erst in neuester Zeit beginnt man damit, psychische Prozesse auch mit technischen Hilfsmitteln sichtbar zu machen.

Testverfahren zur Bestimmung depressiver Erkrankungen

Die „**Hamilton Skala**" ist ein Werkzeug zur Bestimmung des Schweregrades einer depressiven Erkrankung. Sie wurde bereits 1960 von dem deutschstämmigen Mediziner, Professor Max Hamilton, entwickelt. Hamilton, der nicht nur Mediziner, sondern auch ein begabter Statistiker war, entwickelte neben der „Hamilton Depression Rating Scale" auch Instrumente zur Ermittlung des Schweregrades von Angsterkrankungen.

Die Hamilton-Skala ist kein Selbsttest-Instrument, sondern wird von einem Arzt, Psychiater oder Psychologen angewendet. Der Arzt beurteilt, wie schwer bestimmte Symptome wie zum Beispiel gedrückte Stimmung, Suizidgedanken, Schuldgefühle, Schlafprobleme etc. bei einem Patienten ausgeprägt sind.

Jedes Symptom wird dabei auf einer Skala von 0 bis 3 (manchmal auch von 0 – 5) eingeschätzt. Ergebnisse von 0 – 7 Punkten gelten als unauffällig. Kommen 20 oder mehr Punkte zusammen, geht man von einer mittelschweren (etwa 20 Punkte) oder schweren (ab 30 Punkte) Depression aus. Die Ergebnisse verschiedener Untersuchungen lassen sich allerdings nicht immer miteinander vergleichen, da zum Teil unterschiedliche Skalen verwendet werden. So existieren auch weiterentwickelte Skalen, die mehr als die 17 von Hamilton ursprünglich angenommenen Symptome erfassen.

Ein anderes, häufig eingesetztes Diagnoseinstrument ist das „**Beck-Depressions-Inventar**", das nach dem amerikanischen Psychiater und Psychotherapeuten Aaron T. Beck benannt ist. Es enthält Fragen, die sich auf die subjektiv empfundenen Symptome der Patienten beziehen. Im

Gegensatz zur Hamilton-Skala beurteilt hier der Patient selbst seine Symptome.

Beispiel:

(0) Ich bin nicht traurig.

(1) Ich bin traurig.

(2) Ich bin die ganze Zeit traurig und komme nicht davon los.

(3) Ich bin so traurig oder unglücklich, dass ich es kaum noch ertrage.

Der Beck-Depressionsfragebogen kann sowohl schriftlich mit Stift und Papier als auch am Computer durchgeführt werden.

Es existieren noch einige weitere psychiatrische Rating-Skalen für die Diagnose von Depressionen. Dazu gehört zum Beispiel die Montgomery-Åsberg Depression Rating-Skala (MADRS). Für die Diagnose einer Manie oder einer manischen Phase bei einer bipolaren Störung wird manchmal die Young Mania Rating-Skala (YMRS) verwendet. Im deutschsprachigen Raum kommt auch das „Inventar Depressiver Symptome" (IDS) zum Einsatz.

Die Zukunft: Untersuchungen im Kernspin?

Die Diagnose mithilfe von Patientengesprächen und Fragebögen unterliegt zwangsläufig einer gewissen Ungenauigkeit. Vieles hängt von der „Tagesform" des Arztes und des Patienten ab. Auch andere äußere Faktoren, die nichts mit der eigentlichen Erkrankung zu tun haben, können die Ergebnisse beeinflussen. Nicht zuletzt aus diesem Grund suchen Forscher nach Möglichkeiten, psychische Erkrankungen wie die Depression mithilfe objektiv messbarer Daten zu diagnostizieren. Es gibt mehrere unterschiedliche Ansätze dafür.

Erfolg versprechend sind zur Zeit Verfahren, mit denen es möglich ist, die Konzentration bestimmter Botenstoffe im Gehirn zu messen. So konnten Wissenschaftler der amerikanischen Yale-Universität nachweisen, dass die Konzentration des Botenstoffs GABA (Gamma-Aminobuttersäure) in den Gehirnen depressiver Menschen deutlich reduziert ist.

Andere Forscher beschäftigen sich damit, ob eine Depression mithilfe der Elektroenzephalografie (EEG), also der Messung der Hirnströme sichtbar gemacht werden kann. Während ein EEG bei einer Depression bisher lediglich dazu diente, andere Erkrankungen auszuschließen, sind die Forscher auf der Suche nach sogenannten „Trait Markern" in den EEG-Daten depressiver Patienten. Zum Beispiel könnten bestimmte Asymmetrien in den aufgezeichneten Hirnströmen typisch für depressive Erkrankungen sein.

Im Kernspintomografen können schon heute bei depressiven Patienten strukturelle Veränderungen im Gehirn, zum Beispiel im Bereich des sogenannten Hippocampus nachgewiesen werden. Auch die Messung der Aktivität in bestimmten Gehirnregionen mithilfe der Kernspintomografie soll Aufschluss über depressive Erkrankungen geben. Brauchbare, in der Praxis einsetzbare, Verfahren sind daraus bisher noch nicht entstanden. Es ist aber damit zu rechnen, dass sich das in einigen Jahren ändern wird.

Erfährt mein Arbeitgeber etwas von meiner Diagnose?

Nein, wenn Sie es ihm nicht selbst mitteilen, wird Ihr Arbeitgeber nichts von Ihrer Erkrankung erfahren. Ein Arbeitgeber hat bis auf wenige, gesetzlich genau geregelte, Ausnahmen keinen Einblick in Ihre Krankenakten. Er wird auch weder vom Arzt noch von der Krankenkasse (oder Krankenversicherung) darüber informiert. Das gilt selbst in dem Fall, wenn Sie aufgrund der Depression zeitweise arbeitsunfähig sein sollten. Selbst der Betriebsarzt dürfte dem Arbeitgeber lediglich mitteilen, ob Sie arbeitsfähig sind oder nicht, nicht aber den Grund Ihrer Erkrankung.

Problematischer ist es, wenn aufgrund der Erkrankung sehr lange oder häufige Fehlzeiten auftreten. In diesem Fall ist der Arbeitgeber in bestimmten Fällen berechtigt, Informationen über die Ursachen der Arbeitsunfähigkeit einzufordern. Es ist empfehlenswert, sich in solchen Fällen vom Betriebsrat oder einem Anwalt beraten zu lassen.

Lesen Sie hierzu bitte auch das Kapitel: *„Wem sollte ich von meiner Depression erzählen?"*

Kann man depressiv sein, ohne es zu merken?

Um es kurz zu machen: Ja, denn eine Depression kündigt sich in der Regel nicht mit einem Paukenschlag an. Sie kommt nicht über Nacht, sodass man am nächsten Morgen merken würde, dass etwas nicht stimmt. Oft entwickelt sich eine Depression schleichend über Wochen oder Monate. Der Betroffene gewöhnt sich ganz langsam an den Zustand und empfindet ihn häufig nach einiger Zeit als „normal".

Dazu kommt, dass nicht jede Depression eine schwere Depression im klassischen Sinne ist. Manche Formen von Depressionen haben einen leichteren Verlauf, bleiben aber unbehandelt über sehr lange Zeit oder gar dauerhaft bestehen. Ein Beispiel dafür ist die Dysthymia. Ihre Symptome sind nicht so ausgeprägt wie die einer schweren Depression (Major Depression), können aber über Jahre das Leben der Betroffenen beeinträchtigen. Eine Depression kann sich auch ganz ander äußern. Manchmal körperliche Symptome in den Vordergrund (z. B. Schmerzen, Schlafstörungen oder Müdigkeit), die von den behandelnden Ärzten nicht als Anzeichen einer Depression erkannt werden.

Wichtig ist auch der persönliche Leidensdruck

Auch wenn es in manchen Fällen schwierig ist, eine klare Grenzlinie zwischen häufiger „schlechter Laune", einer depressiven Verstimmung und einer Depression zu ziehen, gibt es ein Kriterium, das Ihnen zeigt, wann Sie aktiv werden sollten. Denn wichtig ist auch, wie <u>Sie</u> sich <u>fühlen</u>. Wenn Sie bemerken, dass Ihre Lebensqualität unter Ihrer Stimmung und/oder Antriebslosigkeit leidet, sollten Sie nicht zögern, einen Arzt aufzusuchen. Dieser kann dann feststellen, ob bei Ihnen eine depressive Erkrankung besteht, oder ob es möglicherweise andere Ursachen gibt.

Typische Symptome für eine „schleichende" Depression:

- gedrückte Stimmung ohne, dass eine Ursache erkennbar ist

- gedrückte Stimmung über Wochen, Monate oder gar Jahre

- man „funktioniert" nur noch

- keine Freude mehr an Dingen, die früher Spaß gemacht haben

- kaum noch Interesse an Sex

- sozialer Rückzug

- andere bemerken, dass man häufig „schlecht drauf" ist

- häufige Schlafprobleme

- häufige Müdigkeit

- häufige Schwierigkeiten sich zu etwas „aufzuraffen"

Was bedeutet Komorbidität?

Mit dem Begriff Komorbidität bezeichnet man sogenannte „Begleitkrank-heiten", also solche, die gleichzeitig mit der Grunderkrankung bestehen. Man spricht auch von „Mehrfachdiagnosen". Im Bereich psychischer Er-krankungen und insbesondere auch bei Depressionen sind häufig Komor-biditäten zu beobachten. Oftmals ist es für den behandelnden Arzt nicht leicht, herauszufinden, welche der gleichzeitig diagnostizierten Erkran-kungen ursächlich gewesen ist. Eine Alkohol-, Drogen- oder Medikamen-tenabhängigkeit kann zum Beispiel sowohl Ursache als auch die Folge einer depressiven Erkrankung sein.

Oftmals ähneln sich auch die Symptome der unterschiedlichen Erkrankun-gen. So können zum Beispiel die Symptome einer Angststörung denen einer Depression ähneln. Die Gefahr dabei: Ordnet der Arzt bestimmte Symptome der „falschen" Erkrankung zu, kann die Behandlung unter Um-ständen an der Grunderkrankung vorbeigehen.

Typische Komorbiditäten bei Depressionen

- Alkohol-, Drogen- oder Medikamentenabhängigkeit

- Angststörungen, Panikerkrankungen

- Zwangsstörungen

- Essstörungen

- chronische Schmerzen

Sind Online-Tests zuverlässig?

Medizinische Diagnosen ohne den persönlichen Kontakt von Arzt und Patient sind äußerst umstritten und in vielen Fällen auch von zweifelhaftem Wert. Das trifft umso mehr auf die Diagnose psychischer Störungen zu. Denn hierbei spielt die direkte Kommunikation zwischen Arzt oder Psychotherapeut und dem Patienten eine noch wichtigere Rolle, als bei der Diagnose körperlicher Erkrankungen. Das bedeutet, dass jede Form von Selbsttests, zum Beispiel im Internet, grundsätzlich nur eine sehr begrenzte Aussagekraft hat. Dazu kommt, dass nicht wenige, der im Internet oder auch in Zeitschriften angebotenen Tests zum Thema „Bin ich depressiv?" nicht von Ärzten oder Psychotherapeuten, sondern von Laien entwickelt wurden. Und auch das schränkt ihre Aussagefähigkeit natürlich ein.

ABER: Um sich einen Überblick darüber zu verschaffen, welche Symptome bei einer Depression üblicherweise auftreten und ob man bestimmte Symptome auch bei sich selbst feststellt, kann ein Online-Test hilfreich sein.

Die meisten Online-Tests beschränken sich darauf, die wichtigsten Symptome und Diagnosekriterien abzufragen. Das heißt, sie beinhalten Fragen wie:

Leiden Sie seit zwei Wochen oder länger unter gedrückter Stimmung?

Haben Sie seit zwei Wochen oder länger das Interesse an Dingen verloren, die Ihnen früher Spaß gemacht haben?

Leiden Sie seit zwei Wochen oder länger unter Müdigkeit, Antriebslosigkeit oder innerer Unruhe?

… und so weiter

Vorsicht Kostenfallen:

Auf einigen Webseiten führt das Anklicken von Links zu einem Online-Test zu kostenpflichtigen Angeboten. Nicht selten sollen für den Test oder dessen Auswertung recht hohe Beträge gezahlt werden. Besonders fies: Manchmal erfährt man erst nach der Durchführung des Tests, dass man für die Auswertung bezahlen soll. Von solchen Angeboten ist grundsätzlich abzuraten. Die sogenannten „Auswertungen" sind in der Regel ihr Geld nicht wert. Eine ärztliche oder psychotherapeutische Diagnose ersetzen auch die kostenpflichtigen Angebote nicht. Geben Sie bei einem Online-Test niemals Ihren wirklichen Namen, Ihre Adresse, Telefonnummer oder auch nur Ihre E-Mail-Adresse an. Geben Sie auf gar keinen Fall eine

Bankverbindung oder Ihre Kreditkartennummer an!

Fazit

Online-Tests sind keine zuverlässigen Mittel, um eine Depression zu diagnostizieren, und können niemals den Besuch beim Arzt ersetzen. Trotzdem kann ein kostenloser Test von einer seriösen Website dabei helfen, festzustellen, ob man Symptome einer Depression zeigt. Aber wenn Sie auch nur den entfernten Verdacht haben, dass Sie unter einer Depression leiden, sollten Sie unbedingt und schnellstmöglich einen Arzt oder Psychotherapeuten aufsuchen. Ganz gleich, welches Ergebnis ein selbst durchgeführter Test zeigt. Wenn Sie Lust haben, finden Sie im Anhang dieses Buches einen kurzen Selbsttest, der die Symptome einer Depression abfragt und Ihnen Hinweise darauf gibt, ob Sie selbst betroffen sind.

FORMEN DER DEPRESSION

Depressionen treten in unterschiedlichsten Formen auf. Es gibt nicht DIE Depression. Bei der Diagnose unterscheidet man die Verlaufsform und den Schweregrad der Depression. Nach den aktuellsten Richtlinien und im Kriterienkatalog ICD-10 werden Depressionen heute nicht mehr nach Ursachen unterschieden, wie das früher der Fall war. Vielmehr verwendet man heute nur noch eine beschreibende Darstellung, bei der Vermutungen über eventuelle Ursachen keine Berücksichtigung finden.

Verlaufsformen

Eine Depression kann einmalig oder auch mehrfach im Verlauf des Lebens auftreten. Oft lassen sich die depressiven Lebensphasen (Episoden) eingrenzen. Sie beginnen und enden zu einem bestimmten Zeitpunkt, wobei die Übergänge meist fließend sind. Bei manchen Patienten treten die Symptome weniger stark, dafür aber über sehr lange Zeiträume auf. Ein Sonderfall ist die sogenannte bipolare Störung. Bei ihr wechseln sich depressive Episoden mit manischen Episoden ab.

Schweregrad

Bei der Beurteilung des Schweregrads einer Depression orientiert man sich in erster Linie daran, wie sehr die Depression den Betroffenen belastet und einschränkt. Eine Depression, während der der Patient seinen Alltag und seinen Job noch bewältigen kann, wird als „leichte" depressive Episode bezeichnet. Ist das nicht mehr möglich, spricht man von einer „mittelgradigen" oder gar „schweren" depressiven Episode. Das bedeutet nicht, dass eine „leichte" Depression leicht zu ertragen wäre. Insbesondere, wenn sie lange andauert, kann auch sie für den Betroffenen äußerst belastend sein.

Was ist eine unipolare Depression?

Die sogenannte unipolare (unipolar = nur nach einer Seite ausgerichtet) Depression ist die klassische Form der Depression, die von gedrückter Stimmung, Antriebslosigkeit, Gefühlen der Wertlosigkeit und Schuldgefühlen bis hin zu Suizidgedanken geprägt ist. Die Bezeichnung unipolar dient lediglich dazu, diese klassische Form der Depression von der bipolaren Störung oder bipolaren Depression zu unterscheiden. Während sich bei einer bipolaren Störung depressive und manische Phasen abwechseln, treten bei einer unipolaren Depression ausschließlich depressive Phasen auf. Eine unipolare Depression kann einmal oder auch mehrmals im Leben auftreten. Wenn in alltäglichen Gesprächen oder in den Medien von „Depressionen" gesprochen wird, ist meist diese Form der Depression gemeint.

Lesen Sie dazu bitte auch die Kapitel *„Was ist eine Depression?"* und *„Was ist eine bipolare Störung?"*

Was versteht man unter „Major Depression"?

Die Bezeichnungen für die verschiedenen Krankheitsbilder und Schwere-grade einer Depression sind leider manchmal verwirrend. Ursache sind neben dem unsachgemäßen Gebrauch des Begriffs *Depression* in der All-tagssprache vor allem die verschiedenen Klassifikationssysteme, die in der Medizin verwendet werden. Der Begriff „Major Depression" stammt aus dem amerikanischen DSM und beschreibt dort das gleiche Krankheitsbild wie die „Depressive Episode" im ICD-System oder die „Endogene De-pression" im früheren Sprachgebrauch.

Für die Diagnose einer „Major Depression" müssen mindestens 5 der fol-genden Symptome für einen Zeitraum von mindestens zwei Wochen vor-liegen:

depressive, gedrückte Stimmung an den meisten Tagen und für den größ-ten Teil des Tages. Der Patient fühlt sich z. B. traurig oder leer.

deutlich vermindertes Interesse oder Freude an allen oder fast allen Aktivi-täten an allen oder fast allen Tagen

deutlicher Gewichtsverlust, ohne dass eine Diät oder ein Abnehmpro-gramm durchgeführt wurde. Oder deutlicher erhöhter oder verminderter Appetit an fast allen Tagen.

Schlaflosigkeit oder vermehrter Schlaf an fast allen Tagen

psychomotorische Unruhe oder Verlangsamung an fast allen Tagen

Erschöpfung, Müdigkeit oder Energieverlust an fast allen Tagen

Gefühl von Wertlosigkeit oder übertriebene bzw. unbegründete Schuldge-fühle an fast jedem Tag

Konzentrationsstörungen und Probleme, Entscheidungen zu treffen, an fast jedem Tag

wiederkehrende Angst vor dem Tod (nicht nur Angst vor dem Sterben). Wiederkehrende Gedanken an Suizid ohne konkrete Planung, tatsächlicher Suizidversuch oder genaue Planung eines Suizids.

Die Symptome gelten als vorhanden, wenn sie von dem Betroffenen selbst, oder von anderen beobachtet werden.

Was ist eine rezidivierende Depression?

Depressionen treten in vielen unterschiedlichen Formen auf. Bei vielen Patienten, die eine depressive Episode erlebt haben, kommt es dazu, dass nach einem längeren Zeitraum eine erneute Episode auftritt. Man spricht bei solchen, sich wiederholenden Episoden von einer „rezidivierenden (sich wiederholenden) depressiven Störung". Bei einer rezidivierenden Depression kommen im Gegensatz zur bipolaren Störung nur depressive Episoden vor. Diese können unterschiedliche Schweregrade haben. Der Arzt diagnostiziert dann zum Beispiel „Rezidivierende depressive Störung, gegenwärtig mittelgradige Episode".

Bis heute weiß man nicht genau, warum bei manchen Patienten erneute depressive Episoden auftreten und bei anderen nicht. Man weiß nur, dass das Risiko einer weiteren depressiven Episode größer wird, wenn der Patient bereits mehr als eine Episode erlebt hat. Auch scheint es so zu sein, dass das Risiko, eine schwerere Episode zu entwickeln, größer wird.

Die Behandlung einer rezidivierenden Depression unterscheidet sich nicht von der einer einfachen depressiven Episode. Jedoch werden die Patienten noch eindringlicher darauf aufmerksam gemacht, wie wichtig ein gesunder und ausgeglichener Lebenswandel ist, um das Risiko erneuter Erkrankungen zu verringern. Die Patienten lernen auch, Anzeichen für eine erneute Episode möglichst früh zu erkennen, wodurch bei entsprechender Behandlung deren Ausbruch unter Umständen verhindert oder abgemildert werden kann.

In selteneren Fällen folgt auf eine depressive Episode eine manische Phase. Die Diagnose ändert sich dann in „Bipolare Depression" oder „Bipolare Störung".

Das Wissen, dass jederzeit eine erneute depressive Episode auftreten kann, ist für viele Patienten sehr belastend. Das Erlernen des Umgangs mit dieser ständigen Befürchtung sollte dann auch Teil der Psychotherapie sein.

Was ist eine chronische Depression?

Als „chronische" Depression wird ein Krankheitsbild bezeichnet, bei dem eine Depression über Jahre andauert, ohne die Kriterien für die Diagnose „Depressive Episode" zu erfüllen. Die fachlich korrekte Bezeichnung für eine chronische Depression ist „Dysthymia" oder „Dysthymie".

Lesen Sie dazu bitte auch das Kapitel „*Was ist Dysthymie oder Dysthymia?*".

Was ist Dysthymie oder Dysthymia?

Als Dysthymie oder Dysthymia bezeichnet man eine Form der Depression, die durch folgende Merkmale gekennzeichnet ist.

- **Lange Dauer**
  (Erwachsene mindestens 2 Jahre, Kinder mindestens 1 Jahr)

- **Weniger stark ausgeprägte Symptome**
  Die Betroffenen zeigen ähnliche Symptome, wie bei einer klassischen Depression. Jedoch sind diese nicht stark ausgeprägt.

Man könnte eine Dysthymie deshalb auch als „chronische Depression" bezeichnen. Die Betroffenen zeigen in der Regel abgemilderte Symptome einer depressiven Episode. Sie sind über lange Zeiträume hinweg freudlos und niedergeschlagen, können zwischendurch aber auch immer wieder Phasen (Tage oder Wochen) haben, in denen es ihnen besser geht.

Tipp: Andere Bezeichnungen

Eine andere, früher häufiger verwendete Bezeichnung für die Dysthymia ist „Neurotische Depression". Manchmal findet man auch die Bezeichnung „Chronische Depression".

Typische Symptome sind:

- Niedergeschlagenheit

- traurige Stimmung

- Selbstzweifel, Angst davor, zu versagen

- generelle Angst

- übermäßige Angst vor Erkrankungen (Hypochondrie)

- Stress-Symptome durch die ständige Angst und Anspannung

- Andauern der Symptome über lange Zeiträume

Menschen, die unter Dysthymie leiden, können zusätzlich auch noch depressive Episoden erleben. Man spricht dann auch von einer doppelten

Depression (englisch: "double depression").

Obwohl die Symptome der Dysthymie in der Regel nicht so gravierend sind, wie bei einer klassischen Depression, leiden viele Betroffene sehr unter der Erkrankung. Die Belastung durch eine Dysthymie kann durchaus genauso groß oder gar größer sein, als bei einer klassischen depressiven Episode. Der Grund dafür ist die lange Dauer dieser Form der Depression. Während bei einer behandelten klassischen Depression für die Betroffenen ein Ende ihres Leidens absehbar ist, trifft das auf eine Dauerdepression wie die Dysthymia nicht zu. Die Betroffenen resignieren oftmals und verlieren die Hoffnung auf Heilung.

Eine Dysthymie kann insbesondere bei älteren Patienten auch als „Restsymptom" einer behandelten oder unbehandelten depressiven Episode auftreten. Eine unbehandelte Dysthymie kann viele Jahre und unter Umständen sogar lebenslang andauern.

Was ist eine „manische Depression"?

Der Begriff manisch-depressive Erkrankung ist eine heute nicht mehr gebräuchliche Bezeichnung. Der heute verwendete Begriff lautet „bipolare affektive Störung".

Lesen Sie dazu bitte das Kapitel: *„Was ist eine bipolare Störung?"*

Was ist eine bipolare Störung?

Bezeichnet wird damit eine episodisch auftretende Störung, bei der Stimmung und Antrieb abwechselnd eingeschränkt (depressive Phase) oder extrem übersteigert (manische Phase) sind. Dazwischen liegen Phasen, in denen der Erkrankte scheinbar völlig gesund ist. Die Bezeichnung „bipolar" wird verwendet, um die beiden Pole des Stimmungsspektrums zu beschreiben, aber auch, um diese Form der Störung von der klassischen unipolaren Depression abzugrenzen.

Tipp: Andere Bezeichnungen

Andere Bezeichnungen für bipolare Störungen sind „Manische Depression" oder „Affektive Psychose". Beide Begriffe sind noch gebräuchlich, entsprechen aber nicht mehr den aktuellen Richtlinien.

Depressive Phase

In der depressiven Phase zeigt der Betroffene alle Anzeichen einer Depression. Diese reichen von Niedergeschlagenheit, Hoffnungslosigkeit, Schuldgefühlen und Antriebslosigkeit bis hin zu Suizidgedanken.

Manische Phase

Während der manischen Phase schlägt all das ins Gegenteil um. Der Antrieb ist gesteigert, was bis zu Rastlosigkeit und sinnlosem Aktionismus reicht. Gleichzeitig ist die Stimmung geradezu euphorisch. Die Betroffenen leiden unter maßloser Selbstüberschätzung und sind fest davon überzeugt, „alles im Griff" zu haben. In der Folge lassen sie sich häufig auf äußerst riskante Unternehmungen oder Geschäfte ein, was für sie selbst, aber auch für die Angehörigen viele negative Konsequenzen haben kann. Der Bezug zur Realität geht während der manischen Phase oft so weit verloren, dass die Betroffenen davon überzeugt sind, dass nur sie die richtigen Entscheidungen treffen können. Einwände anderer werden abgetan oder ignoriert. Weniger bekannt, aber dennoch nicht selten, sind exzessiver Alkohol- oder Drogenkonsum während der manischen Phase. Die Diagnose lautet dann oft (fälschlicherweise) Alkoholismus oder Drogenabhängigkeit.

Typische Symptome während einer manischen Phase:

- übersteigertes Selbstbewusstsein

- Rededrang (Der Betroffene spricht deutlich mehr als üblich)

- reduziertes Schlafbedürfnis

- unangemessene Risikobereitschaft in allen Bereichen

- exzessive Tätigkeiten (Kaufrausch, Geschäftsabschlüsse, Geldgeschäfte, Sex)

- auffällig erhöhte Aktivität in allen Bereichen (oft auch sexuell)

- fehlende Krankheitseinsicht

Hinweis: Hypomanie

Bei einer bipolaren affektiven Störung sind die depressive und die manische Phase nicht immer so deutlich ausgeprägt, wie man sie oft beschrieben findet. Sie kommt auch in weniger ausgeprägten Formen und auch in Mischformen vor. Bei einer schwächer ausgeprägten manischen Phase spricht man von einer „Hypomanie". Bei einer Mischform treten depressive und manische Symptome in raschem Wechsel oder sogar gleichzeitig auf. Eine korrekte Diagnose ist dann entsprechend schwierig zu stellen.

Suizidrisiko:

Das Suizidrisiko der Erkrankten ist deutlich erhöht. Wie bei allen depressiven Erkrankungen steigt die Gefahr eines Suizids, wenn ein hohes Aktivitätslevel mit einer depressiven Stimmung zusammentrifft. Aufgrund der negativen Konsequenzen, der Handlungen während einer manischen Phase leiden die Betroffenen oft zusätzlich, wenn sie sich Ihrer Handlungen bewusst werden.

Behandlung:

Aufgrund der mangelnden Krankheitseinsicht, die oft während der manischen Phasen zu beobachten ist, kann eine Behandlung schwierig sein. Aus diesem Grund gehören manische Erkrankungen auch zu den wenigen Fällen, in denen es manchmal nicht zu vermeiden ist, den Erkrankten auch gegen seinen Willen zu behandeln („zwangsweise Unterbringung"). Dies kommt allerdings seltener vor, als man denkt. Viele Betroffene sind einsichtig, insbesondere dann, wenn sie bereits die Erfahrung des „Absturzes" nach einer manischen Phase gemacht haben.

Zur Behandlung in einer manischen Phase werden meist Neuroleptika verschrieben. Zur Behandlung in einer depressiven Phase sind nicht alle

Antidepressiva geeignet. Es ist in dieser Phase nicht einfach, gleichzeitig die Depression zu behandeln und das Umschlagen in die Manie zu vermeiden. Ein Vorgang, den man auch als „Switch-Effekt" bezeichnet. In der Verbindung mit bestimmten Neuroleptika ist auch der Einsatz von Serotonin-Wiederaufnahmehemmern (SSRI) problematisch, da die Gefahr eines Serotonin-Syndroms droht. Eine medikamentöse Behandlung in einer Mischphase ist dementsprechend ebenfalls schwierig und besteht meist in einer Kombination verschiedener Medikamente. Zur sogenannten „Phasenprophylaxe", also zur Vermeidung extremer Stimmungsschwankungen werden Lithium oder Antiepileptika verabreicht.

Ein wichtiger Teil der Behandlung ist die Psychoedukation. Hier lernt der Erkrankte unter anderem, frühe Warnzeichen einer einsetzenden Episode zu erkennen und sich entsprechend zu verhalten. Grundsätzlich wirkt sich ein gesunder und ausgeglichener Lebensstil mit ausreichend Schlaf positiv auf die Entwicklung der Erkrankung aus.

Kann aus einer Depression eine bipolare Störung werden?

Ist eine unipolare Depression einmal eindeutig als solche diagnostiziert, muss man nicht die Befürchtung haben, dass sich daraus eine bipolare Störung entwickeln könnte.

Problematisch ist es, wenn eine depressive Episode zum ersten Mal auftritt. In diesem Fall kann man nicht mit Sicherheit vorhersagen, ob der depressiven Episode nicht eine manische Episode folgen wird. Schwierig ist das Erkennen einer bipolaren Störung auch bei Patienten, die nach der depressiven Episode keine vollständige manische Episode, sondern nur eine abgemilderte Form (Hypomanie) ausbilden. Diese wird manchmal nicht, oder erst beim wiederholten Auftreten erkannt.

Lebensalter ist ein Indikator

Bipolare Störungen treten in der Regel bereits vor dem 20. Lebensjahr zum ersten Mal auf. Wer in diesem Lebensalter eine erste depressive Episode erlebt, hat ein erhöhtes Risiko, an einer bipolaren Störung erkrankt zu sein. Depressionen, die erst im fortgeschrittenen Lebensalter auftreten, sind für gewöhnlich klassische unipolare Depressionen. Diese können sich auch nicht plötzlich in eine bipolare Störung verwandeln.

Forschungsergebnisse von Wissenschaftlern der Universitäten Leipzig und München aus dem Jahr 2008 lassen vermuten, dass es auch Unterschiede in der Geschwindigkeit gibt, in der sich depressive Episoden bei unipolaren und bipolaren Störungen entwickeln. Die Forscher kommen zu dem Schluss, dass ein sehr schneller Beginn (oft innerhalb weniger Tage oder gar Stunden) einer depressiven Episode darauf hindeutet, dass es sich um eine bipolare Störung handeln könnte. Bei einer unipolaren Depression entwickelt sich eine depressive Episode in der Regel langsamer innerhalb von Wochen oder Monaten.

Was ist eine atypische Depression?

Bei der sogenannten *atypischen* (= von der Regel abweichenden) Depression treten ähnliche Symptome auf wie auch bei einer klassischen Depression. Es gibt jedoch folgende Unterschiede:

- weniger Symptome:
  Bei einer atypischen Depression treten in der Regel nicht alle Symptome einer klassischen, schweren Depression auf.

- Reaktionen auf erfreuliche Ereignisse:
  Im Gegensatz zur klassischen Depression sind die Betroffenen häufig in der Lage, positiv auf erfreuliche Ereignisse zu reagieren. Sie können Freude empfinden und ihre Stimmung verbessert sich, wenn etwas Positives geschieht.

Typische Symptome:

- gedrückte Stimmung, die zeitweise (zum Beispiel durch erfreuliche Ereignisse) gebessert wird.

- erhöhtes Schlafbedürfnis

- Appetit- und Gewichtszunahme

- körperliche Missempfindungen
  Die Betroffenen haben oft das Gefühl von übermäßiger Schwere in den Gliedmaßen oder am ganzen Körper. Die entsprechenden Körperteile fühlen sich „bleischwer" oder wie gelähmt an.

- Beziehungsprobleme
  Die Betroffenen entwickeln manchmal ein erhöhtes Misstrauen gegenüber anderen, was die Beziehungen schwierig macht. Ebenfalls reagieren sie oft sehr empfindlich auf Kritik oder Zurückweisungen.

Für die Diagnose einer atypischen Depression sollten mindestens zwei dieser Symptome erkennbar sein. Auch wenn die Bezeichnung für diese

Form der Depression etwas anderes vermuten lässt, sind atypische Depressionen nicht selten, sondern sogar häufig anzutreffen. Man nimmt an, dass zwischen 15 % und 40 % aller Depressionen vom atypischen Typ sind. In Deutschland werden etwa 15 % der diagnostizierten Depressionen als atypisch eingestuft. Wegen der mitunter schwierigen Unterscheidung von einer „normalen" Depression kann man aber davon ausgehen, dass die Dunkelziffer höher liegt. Der Beginn einer atypischen Depression liegt in der Regel bereits im Jugendalter. Frauen sind statistisch betrachtet häufiger betroffen als Männer.

Behandlung:

Die Behandlung der atypischen Depression unterscheidet sich zum Teil von der Behandlung klassischer Depressionsformen. Während bei beiden Formen eine Psychotherapie als Teil der Behandlung sinnvoll ist, gibt es Unterschiede bei der medikamentösen Behandlung. So scheint es so zu sein, dass bei der Behandlung der atypischen Depression ältere Medikamente wie MAO-Hemmer (Monoaminoxidasehemmer) und moderne wie SSRIs und SNRIs wirksam sind. Im Gegensatz dazu scheinen die älteren trizyklischen Antidepressiva bei dieser Form der Erkrankung weniger gut zu wirken.

Was ist eine organische Depression?

Als organische Depression bezeichnet man depressive Symptome, die durch eine körperliche Erkrankung hervorgerufen werden. Gemeint sind damit <u>direkte</u> physiologische Auswirkungen einer körperlichen Erkrankung, also nicht depressive Symptome, die zum Beispiel dadurch entstehen, dass jemand psychisch darunter leidet, krank zu sein. Anders ausgedrückt:

Eine organische Depression macht auch dann depressiv, wenn man nichts von ihr weiß.

Die depressiven Symptome bei einer organischen Depression werden dadurch ausgelöst, dass durch die Erkrankung bestimmte Prozesse im Gehirn gestört oder behindert werden. Das kann zum Beispiel durch eine Störung im Hormonhaushalt oder auch direkt im Gehirn (zum Beispiel durch einen Tumor) verursacht werden.

Bekannte Ursachen organischer Depressionen:

Schilddrüsenfehlfunktionen
Insbesondere die sogenannte Hypothyreose, eine Unterversorgung des Körpers mit Schilddrüsenhormonen (Thyroxin und Trijodthyronin), kann depressive Symptome auslösen. Ist die Erkrankung bekannt, kann ihr durch die tägliche Einnahme des Schilddrüsenhormons Thyroxin entgegengewirkt werden.

Hirnschädigungen
Insbesondere Schädigungen des präfrontalen Cortex können Depressionen auslösen. Ursachen können zum Beispiel ein Tumor oder aber auch eine äußere Verletzung (zum Beispiel durch einen Unfall) sein. Diese Ursache ist allerdings sehr selten. Etwaige Befürchtungen, an einem Hirntumor zu leiden, sind in der Regel unbegründet!

Erkrankungen der Nebennieren oder der Hypophyse (Hirnanhangdrüse).
Beide Erkrankungen können Hormonstörungen auslösen, die Symptome einer Depression nach sich ziehen. Typisch sind zum Beispiel Erkrankungen der Nebenniere (z. B. die Addisonkrankheit oder die Autoimmunadrenalitis).

Auch Erkrankungen wie Diabetes. Multiple Sklerose oder Morbus Parkinson können zur Entstehung einer Depression führen. So ist bekannt, dass

40 – 50 % der Patienten, die an Morbus Parkinson erkrankt sind, auch an einer Depression erkranken. Auch hier wird ein Zusammenhang mit der Störung des Botenstoffsystems im Gehirn vermutet, der von der Parkinson Erkrankung ebenfalls betroffen ist. Auch die sogenannte Schlafapnoe (Aussetzen der Atmung im Schlaf) und Störungen im Wach-Schlaf-Rhythmus stehen im Verdacht, zur Entstehung einer Depression beitragen zu können.

Organische Depressionen sind nicht sehr häufig. Es ist allerdings sinnvoll, den behandelnden Arzt zum Beispiel auf eine bekannte Schilddrüsenfehlfunktion oder andere körperliche Erkrankungen hinzuweisen, damit er eine entsprechende Ursache ausschließen kann.

Was ist eine reaktive Depression oder Anpassungsstörung?

In den aktuellen Richtlinien gibt es die Diagnose „Reaktive Depression" nicht mehr. Trotzdem findet man die Bezeichnung noch häufig in Büchern oder Zeitschriftenartikeln. Als reaktive Depression oder Anpassungsstörung bezeichnet man depressive Phasen, die als unmittelbare Reaktion auf ein belastendes Ereignis zurückzuführen sind. Typische auslösende Ereignisse sind zum Beispiel der Tod eines nahestehenden Menschen, aber zum Beispiel auch die Trennung von einem geliebten Partner. Auch andauernde Belastungen wie Arbeitslosigkeit oder der Verlust der Heimat, Flucht oder Vertreibung können auslösende Faktoren sein.

Typische Ereignisse, die eine reaktive Depression auslösen können:

- Tod eines nahestehenden Menschen

- Scheidung / Trennung

- Arbeitslosigkeit

- Mobbing

- Gewalt

- Kriegstraumata / Vertreibung etc.

- Emigration (Verlassen der Heimat)

Vielleicht fragen Sie sich jetzt, was an einer solchen Reaktion krankhaft sein soll, oder warum solche doch eigentlich völlig normalen Reaktionen als Depression bezeichnet werden. Und tatsächlich gehört das Krankheitsbild der reaktiven Depression zu denen, bei denen es manchmal schwierig ist, zwischen noch „normalem" und krankhaftem Verhalten zu unterscheiden.

Bei den meisten Menschen klingen die depressiven Symptome nach einem belastenden Vorfall auch innerhalb einiger Wochen oder Monate wieder ab. Bei anderen kommt es aber auch vor, dass sie über diesen Zeitraum hinaus bestehen bleiben. Erst in diesem Fall würde man von einer depressiven Episode sprechen.

Typische Symptome für eine depressive Anpassungsstörung

- gedrückte Stimmung

- Trauer

- Angst

- Freudlosigkeit

- Gedankenkreisen / Grübeln

- Gefühl der Leere

- übermäßiges Sorgenmachen

Es kann zusätzlich zu Beeinträchtigungen des Sozialverhaltens wie Vereinsamung und Isolation kommen.

Was versteht man unter „Altersdepression"?

Eine Depression, die bei älteren Menschen über 60 auftritt, wird häufig als *Altersdepression* bezeichnet. Da sich Depressionen in diesem Lebensalter aber nicht grundlegend von depressiven Erkrankungen in jüngeren Jahren unterscheiden, vermeiden Mediziner und Wissenschaftler diesen Begriff. Man spricht stattdessen von „Depression im Alter".

Die Symptome einer Depression im Alter unterscheiden sich kaum oder gar nicht von denen jüngerer Menschen. Auch hier stehen Freudlosigkeit, Interesselosigkeit, Gefühle der Wertlosigkeit, Schuldgefühle und Antriebsmangel im Vordergrund. Im Vergleich mit jüngeren Betroffenen unterscheiden sich allerdings die Risikofaktoren einer Depression bei älteren Menschen. Typische Auslöser im höheren Lebensalter sind:

- eigene Erkrankungen

- Erkrankungen des Partners oder von engen Freunden

- Verlust des Partners oder enger Freunde

- Verlust der eigenen Leistungsfähigkeit

- Verlust von Sozialkontakten (Vereinsamung)

- Verlust des Zuhauses (z. B. durch Umzug in ein Pflegeheim)

Auch typische Alterserkrankungen wie Demenz, Schlaganfall, Parkinson oder Herzinfarkt ziehen häufig eine depressive Erkrankung nach sich.

Depressionen im Alter bleiben oft unentdeckt, da ihre Symptome anderen Erkrankungen zugeschrieben werden. So ähneln bestimmte Symptome einer Demenz denen einer depressiven Erkrankung. Andere Symptome wie Konzentrationsmangel oder Antriebslosigkeit werden häufig einfach dem Alter des Patienten zugeschrieben. Es fehlt zudem an fachlich kompetentem Personal in Krankenhäusern und Pflegeeinrichtungen, um eine Depression bei älteren Menschen zu erkennen und diese einem Facharzt vorzustellen. Die Depression im Alter gehört damit zu den unterdiagnostizierten Erkrankungen. Das sind solche, die zwar vorhanden sind, aber oft nicht erkannt oder diagnostiziert werden.

Was ist eine zyklothyme Störung oder Zyklothymia?

Als zyklothyme Störung oder Zyklothymia bezeichnet man sich über lange Zeit (Jahre) hinziehende, wechselnde Stimmungen. Es handelt sich also auch um eine bipolare Störung. Allerdings sind die Symptome in den Phasen bei einer Zyklothymia nicht so stark ausgeprägt wie bei einer klassischen Depression oder Manie.

Typische Symptome in den depressiven Phasen:

- gedrückte Stimmung

- Schuldgefühle

- Grübelzwang

- verringerter Antrieb

Typische Symptome in den manischen Phasen:

- gesteigertes Selbstwertgefühl und Selbstbewusstsein

- gesteigerter Antrieb

- gesteigerter Rededrang

- vermindertes Schlafbedürfnis

- gesteigerte Kreativität

Dementsprechend erleben die Betroffenen die manischen Phasen ihrer Erkrankung in der Regel als angenehm oder zumindest nicht als unangenehm. Da diese nicht so extrem ausgeprägt sind wie bei einer klassischen manisch-depressiven Erkrankung, haben die Handlungen der Betroffenen in diesen Phasen auch seltener negative Konsequenzen.

Bei einer Zyklothymia können symptomfreie Zeiten auftreten. Es gibt aber auch Fälle, in denen zusätzlich eine schwere depressive Episode oder eine manische Episode auftritt. Man spricht dann auch von einer „doppelten Depression". Nicht selten bleiben zyklothyme Störungen unbemerkt, da die Stimmungsausschläge in beide Richtungen (Depression oder Manie) nicht so extrem ausfallen, wie bei einer klassischen Depression oder Manie. Nahen Freunden, Kollegen und Familienmitgliedern fallen die Stimmungsschwankungen oftmals eher auf, als dem Betroffenen selbst.

Was ist eine postpartale Depression?

Nach dem Ende einer Schwangerschaft treten bei vielen Frauen Stimmungsveränderungen auf. Diese können harmlos und vorübergehend, aber auch sehr stark und belastend ausfallen. Im schlimmsten Fall tritt eine postpartale (auch postnatale) Depression oder gar eine Psychose auf. Die Symptome sind Niedergeschlagenheit, Ängste, häufiges Weinen oder Grübeln über die Zukunft. Die Sorgen und Ängste drehen sich häufig um Themen, die mit der neuen Mutterrolle und der Versorgung des Neugeborenen zusammenhängen. Etwa 10% der schwangeren Frauen sind davon während oder nach der Schwangerschaft betroffen.

Hinweis

Eine postpartale Depression darf nicht mit einer depressiven Verstimmung verwechselt werden, die manchmal für einige Tage nach der Geburt eines Kindes auftritt. Solche Stimmungsschwankungen werden im Volksmund häufig verharmlosend als „Babyblues" oder gar „Heultage" bezeichnet. Eine postpartale Depression ist für die Betroffenen eine gravierend belastende Situation, die nicht verharmlost oder gar belächelt werden sollte. Im schlimmsten Fall kann es zu schweren Psychosen kommen.

Man unterscheidet grundsätzlich zwischen einem „postpartalen Stimmungstief" und der „postpartalen Depression":

Postpartales Stimmungstief

Bei einem postpartalen Stimmungstief handelt es sich um einen Zustand gedrückter Stimmung, der häufig bei jungen Müttern in den ersten Wochen nach der Geburt auftritt.

Typische Symptome

- gedrückte Stimmung

- Traurigkeit

- häufiges Weinen

- Stimmungsschwankungen

- übertriebene Sorge um das Neugeborene

- Ängstlichkeit

- Erschöpfung (oft hervorgerufen durch Schlafmangel oder Über-forderung)

Postpartale Depression

Davon zu unterscheiden ist die postpartale Depression (Wochenbettde-pression). Eine postpartale Depression kann bis zu zwei Jahren nach der Geburt des Kindes auftreten.

Typische Symptome:

- Traurigkeit

- Gefühl der inneren Leere

- Energiemangel

- Hoffnungslosigkeit

- sexuelle Unlust

- Ängste

- Reizbarkeit

In einigen Fällen kommt es zu einer Ablehnung des Kindes. In extremen Fällen bis hin zu Tötungsgedanken in Bezug auf das Kind oder andere Familienmitglieder.

Postpartale Psychose

In sehr seltenen Fällen kann in den Wochen nach der Geburt zu einer Psy-chose kommen. Die Symptome wie Verwirrtheit, Angst oder auch Grö-ßenwahn, Euphorie, Enthemmung (Manie) oder gar Halluzinationen treten plötzlich auf. Eine Notfallbehandlung in einer psychiatrischen Klinik ist dann unumgänglich. Wie gesagt, sind postpartale Psychosen äußerst sel-ten. Sie treten statistisch bei weniger als 5 von Tausend Fällen auf.

Hilfe

Es wird angenommen, dass depressive Störungen als Folge einer Geburt unter anderem mit der hohen psychischen und physischen Belastung zusammenhängen, die die Schwangerschaft, die Geburt und Sorge um das Neugeborene mit sich bringen. Auch die hormonelle Umstellung und die körperlichen Veränderungen bei der Mutter können eine Rolle spielen. Es ist grundsätzlich hilfreich, die junge Mutter bei der Versorgung des Kindes so gut wie möglich zu unterstützen und ihrem möglicherweise vorhandenen Anspruch auf Perfektion dabei entgegenzuwirken. In schwereren Fällen ist in jedem Fall professionelle Hilfe durch einen Psychiater oder Psychologen notwendig. Obwohl deutlich seltener, sind postpartale depressive Störungen übrigens nicht ausschließlich bei den Müttern zu beobachten. Auch manche jungen Väter sind betroffen.

Was ist eine saisonale Depression oder „Winterdepression"?

Die sogenannte „Winterdepression" oder SAD („Seasonal Affective Disorder") ist eine von der Jahreszeit abhängige depressive Störung, bei der vermutlich ein Mangel an Tages- bzw. Sonnenlicht eine Rolle spielt. Die saisonale Depression tritt bei manchen Menschen während der Herbst- und Wintermonate auf. Sie kann aber auch beim Aufenthalt in Gegenden mit sehr wenig Sonnenlicht (z. B. während der dunklen Jahreshälfte am Polarkreis) oder bei häufigem und längerem Aufenthalt unter Tage auftreten.

Typische Symptome:

- gedrückte Stimmung

- Ängstlichkeit

- längere Schlafdauer

- verstärkter Appetit auf Süßigkeiten

- Gewichtszunahme

Bei den Letztgenannten handelt es sich um atypische Symptome, die bei einer klassischen depressiven Episode in der Regel nicht auftreten.

Als Ursache für die saisonale Depression nimmt man eine Störung des biologischen Tagesrhythmus an, der durch Lichtmangel hervorgerufen wird. Man geht davon aus, dass ein erniedrigter Serotoninspiegel und der Melatoninstoffwechsel eine Rolle dabei spielen. Die Betroffenen können durch häufigeren Aufenthalt tagsüber im Freien und durch sportliche Aktivitäten selbst zur Besserung beitragen. Zusätzlich kann zum Beispiel eine Lichttherapie oder die Verwendung von Tageslichtlampen zu einer Besserung führen. Auch hoch dosierte Johanniskrautpräparate und schwereren Fällen Antidepressiva können bei der Behandlung zum Einsatz kommen.

Was ist eine „Jahresend-Depression"?

Zunächst einmal handelt es sich bei der sogenannten „Jahresend-Depression" nicht um eine Depression im medizinischen Sinne. Beschrieben werden mit dem Begriff meist depressive Verstimmungen oder eine gewisse Melancholie, die manche Menschen am Jahresende befällt. Leidet jemand ohnehin schon an einer Depression, kann diese durch die zusätzliche seelische Belastung natürlich noch verschlimmert werden. Dafür, dass dieser Zustand insbesondere am Jahresende eintritt, gibt es mehrere Gründe:

Abrechnung zum Jahresende

Die meisten Menschen ziehen am Jahresende eine Art Resümee. Sie denken darüber nach, was das Jahr gebracht hat oder fragen sich, ob sie im abgelaufenen Jahr ihren Zielen nähergekommen sind. Oftmals sieht das Ergebnis dann nicht besonders positiv aus:

- „Ich habe es wieder nicht geschafft, ein paar Kilo abzunehmen."

- „Ich bin wieder nicht befördert worden."

- „Ich habe immer noch den Job, den ich eigentlich nicht mag."

- „Ich habe immer noch nicht den richtigen Partner gefunden."

- „Ich habe die guten Vorsätze vom letzten Jahreswechsel wieder nicht durchgehalten."

Dass das die Stimmung nicht gerade hebt, ist nicht verwunderlich und bis zu einem gewissen Grad auch völlig normal.

Einsamkeit

Das Jahresende und insbesondere das Weihnachtsfest sind für Menschen, die keinen Partner und vielleicht auch keine Familie haben, eine schwere Zeit. Während scheinbar alle anderen mit ihren Familien harmonisch Weihnachten feiern, sitzen sie allein zu Hause. Ähnliches gilt für die Silvesterparty. Wer den Jahreswechsel nicht mit der Familie oder Freunden feiern kann, fühlt sich oft noch einsamer und unglücklicher als zu anderen Jahreszeiten.

Das kann man gegen den Jahresend-Blues tun:

+ **rechtzeitig Alternativen suchen**
  Es gibt viele Menschen, die Weihnachten oder Silvester alleine sind. Warum sich nicht mit anderen zusammentun, die in einer ähnlichen Lage sind? Insbesondere in größeren Städten gibt es zahlreiche Veranstaltungen zu genau diesem Zweck. Wer auf dem Land lebt, kann das ja mit einer Städtereise oder einem Kurzurlaub verbinden.

+ **aktiv werden**
  Statt sich darüber zu ärgern, dass man im abgelaufenen Jahr irgendwelche Ziele nicht erreicht hat, sollte man einen ersten kleinen Schritt planen und diesen dann auch sofort in die Tat umsetzen.

+ **Grübeln stoppen**
  Wenn man merkt, dass sich die Gedanken immer wieder um die gleichen Probleme drehen, ohne zu einer Lösung zu gelangen, sollte man aktiv das Grübeln unterbrechen. Am besten ist es dann, etwas zu unternehmen oder sich mit einer angenehmen Tätigkeit abzulenken.

+ **keine unrealistischen Vorsätze fassen**
  Stattdessen lieber ganz kleine, ganz konkrete, Schritte planen, die man auch tatsächlich bewältigen kann. Das schafft Erfolgserlebnisse, verbessert die Stimmung und führt Schritt für Schritt auch zum Ziel.

Was ist der „Montagmorgen-Blues"?

Der sogenannte Montagmorgen-Blues ist keine behandlungsbedürftige depressive Erkrankung. Es handelt sich vielmehr um die scherzhafte Umschreibung einer depressiven Verstimmung, die viele Menschen betrifft, die nach dem Wochenende am Montagmorgen ihre Arbeit und ihren Alltag wieder aufnehmen müssen.

Es gibt mehrere Gründe für die schlechte Laune am Montagmorgen:

- Mini-Jetlag:
  Der Biorhythmus unseres Körpers kann sich am Wochenende verschieben. Wir gehen in der Regel später schlafen und liegen morgens länger im Bett. Wenn am Montagmorgen der Wecker klingelt, befindet sich unser Körper noch im Schlafmodus und lässt uns das auch spüren.

- unerledigte Aufgaben:
  So schön es auch ist, am Freitagnachmittag alles stehen und liegen zu lassen, so unangenehm ist es, die unerledigte Arbeit am Montagmorgen wieder vorzufinden. Diese Aussicht kann einem schon die Laune verderben.

- Die Woche liegt noch vor einem:
  Die Stimmung der meisten Arbeitnehmer bessert sich, je näher das Wochenende rückt. Am Montagmorgen liegt die ganze Arbeitswoche noch vor einem. Das drückt die Stimmung.

Sollten Sie feststellen, dass Sie auch an den übrigen Wochentagen morgens unter gedrückter Stimmung, Lustlosigkeit und Antriebsmangel leiden, könnte dies aber auch ein Symptom einer ernsthaften depressiven Erkrankung sein. Das sogenannte Morgentief tritt bei vielen depressiven Patienten auf. Meist bessert sich dann die Stimmung im Verlauf des Tages und erreicht ihren Höhepunkt gegen Abend (Abendhoch). Sollten Sie das bei sich bemerken, sollten Sie einen Arzt aufsuchen und sich gründlich untersuchen lassen.

SUIZID ("SELBSTTÖTUNG")

Niemand spricht gerne über Suizid und den meisten Menschen ist es sogar unangenehm, nur daran zu denken. Trotzdem ist Suizid ein Aspekt, der beim Thema Depressionen nicht ausgeblendet werden darf. Das zeigen nicht zuletzt die immer noch erschreckend hohen Zahlen depressiver Menschen, die sich aus Verzweiflung das Leben nehmen.

Viele dieser tragischen Selbsttötungen könnten verhindert werden, wenn die Betroffenen rechtzeitig die notwendige Hilfe erhalten würden. Ganz gleich, ob man selbst von Suizidgedanken gequält wird, oder befürchtet, dass ein Angehöriger oder Freund sich etwas antun könnte: Hilfe ist immer möglich. Es gibt immer eine bessere Lösung!

Ein wichtiger Schritt dahin ist die Gefahr rechtzeitig zu erkennen und richtig zu handeln. Im Folgenden erfahren Sie alles Notwendige zu diesem wichtigen Thema.

Wie groß ist das Risiko von Suizid ("Selbstmord")?

In Deutschland sterben jährlich etwa 10.000 Menschen durch Suizid. Das sind mehr Tote als durch Verkehr, Drogen, Mord und AIDS zusammen! Die Zahl der Suizidversuche wird etwa auf das 20fache geschätzt. Etwa zwei Drittel aller Selbsttötungen werden von Männern verübt. Der Grund liegt allerdings nicht darin, dass Männer häufiger versuchen, sich selbst zu töten als Frauen. Sie sind aufgrund der Wahl ihrer Mittel nur wesentlich häufiger "erfolgreich". Die meisten Suizidversuche werden von jungen Frauen unternommen. (Zahlen: Statistisches Bundesamt und Deutsches Bündnis gegen Depression e.V.)

Etwa 10 – 15 % aller Menschen, die an einer schweren Depression erkranken, nehmen sich das Leben. Depressionen sind mit einem Anteil von 40 – 70 % aller Selbsttötungen damit die häufigste Ursache, wenn Menschen sich das Leben nehmen. Die allermeisten dieser Suizide könnte man verhindern, wenn alle Betroffenen rechtzeitig ärztliche Hilfe bekommen oder in Anspruch nehmen würden. Wenn also Sie selbst, ein Angehöriger, ein Freund oder ein Bekannter tatsächlich einen Suizid auch nur in Erwägung ziehen sollte, besteht akuter Handlungsbedarf.

Lesen Sie dazu auch den Abschnitt: *„Woran erkennt man, dass jemand suizidgefährdet ist?"*

Der „Werther-Effekt"

Besondere Vorsicht ist immer dann geboten, wenn im Bekanntenkreis ein Suizid stattfindet, oder in den Medien über eine Selbsttötung berichtet wird. Solche Ereignisse finden häufig Nachahmer. Insbesondere Menschen, die ohnehin mit dem Gedanken spielen, sich selbst zu töten, nehmen den Suizid anderer häufig zum Anlass, das Vorhaben auch selbst in die Tat umzusetzen. Das lässt sich sogar statistisch belegen. So gehen Experten davon aus, dass das plötzliche Ansteigen der Zahl der Selbsttötungen im Jahr 2009 in Deutschland direkt mit dem Suizid des Fußball-Torhüters Robert Enke zusammenhing. Dafür spricht auch, dass im gleichen Jahr die Zahl sogenannter „Schienensuizide" erheblich zunahm. Nachahmer-Suizide sind übrigens kein neues Phänomen. So kam es schon im Jahr 1774 zu einer europaweiten Suizidwelle nach der Veröffentlichung des Romans „Die Leiden des jungen Werthers" von Johann Wolfgang von Goethe. Man bezeichnet das Phänomen Suizidnachahmung deshalb manchmal auch als „Werther-Effekt". Der Deutsche Presserat hat deshalb vor einigen Jahren eigens Richtlinien zur Zurückhaltung bei der Berichterstattung über Suizide erlassen.

Suizid und Antidepressiva

Es gibt immer wieder Berichte über Fälle, in denen Menschen unter dem Einfluss von Antidepressiva Suizidversuche unternehmen. Ein eindeutiger Zusammenhang ist aber naturgemäß nicht herstellbar, da sich kaum nachweisen lässt, inwiefern die Betroffenen schon vor der Einnahme des Antidepressivums suizidal waren.

Ein bekanntes Problem ist, dass bei manchen Antidepressiva die Aktivierung zeitlich vor der stimmungsaufhellenden Wirkung einsetzt. Das heißt, die antriebssteigernde Wirkung beginnt zu einem Zeitpunkt, an dem die Stimmung noch sehr schlecht ist. Menschen, die planen, einen Suizid zu begehen, könnten so durch das Antidepressivum in die Lage versetzt werden, ihre Tat auszuführen, bevor die antidepressive Verbesserung ihrer Stimmung einsetzt. Es ist deshalb in solchen Fällen besonders wichtig, dass die Patienten über diese mögliche Wirkung aufgeklärt werden und bis zur Verbesserung ihrer Stimmung unter Beobachtung bleiben.

Das Risiko eines versuchten oder „erfolgreichen" Suizids ist bei Patienten, die unter einer Depression leiden, nicht zu unterschätzen. Entsprechende Hinweise sollten immer sehr ernst genommen werden. Sowohl als Betroffener als auch als Angehöriger sollte man das Thema offen ansprechen.

Lesen Sie dazu bitte auch die Kapitel:

„Welche Menschen sind besonders suizidgefährdet?"

„Was soll ich tun, wenn ich selbst an Suizid denke?"

„Was soll man tun, jemand suizidgefährdet ist?"

„Was sollte man auf keinen Fall tun, wenn jemand suizidgefährdet ist?"

Welche Menschen sind besonders suizidgefährdet?

Natürlich lässt sich nie vorhersagen, ob jemand in einer bestimmten Situation auf die Idee kommt, sich das Leben zu nehmen. Trotzdem zeigt sich, dass bestimmte Menschen statistisch betrachtet häufiger dazu neigen als andere.

Diese Personengruppen zeigen häufiger suizidale Neigungen als andere:

- Männer töten sich häufiger selbst als Frauen (aber Frauen versuchen es häufiger!)

- ältere Menschen töten sich häufiger als jüngere

- unverheiratete Menschen töten sich häufiger als verheiratete

- Menschen, die unter einer schweren Depression leiden

- Menschen, die an einer Psychose leiden

- Menschen, die unter einer schweren körperlichen Krankheit leiden

- Menschen, die ihren Lebenspartner verloren haben

- Menschen, die Opfer von Missbrauch waren oder sind

- Menschen, die arbeitslos sind

- Menschen, die schwerwiegende wirtschaftliche Probleme haben (Verschuldung, Insolvenz)

- Menschen, die früher schon einmal versucht haben, sich das Leben zu nehmen

- Menschen, in deren Familie bereits Selbsttötungen vorgekommen sind

- Menschen, in deren direktem Umfeld ein Suizid stattgefunden hat

- Menschen, die an einer Suchterkrankung leiden (neben Drogen und Alkohol zum Beispiel auch Spielsucht)

- Bestimmte Berufsgruppen sind häufiger betroffen als andere. So zum Beispiel Ärzte und Menschen, die in Pflegeberufen häufig mit schwer kranken Patienten zu tun haben.

- Menschen, die kürzlich aus der Psychiatrie entlassen wurden

- Jugendliche, die den Tod idealisieren oder romantisieren

Woran erkennt man, dass jemand suizidgefährdet ist?

Dass sich ein an einer Depression erkranktes Familienmitglied, der eigene Partner oder ein Freund das Leben nimmt, gehört zu den schlimmsten Befürchtungen im Umfeld eines depressiven Menschen. Angehörige oder Freunde wollen vor allem wissen, woran man erkennen kann, dass jemand einen Suizid plant. Und es gibt tatsächlich bestimmte Hinweise oder Symptome, die bei vielen (nicht bei allen!) suizidgefährdeten Menschen, dem Suizid (versuch) vorausgehen.

Der österreichische Psychiater und Suizidforscher, Erwin Ringel, fand die Bezeichnung „präsuizidales Syndrom" für drei solcher Symptome. Ringel gründete 1948 in Wien das weltweit erste Zentrum zur Suizidprävention.

Symptome des präsuizidalen Syndroms:

- **Einengung:**
  Die Wahlmöglichkeiten im eigenen Leben scheinen immer weiter eingeengt. Die Betroffenen sehen am Ende nur noch den Suizid als einzige Handlungsmöglichkeit. Die Einengung kann dabei nur im Denken und Handeln des Betroffenen auftreten oder sich auch in der Realität (z. B. Isolation und Vereinsamung) zeigen.

- **Aggressionshemmung oder Aggressionsumkehr:**
  Eine gesteigerte Aggression, die aber nicht ausgelebt wird und sich letztlich gegen den Betroffenen selbst wendet.

- **Suizidfantasien:**
  Die Betroffenen bauen sich häufig eine Scheinwelt auf, in der der Tod generell und der Suizid im Besonderen eine immer größere Rolle spielen.

Welche Alarmzeichen muss man ernst nehmen?

Suiziddrohungen und Suizidankündigungen

Leider stößt man immer wieder auf die völlig falsche Annahme, dass jemand, der eine Selbsttötung ankündigt, diese tatsächlich nicht ausführen wird. Das Gegenteil ist der Fall. Spricht jemand davon, Suizid zu begehen, muss man das <u>immer</u> ernst nehmen. Das Sprechen über einen solchen Plan ist immer auch ein Hilferuf und nicht selten, eine letzte Chance, den Betroffenen von seinen Plänen abzubringen.

Äußerungen der Verzweiflung

Erklärt ein (depressiver) Mensch, dass sein Leben oder „alles" sinnlos sei, ist das ein ernst zu nehmendes Warnzeichen. Auch Äußerungen wie „Es muss jetzt etwas passieren." Oder „Irgendwann muss auch mal Schluss sein" sind Warnsignale.

Auffällig riskantes Verhalten

Potenziell suizidgefährdete Menschen messen ihrem eigenen Leben und ihrer eigenen Sicherheit naturgemäß häufig keinen großen Wert zu. Das äußert sich in manchen Fällen in riskanten Verhaltensweisen. Beispiele:

- Riskantes Autofahren

- Riskanter Drogen/Alkoholkonsum

- Ungeschützter Sex

- Riskante Sportarten

Das Ordnen der eigenen Angelegenheiten, Abschied nehmen

Menschen, die vorhaben, sich selbst zu töten, versuchen oft (nicht immer!) ihre persönlichen Angelegenheiten zur regeln. Sie setzen ihr Testament auf, sprechen darüber, wer was nach ihrem Tod bekommen soll oder verschenken Wertgegenstände oder solche, die ihnen persönlich wichtig sind. Manche nehmen auch regelrecht Abschied von Freunden oder Familienangehörigen.

Ruhe vor dem Sturm

Nicht selten ist zu beobachten, dass depressive Menschen förmlich aufleben, wenn sie einmal den Entschluss gefasst haben, aus dem Leben zu scheiden. Oft atmen Angehörige und Freunde erleichtert auf, weil sie meinen, dass der Betroffene seine Depression überwunden hat. Tatsächlich ist aber das Gegenteil der Fall. Es ist also höchste Vorsicht geboten, wenn jemand, dem es sehr schlecht ging, ganz plötzlich ein gänzlich anderes Verhalten zeigt.

Was soll man tun, wenn jemand suizidgefährdet ist?

Ansprechen

Auf keinen Fall sollte man das Thema vermeiden. Besser ist es, das Thema offen anzusprechen. Wichtig ist, dass dies in möglichst ruhiger und sachlicher Art und Weise geschieht. Keinesfalls sollte man dem Betroffenen Vorhaltungen machen. Vermeiden Sie auch moralische oder religiöse Anklagen. Sprechen Sie offen über das Thema Suizid, auch wenn es Ihrer persönlichen Weltanschauung widerspricht. Wichtig ist, dass Sie dem Betroffenen das Gefühl geben, dass er offen mit Ihnen sprechen kann. Nur so haben Sie die Chance, etwas über seine Pläne zu erfahren und ggf. eingreifen zu können. Für die Betroffenen ist es in der Regel eine hilfreiche Entlastung, über ihre quälenden Gedanken sprechen zu können.

Fürsorge zeigen

Zeigen Sie dem Betroffenen, dass Sie voll und ganz für ihn da sind. Unterstützen Sie ihn und übernehmen Sie Verantwortung für ihn. Begleiten Sie ihn zum Arzt oder in die Klinik. Machen Sie klar, dass der Betreffende Ihnen wichtig ist und dass er sich auf Sie verlassen kann. Machen Sie klar, dass Sie ihn nicht mit seinen Problemen allein lassen werden.

Wenn sich die Person bereits in einer Behandlung oder Therapie befindet, versuchen Sie, den behandelnden Arzt oder Therapeuten zu kontaktieren.

Wenn die Person noch keinen Arzt konsultiert hat, überzeugen Sie sie davon, dass das dringend notwendig ist. Helfen Sie, indem Sie für den Betreffenden einen Termin vereinbaren und ihn ggf. dorthin begleiten. Machen Sie bei der Terminvereinbarung die Dringlichkeit klar. Schildern Sie, was vorgefallen ist.

Seien Sie selbst für denjenigen möglichst immer erreichbar. Schreiben Sie Ihre private Handynummer auf (oder speichern Sie sie gleich in seinem Handy) und versichern Sie der Person, dass sie sich jederzeit an Sie wenden kann.

Trösten und erklären

Solange keine professionelle Betreuung zur Verfügung steht, ist es wichtig, dem Betroffenen klar zu machen, dass sein aktueller Todeswunsch ein vorübergehendes Symptom seiner depressiven Erkrankung ist. Streiten Sie nicht, wenn er das nicht glauben will und seine aktuelle Situation als hoffnungslos und endgültig betrachtet. Er _kann_ es in diesem Moment nicht anders sehen. Bleiben Sie ruhig und verständnisvoll.

Professionelle Hilfe suchen

Einen suizidgefährdeten Menschen überzeugt man nicht durch gutes Zureden oder durch die Anwendung von „Küchenpsychologie". Hier ist professionelle Hilfe gefragt. Dafür kommen ein Arzt, ein Psychotherapeut oder auch eine Klinik infrage. Nachts oder am Wochenende kann man sich jederzeit an die psychiatrische Notfallambulanz oder den ärztlichen Notdienst wenden.

Was tun bei unmittelbarer Suizidgefahr?

Wenn Sie befürchten, dass jemand unmittelbar davor ist, einen Suizid zu begehen, können Sie jederzeit den Notarzt und die Polizei verständigen. Lassen Sie die Person nicht allein. Entfernen Sie alle Gegenstände, die der Betreffende dazu verwenden könnte, sich selbst zu verletzen (z. B. jede Art von Waffen, sowie Messer und andere scharfe Gegenstände).

Im Notfall geht es zunächst vor allem darum, zu verhindern, dass der Betroffene seine Tat ausführt oder sich verletzt. Sie sind in diesem Moment auch von jedem Versprechen entbunden, das Sie ihm womöglich gegeben haben. Die Verpflichtung zur Verschwiegenheit endet da, wo das Leben eines Menschen in Gefahr ist.

Was soll ich tun, wenn ich selbst an Suizid denke?

Im Verlauf einer schweren Depression kann es zu Situationen kommen, in denen Ihnen alles sinnlos erscheint. Oder Zeiten, in denen Sie davon überzeugt sind, Ihre inneren Qualen nicht länger ertragen zu können. Dann ist es vor allem wichtig, Hilfe zu suchen. Sie können und müssen diese Situationen nicht alleine bewältigen. Das gilt immer und zu jeder Uhrzeit, auch morgens um vier! Sie müssen dabei auf niemanden Rücksicht nehmen. In einem solchen Fall sind nur <u>Sie</u> wichtig! Ganz gleich, ob Sie die Notrufnummer 112 wählen oder einen Freund aus dem Bett werfen, es ist alles besser, als wenn Sie versuchen, sich aus Verzweiflung etwas anzutun. Hilfe ist immer möglich, auch wenn Sie das in diesem Moment nicht glauben können. Vertrauen Sie darauf: Es gibt <u>immer</u> eine bessere Lösung, auch wenn man sie selbst aktuell nicht sehen kann!

Die folgenden Hinweise haben schon anderen Menschen geholfen, die sich in einer ähnlichen Situation befunden haben:

Vertrauen Sie sich jemandem an

Es ist wichtig, in dieser Situation nicht allein zu sein. Vertrauen Sie sich Ihrer Familie, einem Freund, einem Arzt oder Therapeuten an. Tragen Sie Ihre Suizidgedanken nicht allein mit sich herum. Das kann manchmal schwierig sein. Auch wenn man meint, dass das in diesem Fall keine Rolle spielen sollte, ist es vielen Patienten schlicht „unangenehm", über ihre Suizidgedanken zu sprechen. Manche trauen sich nicht, weil sie die Reaktionen von Familie oder Freunden fürchten. Andere haben Angst, in eine psychiatrische Klinik eingeliefert zu werden, wenn sie sich offenbaren. All diese Bedenken sind verständlich (wenn auch meist unbegründet), sollten aber keine Rolle spielen. Schon der Gedanke an Suizid ist ein Notfall, hinter dem alle Bedenken zurückstehen sollten.

Jede Lösung ist besser als ein Suizid

Es ist ein Symptom der Depression, wenn man keinen anderen Ausweg mehr sieht als den Suizid. Das hat nichts mit Dummheit zu tun oder mit Versagen. Es ist einfach Bestandteil der Erkrankung, genau wie ein Fieber zu einer Grippe gehört. Man kann nichts dagegen tun. Man kann sich aber selbst klar machen, dass es so ist und dass dieser Zustand vorübergehen wird. Auch wenn Sie das jetzt vielleicht nicht glauben können. Es wird wieder besser. Immer! Geben Sie sich diese Chance und suchen Sie Hilfe.

Erstellen Sie einen Notfallplan

Erstellen Sie einen Notfallplan, wenn Sie das Gefühl haben, dass es dazu kommen könnte, dass Sie einen Suizid (versuch) verüben. Erstellen Sie den Plan rechtzeitig, zu einem Zeitpunkt, an dem es Ihnen gut oder zumindest nicht allzu schlecht geht. Wenn Sie sich selbst nicht dazu in der Lage fühlen, bitten Sie einen nahestehenden Menschen, Ihren Arzt oder Ihren Therapeuten, Ihnen dabei zu helfen. Tragen Sie den Notfallplan immer bei sich, sodass Sie ihn jederzeit griffbereit haben. Tragen Sie in den Notfallplan ein, was Sie tun wollen, wenn Sie befürchten, einen Suizid zu begehen. Schreiben Sie auf, wen Sie anrufen wollen und welche Dinge Sie tun können, um sich besser zu fühlen. Es ist wichtig, alles zu notieren, weil es Ihnen im Ernstfall möglicherweise nicht mehr von selbst einfällt.

Führen Sie diese Notfallnummern mit sich:

- Partner, Familie, Eltern

- Vertrauensperson

- Therapeut/Arzt

- Notarzt, Polizei, Suizid-Nothilfe, Telefonseelsorge

Zögern Sie nicht, dort anzurufen, wenn Sie befürchten, sich etwas anzutun. Die Mitarbeiter dieser Stellen sind auf solche Notfälle eingestellt und wissen, was zu tun ist. Tragen Sie diese Telefonnummern auch in Ihrem Handy ein.

Was kann ich tun, damit ich mich besser fühle?

Situationen, in denen man an einen Suizid denkt, sind geprägt von Angst und Verzweiflung. Bestimmte Medikamente wie zum Beispiel Beruhigungsmittel helfen gegen Angst und Panik. Sprechen Sie mit Ihrem Arzt darüber, ob es sinnvoll ist, dass Sie ein solches Notfallmedikament bei sich führen. Sie können damit die schlimmsten Symptome mildern oder den Zeitraum überbrücken, bis anderweitige Hilfe eingetroffen ist.

Rufen Sie eine Freundin oder einen Freund an.

Mit einer vertrauten Person reden zu können, tut gut und hilft oft, eine Krise besser zu überstehen. Speichern Sie die Rufnummern, der Menschen, die Sie anrufen wollen, in das Telefonverzeichnis Ihres Handys ein. In einer Krisensituation fallen sie einem oft nicht ein.

Lenken Sie sich ab

In weniger akuten Fällen ist es immer gut, sich abzulenken und sich mit etwas möglichst Angenehmen zu beschäftigen. Sie können sich auch selbst belohnen. Das funktioniert auch mit ganz profanen Dingen, wie z. B. Shopping. Gehen Sie los und kaufen Sie sich etwas Schönes.

Führen Sie eine Liste mit Dingen mit sich, für die es sich zu leben lohnt

Beispiele: Familie, Kinder, Eltern

Begeben Sie sich unter Menschen

Bleiben Sie nicht allein, wenn Sie befürchten, einen Suizid zu begehen. Begeben Sie sich an einen Ort, an dem Sie von anderen Menschen umgeben sind. Das kann ein Park sein, aber auch eine Fußgängerzone oder ein Kaufhaus. Wichtig ist, dass Sie nicht allein sind!

Im Anhang dieses Buchs finden Sie im Abschnitt „*Was tun im Notfall?*" wichtige Telefonnummern und Adressen von Stellen, die Sie in einer Notsituation kontaktieren können. Nutzen Sie diese Angebote. Das ist nicht nur Ihr gutes Recht, es kann unter Umständen Ihr Leben retten.

Was sollte man auf keinen Fall tun, wenn jemand suizidgefährdet ist?

Neben den genannten Maßnahmen, die man ergreifen sollte, wenn man das Gefühl hat, dass jemand suizidgefährdet ist, gibt es Verhaltensweisen, die man möglichst <u>vermeiden</u> sollte:

Niemals daran zweifeln, dass die Suizidabsicht ernst gemeint ist.

Das gilt auch, wenn Sie davon überzeugt sind, dass die Ankündigung nicht ernst gemeint ist. Sie würden damit den vertrauensvollen Zugang zu dem Betroffenen aufs Spiel setzen. Zudem zeigt die Erfahrung, dass es nur selten vorkommt, dass jemand eine Suizidabsicht äußert, ohne ernsthaft darüber nachzudenken.

Niemals auffordern „es doch zu tun"!

Auch wenn Sie glauben, dass der andere es nicht wirklich ernst meint, sollten Sie die Person niemals auf diese Weise herausfordern oder provozieren. Suizidgefährdete Menschen sind manchmal sehr impulsiv und können Ironie oder Scherze oft nicht als solche erkennen. Eine – wenn auch nicht ernst gemeinte – Aufforderung oder Provokation kann dazu führen, dass der Betreffende die Tat ausführt!

Keine Diskussionen darüber, dass es keinen wirklichen Grund gibt.

Ein schwer depressiver Mensch kann diese Argumentation nicht nachvollziehen. Er ist zu 100 % davon überzeugt, dass seine Situation hoffnungslos ist. Eine Diskussion oder gar ein Streit darüber, nimmt Ihnen vielleicht die Chance, einen Zugang zu der Person zu bekommen.

Keine Empörung, Schockreaktionen oder Vorwürfe

Bleiben Sie ruhig und versuchen Sie, das Vertrauen des Betreffenden zu gewinnen. Beschuldigungen oder Schockreaktionen bewirken das Gegenteil. Verzichten Sie auf religiöse oder moralische Vorhaltungen.

Keine Verschwiegenheit garantieren

Auch wenn die betreffende Person das von Ihnen verlangt. Halten Sie sich die Möglichkeit offen, ohne Vertrauensbruch die Unterstützung Dritter suchen und in Anspruch nehmen zu können. Lehnen Sie die Aufforderung nicht einfach ab, sondern erklären Sie Ihr Verhalten. Und im Notfall sind Sie ohnehin nicht an ein solches Versprechen gebunden. Wenn es darum geht, ein Leben zu retten, dürfen Sie sich ohne moralische Bedenken darüber hinwegsetzen.

BEHANDLUNG

Depressive Erkrankungen können erfolgreich behandelt werden. Ärzten und Therapeuten stehen dafür heute eine Vielzahl an wirksamen Medikamenten und Therapieformen zur Verfügung. Trotzdem dauert es in vielen Fällen immer noch viel zu lange, bis ein Patient mit den Symptomen einer Depression professionelle Hilfe erhält. Die Ursachen dafür sind vielschichtig. Das beginnt bereits, bevor ein depressiver Mensch einen Arzt aufsucht. Viele sind unsicher und haben Berührungsängste, wenn es um psychische Erkrankungen gibt. Sie gehen erst zum Arzt, wenn die Symptome so belastend geworden sind, dass man sie nicht mehr ignorieren kann.

Ein wichtiger Pfeiler bei der Behandlung von Depressionen ist der Einsatz von Medikamenten. Leider gibt es bei den Patienten in Bezug auf die Einnahme von Antidepressiva immer noch viele Vorbehalte. Häufig basieren diese auf Unwissenheit und auf falschen Informationen, die überall im Umlauf sind. Manche Patienten lehnen die Einnahme eines Antidepressivums rundweg ab, weil sie fälschlicherweise glauben, dass dieses sie abhängig macht und ihre Persönlichkeit verändert.

Ein weiteres Problem ist die Überlastung von zugelassenen Psychotherapeuten. Viele Patienten sehen sich mit Wartezeiten von mehreren Monaten für einen Therapieplatz konfrontiert. Auch das für die Patienten nur schwer durchschaubare System von Therapieformen und Therapeuten, mit unterschiedlichsten Berufsbezeichnungen stellt eine Hemmschwelle dar. Ebenso das fehlende Wissen darüber, welche Schritte zu unternehmen sind, um die Bewilligung der Kostenübernahme der Krankenversicherung für eine Psychotherapie zu erhalten.

Im Folgenden finden Sie alle wichtigen Informationen rund um das Thema Behandlung und Therapie.

Welchen Arzt sollte man aufsuchen?

Die erste Anlaufstelle: Der Hausarzt

Wenn Sie den Verdacht haben, unter Depressionen zu leiden, führt der erste Weg in der Regel zum Hausarzt. Er kennt Sie und Ihre bisherige Krankengeschichte und kann abklären, ob eventuell eine körperliche Erkrankung (z. B. eine Fehlfunktion der Schilddrüse oder eine Virusinfektion) zugrunde liegt. Kann eine körperliche Ursache ausgeschlossen werden, hängt das weitere Vorgehen vom Schweregrad Ihrer Erkrankung und von der Qualifikation des Arztes ab. Bei leichten depressiven Verstimmungen wird er Sie vielleicht selbst behandeln. Liegt eine schwere Depression vor, wird er Sie in der Regel zu einem Psychiater überweisen. Auch eine Überweisung zu einem Psychotherapeuten ist möglich, allerdings nicht immer sinnvoll, da dieser Sie zum Beispiel nicht mit notwendigen Medikamenten versorgen kann.

Geben Sie sich nicht damit zufrieden, wenn Ihr Hausarzt nur ein Symptom, wie z. B. Schlafstörungen mit einem Beruhigungs- oder Schlafmittel behandeln will. Das ist bei einer Depression keine brauchbare Lösung, verzögert die Heilung und kann die Symptome sogar noch verschlimmern!

Ach ja, auch wenn es nicht mehr so häufig vorkommt, wie früher: Auf die unsensible Frage „Worum geht es denn?" der Sprechstundenhilfe, während andere Patienten um einem herumstehen, muss man nicht antworten. Sagen Sie einfach, dass Sie das mit dem Arzt besprechen wollen. Sie müssen das nicht weiter erklären.

Wenn es mit Hausarzt nicht klappt

Viele Hausärzte sind gut über das Thema Depressionen informiert und überweisen die betreffenden Patienten an einen Facharzt. Es gibt aber auch Fälle, in denen Patienten berichten, dass der Hausarzt ihre Problematik nicht erkennt, oder die sich nicht ernst genommen fühlen. Manche Patienten wollen das Thema auch aus anderen Gründen nicht mit ihrem Hausarzt besprechen. Das ist auch gar kein Problem. Sie können jederzeit einen anderen Arzt aufsuchen oder auch direkt zu einem Psychiater gehen. Wenn Sie unsicher sind, können Sie auch Ihren Hausarzt bitten, Ihnen eine Überweisung zu einem Psychiater auszustellen, ohne ihm (dem Hausarzt) ihre Probleme schildern zu müssen. Jeder sensible Hausarzt hat dafür Verständnis.

Der Psychiater

Ein Psychiater ist ein Facharzt für seelische Erkrankungen. Er ist Arzt, hat also ein Medizinstudium erfolgreich abgeschlossen und anschließend eine 5-jährige Facharztausbildung absolviert. Manche – aber nicht alle – Psychiater haben zudem eine Zusatzausbildung für Psychotherapie. Im Gegensatz zu Psychologischen Psychotherapeuten, die in der Regel keine Ärzte sind, kann der Psychiater Medikamente verschreiben und Laboruntersuchungen veranlassen. Ein Neurologe ist übrigens kein Psychiater! Auch wenn es häufig die Doppelqualifikation Neurologe/Psychiater gibt, ist ein Facharzt, der „nur" Neurologe ist, kein Experte für psychische Erkrankungen. Im Gegensatz zum Psychiater ist ein Neurologe für organische Erkrankungen des Nervensystems, des Rückenmarks und des Gehirns zuständig.

Der Psychologische Psychotherapeut

Theoretisch können Sie auch direkt einen Psychologischen Psychotherapeuten aufsuchen. Aber auch der Psychotherapeut benötigt einen Bericht eines Arztes (vom Hausarzt oder Psychiater), aus dem hervorgeht, dass keine körperliche Erkrankung für Ihre Symptome verantwortlich ist. Es macht also in jedem Fall mehr Sinn, zuerst den Hausarzt aufzusuchen. Psychologische Psychotherapeuten sind in der Regel keine Ärzte. Das heißt, ein solcher Therapeut kann selbst keine Medikamente verschreiben oder Laboruntersuchungen veranlassen. Vor Beginn einer Therapie bei einem Psychotherapeuten muss ein Antrag bei Ihrer Krankenkasse oder Krankenversicherung gestellt und bewilligt werden.

Tipp: Kombiärzte

Es gibt eine ganze Reihe von Allgemeinmedizinern, die neben ihrer Tätigkeit als Hausärzte auch eine psychotherapeutische Tätigkeit ausüben. Sie erkennen solche Ärzte an der Bezeichnung „Ärztliche Psychotherapeuten". Es ist wichtig darauf zu achten, denn nur Ärzte, die eine Zusatzweiterbildung in Psychotherapie oder Psychoanalyse durchlaufen haben, dürfen diese therapeutischen Leistungen auch mit der Krankenkasse abrechnen.

Tipp: Patienten mit einer bipolaren Störung

Patienten, die unter einer bipolaren Störung leiden, benötigen eine besonders intensive und kompetente Behandlung, die weitaus komplexer sein kann als die Behandlung einer „einfachen" Depression. Die allermeisten Hausärzte können eine solche Behandlung nicht leisten. Ihnen fehlen das Wissen und die Erfahrung, die für die erfolgreiche Behandlung bipolarer

Störungen notwendig sind. Wer weiß oder vermutet, an einer bipolaren Störung zu leiden, sollte immer sofort einen Facharzt (Psychiater) aufsuchen. Optimalerweise einen, der bereits über Erfahrung mit diesem Krankheitsbild verfügt.

Was soll ich meinem Arzt sagen?

Das hängt natürlich ein wenig davon ab, welchen Arzt Sie aufsuchen. Ein Hausarzt, bei dem Sie schon länger in Behandlung sind, kennt Sie natürlich schon relativ gut. Er kennt Ihre Krankengeschichte und wahrscheinlich auch Ihre Lebensumstände. Schildern Sie dem Arzt Ihre Probleme. Auch und insbesondere, was Sie seelisch bedrückt. Berichten Sie, über Ihre Sorgen, ob Sie traurig sind oder häufig grübeln. Berichten Sie auch darüber, wenn Sie keine Freude mehr an Dingen haben, die Ihnen früher Spaß gemacht haben. Teilen Sie dem Arzt auch mit, wenn Sie unter Schlafproblemen leiden, häufig müde sind oder unter Schmerzen leiden. Je genauer Sie dem Arzt schildern, was Sie bedrückt, desto besser kann er erkennen, ob eine ernsthafte seelische Störung vorliegt.

Wichtige Informationen für Ihren Arzt

Ihr Arzt wird Ihnen einige Fragen stellen. Diese können sich auf Ihre aktuellen Beschwerden, aber auch auf Ihre Krankheitsgeschichte, auf Ihr soziales Umfeld oder die Familie beziehen. Dies sind einige typische Fragen, die Ihr Arzt Ihnen vielleicht stellen wird:

- Wie äußern sich Ihre Beschwerden? Welche Symptome treten auf?

- Wie lange bestehen die Beschwerden schon? Wann sind sie zum ersten Mal aufgetreten?

- Was passiert in Ihren Gedanken? Worüber grübeln Sie nach? Wovor haben Sie Angst?

- Hatten Sie schon früher Probleme mit Depressionen oder Stimmungsschwankungen?

- Waren Sie schon einmal deswegen in Behandlung?

- Leiden Sie unter einer körperlichen Erkrankung?

- Leiden Sie unter einer Allergie?

- Leiden Sie unter Schlafstörungen?

- Welche Medikamente nehmen Sie ein?

- Trinken Sie regelmäßig Alkohol? Wenn ja, wie viel?

- Konsumieren Sie, oder haben Sie früher andere Drogen konsumiert?

- Gibt es oder gab es Phasen, in denen Sie sich besser gefühlt haben? Wenn ja, wann und unter welchen Umständen war das der Fall?

- Haben Sie Probleme, sich zu konzentrieren? Wie sieht es mit Ihrem Gedächtnis aus?

- Gab es in den letzten Monaten besonders belastende Ereignisse?

- Gibt oder gab es in der Familie schon Fälle von Depression, Schwermut oder Melancholie?
  Wenn ja, wie wurden diese behandelt? Welche Medikamente haben geholfen?

- Gibt es oder gab es in der Familie andere psychische Störungen?

- Gab es in der Familie oder im engeren Umfeld bereits Suizide oder Suizidversuche?

Tipp: Notizen machen

Notieren Sie sich vor dem Arztbesuch die wichtigsten Dinge, die Sie mit ihm besprechen wollen. Sie können so leicht vermeiden, in der Gesprächssituation etwas Wichtiges zu vergessen.

Es tut gut, reden zu können

Auch wenn es am Anfang schwerfällt, berichten fast alle Betroffenen, dass es Ihnen sehr gut tut, endlich einmal offen über ihre Probleme sprechen zu können.

Ein Arzt oder Therapeut weiß, worum es geht

Sie müssen sich nicht verstecken. Ärzte und Therapeuten wissen, was bei einer Depression passiert und wie Sie sich fühlen. Sie müssen nicht den „Schein wahren" oder tapfer sein. Sie können und sollten sich genau so zeigen, wie Sie sich fühlen.

„Ich habe Angst davor, einem Fremden meine Gefühle zu schildern."

Den meisten Menschen ist es nicht angenehm, einem Fremden gegenüber ihre Gefühle zu offenbaren. Wenn es Ihnen auch so geht, müssen Sie sich keine Gedanken machen. Das ist völlig normal. Ärzte und Psychotherapeuten kennen das Problem und jeder erfahrene Arzt oder Therapeut kann damit umgehen.

Ärzte und Therapeuten unterliegen der Schweigepflicht

Sie müssen keine Bedenken haben, dass irgendetwas, von dem, was Sie berichten, nach außen dringt. Alles, was Sie mit einem Arzt oder Therapeuten besprechen bleibt „unter vier Augen". Der Gesetzgeber verpflichtet Ärzte und Therapeuten dazu, alle Informationen vertraulich zu behandeln. Das betrifft im Übrigen auch Mitarbeiter und Praxishelfer. Auch sie sind dazu verpflichtet, über alles, was sie über einen Patienten erfahren, Stillschweigen zu bewahren.

MEDIKAMENTÖSE THERAPIE

Bei der Behandlung von Depressionen spielt eine Gruppe von Medikamenten, die sogenannten Antidepressiva, eine wichtige Rolle. Mit ihrer Hilfe soll das Ungleichgewicht der Botenstoffe Serotonin und Noradrenalin im Gehirn ausgeglichen werden. Insbesondere für Patienten mit einer schweren Depression sind Antidepressiva ein wichtiges Mittel, um wieder zu einem normalen und erträglichen Leben zurückzufinden. Oftmals wird dadurch erst die Möglichkeit für andere Formen der Therapie (z. B. Psychotherapie) geschaffen.

Bei Patienten mit einer bipolaren Störung kommen sogenannte Stimmungsstabilisierer („Mood Stabilizer") und weitere Medikamente zum Einsatz, die das Abgleiten in die nächste depressive oder manische Phase verhindern sollen.

Darüber hinaus gibt es noch einige weitere Medikamente, die vorübergehend bei der Behandlung einer Depression zum Einsatz kommen können. Dazu zählen Medikamente gegen Ängste und Beruhigungsmittel, die jedoch nicht zur Langzeitbehandlung geeignet sind.

Im Folgenden erfahren Sie alles Wichtige über die medikamentöse Behandlung von Depressionen.

Welche Medikamente gibt es?

Bei der Behandlung einer Depression können unterschiedliche Medikamente zum Einsatz kommen. Einige, wie zum Beispiel Medikamente gegen Angst oder Beruhigungsmittel, dienen vor allem dazu, akute Symptome zu lindern und werden nur bei Bedarf oder im Notfall eingenommen. Für eigentliche Behandlung der Depression wichtiger sind die sogenannten Antidepressiva.

Antidepressiva

Antidepressiva (Einzahl = „Antidepressivum") sind das Mittel der Wahl zur Behandlung von Depressionen. Die meisten Antidepressiva regeln den Spiegel der Neurotransmitter (Botenstoffe) Serotonin und/oder Noradrenalin im Gehirn. Neuere Medikamente aus dieser Gruppe zeigen deutlich weniger unerwünschte Nebenwirkungen. Diese wurden und werden bei den älteren (aber dennoch wirksamen) Antidepressiva häufig beklagt.

Lesen Sie hierzu bitte auch die Kapitel:

„Wie wirken Antidepressiva?"

„Welche verschiedenen Arten von Antidepressiva gibt es?"

„Welche Nebenwirkungen haben Antidepressiva?"

„Machen Antidepressiva abhängig?"

Mood Stabilizer / Stimmungsstabilisierer

Mood Stabilizer sind Medikamente zur Stimmungsstabilisierung. Sie werden zur Behandlung von bipolaren Störungen eingesetzt. Mood Stabilizer dienen vor allem der sogenannten Phasenphrophylaxe, sollen also dafür sorgen, dass die Stimmung nicht eine manische oder depressive Episode „umkippt". Dabei kommen vor allem Wirkstoffe auf der Basis von Lithium sowie bestimmte Antiepileptika (Antikonvulsiva) zum Einsatz.

Anxiolytika (Medikamente gegen Angst)

Anxiolytika (Einzahl = Anxiolytikum) sind Medikamente, die gegen Ängste wirken. Das Wort Anxiolytikum bedeutet übersetzt in etwa „Angstauflöser". Anxiolytika werden gegen unterschiedliche Ängste von der allgemeinen Ängstlichkeit bis hin zu Panikattacken verschrieben.

Die meisten Anxiolytika gehören zur Gruppe der Benzodiazepine, die auch beruhigend und schlaffördernd wirken. Wegen der Gefahr von Gewöhnung und Abhängigkeit sollten diese Medikamente nur für einen Zeitraum von wenigen Wochen oder als Notfallmedikament verschrieben und eingenommen werden. Für eine Dauerbehandlung sind sie deshalb nicht geeignet. Ein neueres Anxiolytikum, bei dem die Gefahr eine Abhängigkeit deutlich geringer (oder gar nicht vorhanden) ist, ist Buspiron. Ein Nachteil dieses Wirkstoffs ist allerdings, dass er – ähnlich wie die meisten Antidepressiva – erst nach etwa zwei Wochen zu wirken beginnt.

Beruhigungsmittel (Tranquilizer, Sedativa)

Zu dieser Gruppe zählen ebenfalls die Benzodiazepine. Sehr bekannt ist zum Beispiel der Wirkstoff Diazepam, der unter anderem unter dem Handelsnamen Valium® vertrieben wird. Benzodiazepine wirken angstlösend, entspannend, beruhigend, schlaffördernd und krampflösend. Wegen ihres hohen Abhängigkeitspotenzials werden sie nicht für eine Dauermedikation empfohlen. Daneben werden zum Beispiel auch Betablocker und seltener Neuroleptika als Beruhigungsmittel eingesetzt. Aber auch pflanzliche Stoffe wie Hopfen, Baldrian, Passionsblume oder Kava kommen zum Einsatz. Auch einige Antidepressiva haben eine beruhigende und schlaffördernde Wirkung, ohne jedoch abhängig zu machen.

Was passiert bei einer Behandlung mit Antidepressiva?

Ein Antidepressivum wird wie jedes andere Medikament vom Arzt verschrieben und in der Apotheke erworben. Allerdings gelten für Antidepressiva andere Regeln als für die meisten anderen Medikamente. Der wichtigste Unterschied ist die Wirkungsverzögerung.

Ein Antidepressivum wirkt nicht sofort, sondern erst nach mehreren Wochen der regelmäßigen Einnahme. Dabei ist es sehr wichtig, dass der Patient das Medikament zuverlässig regelmäßig in der verschriebenen Dosis einnimmt. Eigenmächtige Reduzierung der Dosis oder unregelmäßige Einnahme führen dazu, dass das Mittel gar nicht, erst später oder nicht in vollem Umfang wirkt.

Es gibt eine ganze Reihe unterschiedlicher Antidepressiva. Welches Ihr Arzt Ihnen verschreibt, hängt unter anderem mit Ihrem Krankheitsbild zusammen. Es gibt Antidepressiva, die eher antriebssteigernd wirken und andere, die eine beruhigende Wirkung haben. Bei bestimmten Krankheitsbildern, wie zum Beispiel der bipolaren Störung, kommen stimmungsstabilisierende Medikamente hinzu. Es ist auch durchaus nicht unüblich, zwei verschiedene Antidepressiva zu verschreiben. Der Patient nimmt dann zum Beispiel morgens ein antriebssteigerndes Antidepressivum und abends eins, das ihm das Einschlafen erleichtert.

Die Behandlung mit einem Antidepressivum dauert in der Regel mindestens 4 – 6 Monate (Akutbehandlung). Um Rückfälle zu vermeiden, wird die Einnahme oft auch danach (u. U. mit einer verringerten Dosis) weitergeführt. Wie lange, und in welcher Dosierung, ein Antidepressivum eingenommen werden muss, entscheidet der Arzt bei jedem Patienten individuell. Für die Behandlung und Prophylaxe bestimmter Formen der Depression (z. B. Dysthymie oder bipolare Störungen) kann es auch notwendig sein, die Medikation dauerhaft aufrechtzuerhalten.

Welche verschiedenen Arten von Antidepressiva gibt es?

Wirksame Antidepressiva gibt es erst seit der Mitte des vorigen Jahrhunderts. Erst im Jahr 1957 entdeckte der Schweizer Psychiater, Roland Kuhn, am Bodensee mehr oder weniger zufällig die antidepressive Wirkung des Wirkstoffs Imipramin. 1958 wurde Imipramin unter dem Handelsnamen Tofranil® als erstes Antidepressivum in Umlauf gebracht. Antidepressiva, die chemisch ähnlich aufgebaut sind wie Imipramin, werden aufgrund ihrer chemischen Struktur auch als „trizyklische Antidepressiva" bezeichnet. Dazu gehören unter anderem Amitriptylin, Doxepin und Nortriptylin, die unter verschiedenen Handelsnamen angeboten wurden und werden.

Ältere Antidepressiva:

Allgemein werden diese frühen Antidepressiva heute als „Ältere Antidepressiva" bezeichnet. Obwohl durchaus wirksam, zeichnen sich diese älteren Antidepressiva leider auch dadurch aus, dass sie ein relativ großes Spektrum unerwünschter Wirkungen mit sich bringen. Aus diesem Grund wurden sie in vielen Fällen nach und nach durch modernere Mittel ersetzt, die auf andere Weise wirken und weniger unerwünschte Nebenwirkungen mit sich bringen. Das sind die wichtigsten Wirkstoffe aus dieser Gruppe:

Trizyklische Antidepressiva

Trizyklische Antidepressiva (TZA) hellen die Stimmung auf und wirken auch gut gegen Angst und Unruhe. Sie werden heute vor allem bei Patienten mit schweren Depressionen, Angststörungen, Panikattacken aber auch bei Patienten mit chronischen Schmerzen eingesetzt. Statistiken zeigen, dass Ärzte in Deutschland TZA noch wesentlich häufiger verschreiben als in anderen Ländern. Trizyklische Antidepressiva sind unter vielen verschiedenen Handelsnamen verfügbar. Beispiele: Amineurin®, Anafranil®, Imipramin®, Nortrilen® und viele weitere.

Monoaminooxidase-Hemmer (MAO-Hemmer)

Ebenfalls seit den 50er Jahren des vorigen Jahrhunderts sind die Monoaminooxidase-Hemmer bekannt. Sie blockieren das Enzym Monoaminooxidase, wodurch die Konzentration von Serotonin und Noradrenalin im Gehirn ansteigt. MAO-Hemmer steigern den Antrieb. Einige Medikamente dieser Gruppe wirken gut gegen Ängste.

Einige MAO-Hemmer zerstören das Enzym, statt es nur zu blockieren.

Man bezeichnet diese Medikamente deshalb als **„Irreversible MAO-Hemmer"**. Wer ein Antidepressivum aus dieser Gruppe einnimmt, muss strenge Diät halten. So kann zum Beispiel der Verzehr von Tyramin-haltigen Lebensmitteln wie Rotwein, Schokolade, reifem Käse oder Weintrauben lebensgefährliche Folgen haben.

MAO-Hemmer dürfen nicht mit anderen Antidepressiva zusammen eingenommen werden. Zwischen der Einnahme eines MAO-Hemmers und anderen Antidepressiva muss ein Abstand von mehreren Wochen liegen. Es droht ansonsten ein Serotonin-Syndrom! Handelsnamen von Antidepressiva aus der Gruppe der MAO sind zum Beispiel Nardil®, Aurorix® oder Marplan®.

Auch wenn die sogenannten älteren Antidepressiva in vielen Fällen durch modernde Mittel ersetzt werden, kann man noch nicht völlig auf sie verzichten. Manchmal kann die gewünschte Wirkung mit einem modernen Antidepressivum nicht erreicht werden. Die älteren Medikamente sind bisweilen bei Patienten wirksam, die auf neuere Antidepressiva nicht ansprechen.

Neuere Antidepressiva:

Die sogenannten „Neueren Antidepressiva" zeichnen sich dadurch aus, dass sie gezielter einzelne Botenstoffsysteme im Gehirn beeinflussen. Sie haben generell weniger unerwünschte (Neben-) Wirkungen als die älteren Antidepressiva. Das sind die wichtigsten neueren Antidepressiva:

Selektive Serotonin-Wiederaufnahme-Hemmer (SSRI)

In den 70er Jahren des 20. Jahrhunderts fanden Wissenschaftler heraus, dass eine Erhöhung der Serotoninmenge im Gehirn von Patienten eine antidepressive Wirkung hatte. In der Folge wurde der Serotonin-Wiederaufnahmehemmer (SSRI) Fluoxetin entdeckt. 1975 erteilte das US-amerikanische Patentamt dem Pharmakonzern Lilly dafür das Patent. Das Medikament kam dann 1988 unter dem Namen „Prozac®" in den Handel. Man schätzt, dass heute allein in den USA etwa 20 Millionen Menschen dieses Medikament einnehmen. SSRI wirken angstlösend, stimmungsaufhellend und aktivierend. Fluoxetin kann bei Diabetikern eine Unterzuckerung auslösen. Der Blutzuckerspiegel muss deshalb regelmäßig kontrolliert werden. SSRI mit den Wirkstoffen Fluoxetin, Citalopram, Paroxetin oder Sertalin sind unter einer Vielzahl von Handelsnamen verfügbar. Beispiele: Cipramil®, Fluctin®, Paroxat®, Zoloft® und viele weitere.

Selektive Serotonin-Noradrenalin-Wiederaufnahme-Hemmer (SSNRI)

SSNRI wirken ähnlich wie die SSRI, jedoch hemmen sie gleichzeitig die Wiederaufnahme von Serotonin und Noradrenalin. In der EU sind folgende Wirkstoffe aus dieser Gruppe zugelassen: Duloxetin, Venlafaxin und Milnacipran. Beispiele für Antidepressiva aus dieser Gruppe sind: Cymbalta®, Trevilor®, Efectin® oder Yentreve®. SSNRI wirken stimmungsaufhellend und angstlösend.

Selektive Noradrenalin-Wiederaufnahme-Hemmer (NARI/NERI)

Antidepressiva aus dieser Gruppe blockieren die Wiederaufnahme des Botenstoffs Noradrenalin und erreichen so eine Erhöhung des Noradrenalinspiegels im Gehirn. SNRI wirken antriebssteigernd und erleichtern die Aufnahme von Sozialkontakten. In Deutschland waren/sind die NARI, Solvex® und Edronax® im Handel.

Noradrenerge und spezifisch serotonerge Antidepressiva (NSSA)

Auch die Antidepressiva dieser Gruppe erhöhen den Spiegel von Serotonin und Noradrenalin im Gehirn. Sie ähneln deshalb in ihrer Wirkung den SSNRI. Sie haben jedoch weniger unerwünschte Nebenwirkungen und wirken gleichzeitig stärker beruhigend. In Deutschland sind unter anderem die Antidepressiva Mirtazapin® und Tolvin® (in Österreich und der Schweiz unter dem Namen Tolvon®) im Handel. Der Wirkstoff Mianserin kann Blutbildungsstörungen verursachen. Eine regelmäßige Blutbildkontrolle ist deshalb wichtig.

Phytopharmaka (Pflanzliche Wirkstoffe)

Eine schwere Depression kann nicht mit pflanzlichen Mitteln behandelt werden. Die antidepressive Wirkung von pflanzlichen Wirkstoffen ist dazu einfach zu gering. Leichtere Formen von Depressionen können in manchen Fällen mit Johanniskrautpräparaten behandelt werden. Bei zusätzlichen Ängsten und Unruhe kann Johanniskraut auch mit Hopfen oder Baldrian kombiniert werden.

Lesen Sie hierzu bitte auch: *„Hilft Johanniskraut gegen Depressionen?“*

Wie wirken Antidepressiva?

Man muss zugeben, dass die exakten Vorgänge, die im Gehirn bei einer Depression stattfinden, noch nicht zu 100 % verstanden werden. Es deutet aber vieles darauf hin, dass bestimmte Botenstoffe wie Serotonin oder Noradrenalin im Gehirn nicht ausreichend zur Verfügung stehen oder nicht ausreichend wirken können.

Die meisten Antidepressiva setzen hier an und bewirken, dass die Konzentration dieser Botenstoffe im Gehirn wieder steigt. Dazu gehören zum Beispiel die Selektiven Serotonin Wiederaufnahmehemmer (SSRI). Wie der Name schon sagt, sorgen diese Medikamente dafür, dass der Botenstoff Serotonin nicht so schnell abgebaut wird.

Ältere Medikamente aus der Gruppe der „Trizyklischen Antidepressiva" greifen gleichzeitig in mehrere Neurotransmittersysteme ein. Sie hemmen gleichzeitig die Wiederaufnahme von Serotonin, Noradrenalin und Dopamin. Das klingt doch gut, die müssten doch besonders gut wirken, oder? Tatsächlich haben die älteren Antidepressiva oft eine gute antidepressive Wirkung. Durch die breite Wirkung auf unterschiedlichste Rezeptoren bringen sie aber leider auch relativ viele unerwünschte Nebenwirkungen mit sich. Nichtsdestotrotz sind sie auch heute noch für bestimmte Patienten das Mittel der Wahl.

Mehr darüber, welche verschiedenen Antidepressiva es gibt und welche Wirkungen diese haben, erfahren Sie im Kapitel „*Welche verschiedenen Arten von Antidepressiva gibt es?*"

Wirkungsprofile

Verschiedene Antidepressiva unterscheiden sich hinsichtlich ihres sogenannten Wirkungsprofils. Gemeint ist damit, wie sie sich auf bestimmte Aspekte der Psyche des Patienten auswirken. Antidepressiva können unterschiedliche Wirkungen haben:

Stimmungsaufhellend

Fast alle Antidepressiva haben diese Wirkung.

Antriebssteigernd

Viele depressive Patienten klagen über mangelnden Antrieb. Viele Antidepressiva setzen hier an und steigern den Antrieb.

Antriebsdämpfend

Antriebsdämpfende Antidepressiva haben die Gegenteilige Wirkung. Sie dämpfen den Antrieb zum Beispiel bei Hyperaktivität.

Beruhigend / Sedierend

Manche Antidepressiva wirken beruhigend auf Patienten, die unter Nervosität oder Schlafproblemen leiden.

Angstlösend

Viele Patienten, die unter Depressionen leiden, klagen über Ängste oder Panikanfälle. Angstlösende (anxiolytische) Antidepressiva können helfen, Angst zu mindern oder zu beseitigen.

Schmerzlindernd

Einige Antidepressiva sind dafür bekannt, schmerzlindernd zu wirken. Sie haben sich insbesondere bei chronischen und neuropathischen Schmerzen bewährt.

Welche „Nebenwirkungen" haben Antidepressiva?

Fast alle Antidepressiva haben unerwünschte Nebenwirkungen. Diese treten vor allem zu Beginn der Einnahme auf und lassen oftmals später nach. In manchen Fällen bleiben Sie aber auch während der gesamten Zeit der Einnahme bestehen. Neuere Antidepressiva zeigen in der Regel weniger starke Nebenwirkungen als ältere Medikamente.

Sind die Nebenwirkungen sehr stark oder belastend kann der Arzt versuchen, durch eine Änderung der Dosierung eine Linderung herbeizuführen. Bisweilen hilft es schon, den Zeitpunkt der Einnahme zu variieren (z. B. nach dem Essen, um Übelkeit zu vermeiden oder vor dem Schlafengehen bei erhöhter Müdigkeit). Manchmal bleibt auch nichts anderes übrig, als das Medikament zu wechseln.

Typische <u>mögliche</u> Nebenwirkungen von Antidepressiva

- Übelkeit

- Schwitzen

- Müdigkeit oder Unruhe

- Appetitzunahme oder Appetitabnahme

- Mundtrockenheit

- Schlafprobleme

- Probleme beim Wasserlassen

- Schwindel

- Kopfschmerzen

- Muskelschmerzen

- sexuelle Unlust und/oder sexuelle Dysfunktionen (Impotenz)

- Obstipation (Verstopfung) oder Durchfall

All diese Nebenwirkungen <u>können</u> auftreten. Sie treten allerdings nicht bei jedem auf und bei niemandem treten alle Nebenwirkungen auf. In der Regel lassen die unerwünschten Wirkungen nach einigen Wochen nach oder verschwinden ganz. Es kommt aber auch vor, dass bestimmte Nebenwirkungen während der Dauer der Einnahme bestehen bleiben. Man muss dann gemeinsam mit dem Arzt entscheiden, ob der Nutzen überwiegt, oder ob man das Medikament unter Umständen ersetzen kann.

Einschleichen verringert die Nebenwirkungen

Bei vielen Mitteln ist es sinnvoll, die Dosis zu Beginn der Einnahme langsam schrittweise zu steigern, bis die endgültige Dosis erreicht ist. Der Körper kann sich so besser an das Medikament gewöhnen. Wie, und in welchem Zeitraum, Sie ein Medikament „aufdosieren" sollten, entscheidet Ihr Arzt.

Modernere Mittel haben weniger Nebenwirkungen

Es ist in der Regel so, dass Medikamente, die schon sehr lange auf dem Markt sind, ein ungünstigeres Nebenwirkungsspektrum haben als modernere Mittel. Das bedeutet aber nicht, dass die älteren Antidepressiva „schlechter" sind. Es gibt eine Reihe von Diagnosen, bei denen zum Beispiel die älteren trizyklischen Antidepressiva besser geeignet sind, also neuere Medikamente. Die Entscheidung trifft in jedem Fall Ihr Arzt, dem Sie in dieser Hinsicht auch vertrauen sollten.

Vorsicht „Beipackzettel"

Zu jedem rezeptpflichtigen Medikament gehört ein Zettel mit Patienteninformationen (oft Beipackzettel oder Waschzettel genannt). Auf diesem Beipackzettel sind unter anderem die sogenannten möglichen „unerwünschten Wirkungen" oder „Nebenwirkungen" des Medikaments aufgeführt. Erfahrungsgemäß führt das Lesen der entsprechenden Textabschnitte häufig zu nicht geringem Entsetzen. Da die Hersteller verpflichtet sind, alle – auch relativ seltene oder unwahrscheinliche – Nebenwirkungen aufzuführen, bekommen es manche Patienten hier mit der Angst zu tun. Es kommt nicht selten vor, dass Patienten das Medikament nach dem Lesen nur noch sehr widerwillig einnehmen oder es sogar ganz ablehnen. Manchmal treten bestimmte Nebenwirkungen auch erst auf, nachdem der Patient die entsprechenden Passagen gelesen hat. Das Wissen um die unerwünschten Wirkungen und die Erwartung, dass diese eintreten, führen dann erst dazu, dass sie tatsächlich auftreten. Es ist nicht einfach, dieses Problem zu lösen, da das Lesen und Verstehen der Patienteninformationen natürlich wichtig ist.

Tipp: Beipackzettel lesen lassen

Wer weiß, dass er dazu neigt, sich von den Informationen auf dem Beipackzettel erschrecken oder irritieren zu lassen, kann Folgendes tun: Bitten Sie Ihren Arzt, den Beipackzettel für Sie zu lesen und Ihnen nur die Informationen mitzuteilen, die für eine gefahrlose und korrekte Einnahme des Medikaments notwendig sind. Auf diese Weise vermeiden Sie unnötige Beunruhigung oder Ängste und erhalten doch alle notwendigen Informationen.

Keine Panik im Internet

Man sollte sich auch nicht von den Berichten anderer Patienten in bestimmten Internetforen verrückt machen lassen. Denken Sie immer daran, dass sich in solchen Foren vor allem diejenigen zu Wort melden, die Probleme mit einem bestimmten Medikament haben. Dadurch entsteht leicht der falsche Eindruck, als leide so gut wie jeder unter den beschriebenen Nebenwirkungen. Dazu kommt, dass beim Lesen der Eindruck entstehen kann, man könne alle genannten Nebenwirkungen bekommen. Das ist jedoch nicht der Fall. Manche treten sogar nur extrem selten auf.

Nicht einfach selbstständig absetzen

Wenn Sie feststellen, dass bestimmte Nebenwirkungen Ihres Medikamentes für Sie nicht akzeptabel sind, sollten Sie das unbedingt mit Ihrem Arzt besprechen. Keinesfalls sollten Sie das Medikament einfach eigenmächtig absetzen. Sie setzen sich damit dem Risiko aus, dass die Depression zurückkommt. Zudem kann es unangenehme Komplikationen geben, wenn ein Antidepressivum von einem Tag zum anderen einfach abgesetzt wird.

Lesen Sie hierzu bitte auch: *„Wichtige Hinweise zum Absetzen von Antidepressiva"*

Wie lange dauert es, bis ein Antidepressivum wirkt?

Antidepressiva wirken in der Regel nicht sofort. Das ist für die Betroffenen oft enttäuschend. Bei vielen Patienten hat es lange gedauert, bis die Erkrankung richtig diagnostiziert wurde, oder sie mussten lange auf einen Arzttermin warten. Dementsprechend erhoffen sie sich rasche Hilfe von einem verschriebenen Medikament. Leider kann diese Hoffnung nicht erfüllt werden. Die bekannten Antidepressiva benötigen in der Regel mindestens zwei Wochen, bevor die erwünschte Wirkung eintritt. Es kann auch durchaus sein, dass ein Medikament 4 oder 6 Wochen benötigt, bevor es seine volle Wirkung zeigt.

Leider trifft das nicht für die unerwünschten Nebenwirkungen zu. Diese treten oft schon nach der ersten Einnahme auf. Manche Patienten zweifeln dann am Sinn der Behandlung oder an der Wirksamkeit des Medikaments, da es scheinbar nur unerwünschte Wirkungen hat. Es ist dann wichtig, Geduld zu haben und sich nach den Anweisungen des Arztes zu richten. Unerwünschte Wirkungen treten oft zu Beginn der Behandlung auf und lassen im Laufe der Zeit nach. Im Gegenzug treten die erwünschten Wirkungen nach einigen Wochen in den Vordergrund.

Bei einigen Medikamenten sind zu Beginn auch nur bestimmte Teile des Wirkspektrums spürbar. So kann es vorkommen, dass zum Beispiel die schmerzlindernde Wirkung eines Antidepressivums schon nach wenigen Tagen spürbar ist, während eine Stimmungsaufhellung erst nach Wochen eintritt.

Warum die meisten Antidepressiva eine so lange Anlaufzeit benötigen, ist nicht endgültig geklärt. Manche Theorien gehen davon aus, dass in der Phase des „Anflutens" erst eine gewisse Wirkstoffmenge im Körper aufgebaut werden müsse.

Leider bedeutet die lange Anlaufzeit auch, dass sich erst nach längerer Zeit herausstellt, ob ein bestimmtes Antidepressivum bei einem Patienten die gewünschte Wirkung hat oder nicht. Die Patienten müssen deshalb viel Geduld aufbringen, insbesondere dann, wenn erst das zweite oder dritte eingesetzte Antidepressivum die gewünschte Wirkung zeigt.

Vorsicht Suizidgefahr!

Es kann bei der Einnahme eines Antidepressivums vorkommen, dass die antriebssteigernde Wirkung vor der stimmungsaufhellenden eintritt. Das ist unter Umständen - insbesondere bei suizidgefährdeten Patienten - problematisch. Es besteht dann die Gefahr, dass das Antidepressivum dem Patienten den notwendigen Antrieb gibt, um sein Vorhaben auszuführen. Es ist deshalb wichtig, den behandelnden Arzt über die Suizidgefahr zu informieren und den Patienten so lange zu beobachten, bis auch die stimmungsaufhellende Wirkung des Medikaments einsetzt. Wegen der besseren Möglichkeiten der Überwachung kann es günstig sein, das in einer Klinik durchzuführen.

Wirken Antidepressiva bei jedem gleich?

Nein, Antidepressiva wirken bei manchen Patienten anders als bei anderen. Manche Antidepressiva zeigen bei bestimmten Patienten oder Störungsbildern gar keine Wirkung. Andere wirken nur bei bestimmten Formen von Depressionen. Und leider lässt es sich bisher noch nicht voraussagen, ob oder welches Antidepressivum bei einem bestimmten Patienten wirkt. Das führt leider dazu, dass die Patienten manchmal ein zweites oder drittes Medikament ausprobieren müssen, wenn das zuerst verschriebene nicht die gewünschte Wirkung zeigt. Nur bei etwa einem Drittel aller Patienten ist das der Fall. Für alle anderen ist das sehr belastend. Denn bei jedem neuen Medikament heißt es erst einmal abwarten. Da es mehrere Wochen dauern kann, bis sich herausstellt, ob ein Antidepressivum wirkt oder nicht, kann diese Wartezeit für die Patienten quälend lang werden. Hinzu kommt, dass jedes Antidepressivum wieder neue unerwünschte Nebenwirkungen mit sich bringt.

Warum Antidepressiva bei manchen Menschen kaum wirken

Ein Modell, das erklärt, warum Antidepressiva bei manchen Menschen kaum oder gar nicht wirken, basiert auf der Anzahl der Serotoninrezeptoren im Gehirn. Man vermutet, dass Menschen, bei denen in bestimmten Teilen des Gehirns sehr viele dieser sogenannten Autorezeptoren vorhanden sind, von Antidepressiva kaum profitieren. Die Autorezeptoren überwachen den Serotoninspiegel und reduzieren die Serotoninproduktion, wenn sie einen Anstieg von Serotonin registrieren. Das passiert zum Beispiel, wenn ein Antidepressivum bewirkt, dass sich der Serotoninspiegel erhöht.

Unterschiede zwischen Frauen und Männern

Es gibt mehrere Studien, die zeigen, dass Frauen und Männer unterschiedlich auf bestimmte Antidepressiva reagieren. So reagierten Frauen vor der Menopause (Wechseljahren) deutlich besser auf eine Therapie mit dem Serotonin-Wiederaufnahmehemmer Sertralin als Männer. So war zum Beispiel die sogenannte Drop-out Rate (= die Zahl der Patienten, die die Behandlung abbrechen) bei dem genannten Wirkstoff bei den Männern deutlich höher als bei den Frauen. Umgekehrt scheinen Männer besser auf das trizyklische Antidepressivum Imipramin zu reagieren als die Frauen. Es muss noch näher untersucht werden, worin die Ursachen hierfür liegen. Eine hohe Drop-out Quote bei Männern könnte zum Beispiel auch auf die durch das Antidepressivum verursachten sexuellen Funktionsstörungen (z. B. Impotenz) zurückzuführen sein.

Hoffnung für die Zukunft

Zurzeit arbeiten viele Wissenschaftler an Methoden, mit denen man schon vor der Einnahme eines Antidepressivums feststellen kann, ob und vielleicht auch wie dieses bei dem betreffenden Patienten wirkt. Dazu könnte zukünftig womöglich schon eine Blutuntersuchung ausreichend sein. Wissenschaftler der Medizinischen Hochschule Hannover arbeiten genau daran.

Machen Antidepressiva abhängig?

Nein, Antidepressiva machen nicht abhängig. Auch wenn das von vielen Menschen befürchtet wird, tritt auch bei längerer Einnahme keine Abhängigkeit wie zum Beispiel bei Beruhigungs- oder Schlafmitteln auf. Die typischen Merkmale einer Sucht bestehen darin, dass der Süchtige eine Toleranz gegenüber dem Suchtstoff entwickelt und in der Folge eine immer höhere Dosis benötigt, um eine Wirkung zu erzielen. Beides ist bei Antidepressiva nicht der Fall. Insbesondere eine Suchtentwicklung, wie bei Alkohol oder anderen Drogen ist bei Antidepressiva nicht zu befürchten.

Absetzsyndrom

Allerdings sollten Antidepressiva insbesondere nach längerer Einnahme nicht einfach plötzlich abgesetzt oder die Dosis eigenmächtig reduziert werden. Wie bei allen Medikamenten gewöhnt sich der Körper im Laufe der Zeit an den Wirkstoff. Wird das Medikament plötzlich abgesetzt, kann das eine ganze Reihe von unerwünschten Effekten haben. Trotzdem kann man ein Antidepressivum nach Beendigung der Behandlung schrittweise absetzen, ohne dass der Patient in der Folge oder zu einem späteren Zeitpunkt das Bedürfnis verspürt, das Medikament erneut einzunehmen. Auch das ist ein wichtiger Unterschied zu einer Sucht, bei der das Verlangen nach dem Suchtstoff meist ein Leben lang bestehen bleibt.

Antidepressiva können eine Sucht sogar oft verhindern

Untersuchungen zeigen, dass bei nicht wenigen Menschen, die an einer Suchterkrankung leiden (z. B. Alkohol- oder Drogen- oder Medikamentenabhängigkeit) eine unbehandelte Depression als Grunderkrankung vorliegt oder vorlag. Oftmals greifen die Betroffenen zu Alkohol oder anderen Drogen, um die negativen Effekte einer vorliegenden Depression abzumildern oder besser ertragen zu können. Nicht selten, weil die zugrunde liegende Depression nicht erkannt und behandelt wird oder wurde. Das rechtzeitige Erkennen einer depressiven Erkrankung und die Behandlung mit Psychotherapie und/oder Antidepressiva können die Betroffenen in diesen Fällen also sogar davor bewahren, eine stoffgebundene Sucht zu entwickeln.

Muss man Antidepressiva für den Rest des Lebens einnehmen?

Das Ziel einer Therapie ist in der Regel die vollständige Heilung der Depression. Dieses Ziel kann durch die Einnahme von Antidepressiva und/oder einer Psychotherapie in vielen Fällen erreicht werden. Theoretisch könnte der Patient vom Moment der Heilung an auf Medikamente verzichten. Die Symptome der Depression bestehen ja nicht mehr. Allerdings ist bekannt, dass ein großer Teil der Patienten, die eine depressive Episode erlebt haben, im Laufe eines Jahres einen Rückfall erleiden, wenn sie ihr Antidepressivum zu früh absetzen. Aus diesem Grund wird empfohlen, die Einnahme nach dem Zeitpunkt der Heilung für 6 – 12 Monate fortzusetzen.

Ein anderer Aspekt ist, dass Menschen, die bereits eine depressive Episode erlebt haben, ein erhöhtes Risiko tragen, im Laufe ihres Lebens mindestens noch eine weitere Episode erleben zu müssen. Patienten, die schon mehrere depressive Episoden hatten, tragen ein noch höheres Risiko. Bei diesen Patienten wird manchmal empfohlen, die Einnahme des Antidepressivums noch Jahre oder gar ein Leben lang fortzusetzen. Manchmal reicht es aus, das Medikament in einer verringerten Dosis (Erhaltungsdosis) weiter einzunehmen.

Ähnlich sieht es bei Patienten aus, die unter einer chronischen Depression (Dysthymia oder Dysthimie) leiden. Auch hier kann eine dauerhafte Einnahme von Antidepressiva notwendig sein.

Man kann ein Antidepressivum ein Leben lang nehmen

Die meisten Antidepressiva können auch über einen sehr langen Zeitraum eingenommen werden. Antidepressiva machen nicht abhängig und es tritt in der Regel auch keine Gewöhnung ein. Das heißt, die Wirkung lässt auch bei längerer Einnahme nicht nach. Wichtig ist es allerdings, regelmäßig die Blutwerte überprüfen zu lassen. Zum Beispiel, um sicherzugehen, dass etwa die Leber durch das Medikament nicht zu stark belastet wird. Wenn Sie ein Antidepressivum gut vertragen, spricht nichts dagegen, es auch dauerhaft einzunehmen. Zumindest so lange, wie Sie es benötigen.

Verändern Antidepressiva die Persönlichkeit?

Um es kurz zu machen, nein, Antidepressiva verändern die Persönlichkeit nicht oder nur unwesentlich. Das Gegenteil ist der Fall. Durch die Depression verändert sich häufig die Persönlichkeit der Patienten. Mithilfe von Antidepressiva wird diese Veränderung wieder rückgängig gemacht. Der Patient ist dann wieder so, wie er vor der Erkrankung war. Die Medikamente stellen sozusagen den Ausgangzustand oder „Normalzustand" wieder her. Ein Hinweis darauf, dass das so ist, ist auch die Tatsache, dass Antidepressiva in der Regel bei Gesunden keine Wirkung zeigen. Versuche haben gezeigt, dass bei nicht-depressiven Probanden lediglich die unerwünschten Nebenwirkungen, nicht aber die antidepressive Wirkung der Medikamente zum Tragen kam.

Einige aktuelle Forschungsergebnisse zeigen, dass Patienten, die bestimmte Antidepressiva, die sogenannten „Selektiven Serotonin-Wiederaufnahmehemmer" (SSRI) einnahmen, eine leichte positive Veränderung bestimmter Faktoren der Persönlichkeit. Insbesondere Neurotizismus (Neigung zu negativen und instabilen Emotionen) und Extraversion (Fähigkeit und Neigung zur Kommunikation mit anderen) waren verändert. Insgesamt zeigten sich die Probanden aufgeschlossener, kontaktfreudiger und weniger labil als zuvor. Tatsächlich sind das aber auch Eigenschaften, die man von einem Antidepressivum erwartet. Zu zeigen, inwiefern diese Veränderungen tatsächlich eine Veränderung der Persönlichkeit oder „nur" eine Wiederherstellung des vordepressiven Zustands darstellen, dürfte schwierig sein. Wichtiger ist, dass die durch das Medikament hervorgerufene Veränderung der beiden Persönlichkeitsmerkmale den Patienten dabei hilft, ihre Gemütsstörung zu überwinden.

Machen Antidepressiva „High"?

Nein, Antidepressiva sind keine Drogen, die glücklich machen oder euphorisieren. Es besteht auch nicht die Gefahr, durch die Einnahme eines Antidepressivums plötzlich in einen manischen Zustand zu geraten. Einzige Ausnahme: Patienten, die unter einer bipolaren Störung leiden. Sie müssen auf bestimmte Antidepressiva verzichten, um einen „Switch" in eine manische Phase zu vermeiden. Bei Menschen, die an einer Depression erkrankt sind, regulieren Antidepressiva lediglich bestimmte Funktionen im Hirnstoffwechsel. Die Betroffenen fühlen sich nach der Einnahme eines Antidepressivums nicht „high", sondern einfach wieder „normal".

Menschen, die nicht unter einer Depression leiden, spüren nach der Einnahme eines Antidepressivums lediglich die Nebenwirkungen. Das ist auch der Grund dafür, warum Antidepressiva in der Drogenszene keine Rolle spielen. Sie können sicher sein, dass Drogenabhängige und Drogenhändler in dieser Richtung schon alles Erdenkliche ausprobiert haben.

Antidepressiva als Lifestyle-Droge?

Einige Antidepressiva sind aufgrund ihrer antriebssteigernden Wirkung in den Ruf gekommen, von Workaholics als „Aufputschmittel" missbraucht zu werden. Davon ist allerdings schärfstens abzuraten. Wer versucht, mit Medikamenten die natürlichen Ressourcen seines Körpers auszubeuten und zu überschreiten, setzt sich einem erheblichen gesundheitlichen Risiko aus.

Führen Antidepressiva zur Gewichtszunahme?

Diese Frage lässt sich nicht einfach mit Ja oder nein beantworten. Tatsächlich ist es so, dass bestimmte Antidepressiva appetitsteigernd wirken, oder den Stoffwechsel beeinflussen. Das ist häufig auch ein erwünschter Effekt, weil besonders Patienten, die unter schweren Depressionen leiden, kaum Appetit haben und im Verlauf der Erkrankung häufig stark abnehmen. Im weiteren Verlauf der Behandlung führt der gesteigerte Appetit dann allerdings oft zu einer unerwünschten Gewichtszunahme, wobei eine Zunahme von mehreren Kilo nicht ungewöhnlich ist. Die Patienten sind dann angehalten, den Konsum von Nahrung, aber auch insbesondere von Schokolade und anderen stark kalorienhaltigen Süßigkeiten und Getränken im Rahmen zu halten. Gleichzeitig wirkt sich natürlich jede sportliche Betätigung positiv auf das Gewicht aus. Steht die Gewichtszunahme in keinem vernünftigen Verhältnis zum Nutzen des Antidepressivums, kann der Arzt ein Medikament einer anderen Wirkstoffgruppe verschreiben, das weniger stark oder gar nicht appetitanregend wirkt. Leider unterscheiden sich die verschiedenen Antidepressiva auch hinsichtlich ihrer Wirkprofile. Das heißt, es lässt sich nicht immer vermeiden, dass ein Patient ein Mittel benötigt, das auch den Appetit steigert.

Antidepressive Wirkstoffe, die zu einer Gewichtszunahme führen können

- Trizyklische Antidepressiva
  z. B. Amitryptilin, Clomipramin, Maprotilin, Trimipramin

- Andere
  z. B. Mirtazapin

Antidepressive Wirkstoffe, die eher nicht zu einer Gewichtszunahme führen

- Serotonin Wiederaufnahme-Hemmer (SSRI)
  z. B. Citalopram, Fluoxetin, Fluvoxamin, Paroxetin, Sertralin

- Serotonin und Noradrenalin Wiederaufnahme-Hemmer
  z. B. Venlaxafin

- Selektive Noradrenalin Wiederaufnahme-Hemmer
  z. B. Reboxetin, Atomoxetin

- Reversible und irreversible MAO-Hemmer

z. B. Moclobemid, Tracylpromin

Beeinträchtigen Antidepressiva mein Sexualleben?

Diese Frage lässt sich nicht mit einem einfachen Ja oder Nein beantworten. Zunächst ist der Verlust des Interesses an sexueller Nähe ein häufiges Symptom der Depression selbst. Es ist noch nicht vollständig erforscht, woran das im Einzelnen liegt. Es liegt jedoch die Vermutung nahe, dass auch hierbei die gestörten chemischen Vorgänge im Gehirn eine Rolle spielen. Männer, die unter Depressionen leiden, haben nicht selten Erektionsprobleme oder verlieren gänzlich die Lust am Sex. Ganz ähnlich ergeht es vielen Frauen. Bei ihnen stehen die Unfähigkeit, zum Orgasmus zu kommen und eben auch die sexuelle Unlust im Vordergrund.

Auch viele Antidepressiva beeinflussen das sexuelle Erleben, die Erregbarkeit oder einfach generell die Lust auf Sex. Allerdings tritt diese unerwünschte Nebenwirkung nicht bei allen Antidepressiva und nicht bei allen Patienten auf. Es lohnt sich also in jedem Fall, das Problem mit dem behandelnden Arzt zu besprechen und ggf. das Antidepressivum zu wechseln. Manchmal kann auch nach einer Stabilisierung die Dosis eines Antidepressivums reduziert werden. Ob das möglich oder zum aktuellen Zeitpunkt der Behandlung sinnvoll ist, kann nur Ihr Arzt entscheiden. Leider haben viele Patienten Hemmungen, sexuelle Probleme bei Ihrem Arzt anzusprechen. Dazu besteht aber kein Anlass. Die Probleme sind jedem Arzt bekannt und nicht selten gibt es eine für den Patienten besser verträgliche Lösung. Grundsätzlich sollten Sie keine Hemmungen haben, Ihren Arzt auf das Problem anzusprechen.

Es gibt sogar einige wenige Antidepressiva, die die genau gegenteilige Wirkung haben. So hat der als Antidepressivum leider nicht sehr effektive Wirkstoff Flibanserin auf Frauen eine ähnliche Wirkung wie Viagra®.

Helfen Antidepressiva auch gegen meine Angst?

Angstzustände können sowohl ein Symptom einer Depression sein, als auch zu deren Ausbruch beitragen. Es sollte also versucht werden zu klären, welche Störung als Grunderkrankung anzunehmen ist.

Bestimmte Antidepressiva haben neben ihrer antidepressiven Wirkung auch beruhigende, schlafanstoßende oder generell schlaffördernde Effekte. Wirkungen, die bei Patienten mit Angststörungen in der Regel erwünscht sind. Einige Antidepressiva zeigen auch eine sehr gute Wirkung gegen Angst und Panik. Gute Erfahrungen liegen für Antidepressiva der folgenden Wirkstoffgruppen vor.

- Selektive Serotonin-Rückaufnahme-Hemmer (SSRIs)

- Serotonin-Noradrenalin-Rückaufnahme-Hemmer (SNRI)

- Selektive Noradrenalin-Rückaufnahme-Hemmer (NARI)

- Trizyklische Antidepressiva (TZA)

Der **Vorteil** von Antidepressiva bei der Behandlung von Ängsten gegenüber den häufig verschriebenen Benzodiazepinen liegt vor allem darin, dass keine Gefahr einer Abhängigkeit besteht. Antidepressiva können relativ problemlos über einen langen Zeitraum oder gar dauerhaft eingenommen werden, ohne dass es zu Gewöhnungseffekten oder Abhängigkeit kommt.

Der größte **Nachteil** von Antidepressiva zur Angstbehandlung liegt darin, dass sie in der Regel relativ lange brauchen, um ihre Wirkung zu entfalten. Bis ein Antidepressivum seine volle Wirkung entfaltet, kann es mehrere Wochen dauern. Ob eines dieser Medikamente für Sie infrage kommt, entscheidet Ihr Arzt. Manchmal kann es notwendig sein, die Wartezeit bis zum Eintritt der Wirkung mit einem anderen Medikament zu überbrücken. Ihr Arzt weiß, wann das notwendig ist.

Tipp: Angstpatienten und Psychopharmaka

Manche Angstpatienten haben Angst davor, Medikamente im Allgemeinen und Psychopharmaka im Besonderen einzunehmen. Besprechen Sie diese Ängste mit Ihrem Arzt. Es nutzt nichts, wenn er Ihnen ein Medikament verschreibt und Sie es nicht einnehmen, weil Sie Bedenken haben. Ein Antidepressivum wirkt besser und verursacht weniger Nebenwirkungen, wenn Sie es ohne unnötige zusätzliche Ängste einnehmen.

Wenn Sie unter Ängsten und/oder Panikanfällen leiden, sollten Sie Ihrem Arzt das unbedingt mitteilen. Er kann dann ein Antidepressivum auswählen, das nicht nur gegen die Depression, sondern gleichzeitig auch gegen Ihre Ängste wirkt.

„Ich habe gelesen, dass Antidepressiva gar nicht wirken"

Mit diesen oder ähnlichen Äußerungen von Patienten sehen sich zurzeit viele Ärzte und Therapeuten konfrontiert. Schuld sind Medienberichte, die sich in zum Teil unzulässig vereinfachender oder falscher Weise auf vereinzelte Studien zur Wirksamkeit von Antidepressiva beziehen. In den letzten Jahren wurde vor allem über eine Studie des britischen Psychologen Irving Kirsch berichtet. Kirsch zweifelt in dieser Studie an, dass bestimmte Antidepressiva bei leichteren Formen der Depression besser wirken als ein Scheinmedikament ohne wirksame Inhaltsstoffe (Placebo). Gleichzeitig stellt aber auch er in seinen Studien fest, dass Antidepressiva bei schwereren Formen von Depressionen durchaus besser wirken als die Placebopräparate. Das belegt das genaue Gegenteil dessen, was in der Presse immer wieder über diese Studie berichtet wird.

Darüber hinaus stehen Kirschs Ergebnissen eine ganze Reihe von Studien renommierter Wissenschaftler entgegen, die gezeigt haben, dass Antidepressiva insbesondere bei schweren Depressionen eine eindeutig nachweisbare positive Wirkung haben. Natürlich erregen diese Ergebnisse weniger mediale Aufmerksamkeit als etwaige „Sensationsmeldungen" über die Nichtwirksamkeit von Antidepressiva. Zurück bleiben verunsicherte Patienten, die an der Wirksamkeit ihrer Medikamente oder gar an der Kompetenz ihres Arztes zweifeln.

Dass Antidepressiva durchaus eine Wirkung haben, bestätigen nicht zuletzt Millionen von Patienten, die ihre Depression mithilfe von Antidepressiva überwunden haben und wieder ein normales Leben führen können.

Was spricht für oder gegen eine Behandlung mit Antidepressiva?

Antidepressiva sind keine Allheilmittel, stellen aber ein wichtiges Hilfsmittel bei der Behandlung von Depression dar. Im Folgenden erfahren Sie, was für und was gegen eine medikamentöse Behandlung einer Depression spricht.

Pro Antidepressiva

Antidepressiva sind bei schweren Depressionen besonders wirksam

Die Wirksamkeit von Antidepressiva ist insbesondere bei schweren Depressionen gut belegt. Die Deutsche Gesellschaft für Psychiatrie, Psychotherapie und Nervenheilkunde weist deshalb zurecht darauf hin, dass etwaige Meldungen über die angebliche Nichtwirksamkeit von Antidepressiva schlicht falsch sind. Studien zur Wirksamkeit von Antidepressiva zeigen, dass deren positive Wirkung umso deutlicher ausfällt, je schwerer die Depression ist.

Antidepressiva ermöglichen wieder ein normales Leben

Patienten, die unter einer schweren Depression leiden, sind oft kaum in der Lage, ihren Alltag zu bewältigen oder einer geregelten Arbeit nachzugehen. Antidepressiva versetzen diese Patienten wieder in Lage, ein normales Leben zu führen. Probleme wie lange Krankenzeiten, der Verlust des Arbeitsplatzes oder finanzielle Einbrüche (z. B. bei Selbstständigen) können so vermieden werden.

Antidepressiva ermöglichen den Beginn einer Psychotherapie

Ein Patient, der eine schwere depressive Episode durchmacht, ist in der Regel aus eigenen Kräften nicht in der Lage, eine Psychotherapie zu beginnen und durchzuhalten. Durch die Einnahme eines Antidepressivums werden viele Patienten erst wieder in die Lage versetzt, eine Psychotherapie aufzunehmen.

Antidepressiva helfen bei typischen Schlafproblemen

Viele depressive Patienten leiden unter erheblichen Schlafstörungen. Sie erwachen Stunden vor dem Morgengrauen, liegen lange wach, grübeln oder leiden unter Albträumen. Mithilfe bestimmter Antidepressiva kann es diesen Patienten wieder ermöglich werden, Ruhe und Schlaf zu finden. Eine wichtige Voraussetzung, um tagsüber wieder aktiv am Leben teilhaben zu können.

Antidepressiva helfen, stationäre Aufenthalte zu vermeiden

Ohne die Hilfe von Antidepressiva bliebe für viele Patienten nur ein langwieriger Aufenthalt in einer psychiatrischen Klinik als Alternative.

Kontra Antidepressiva

Antidepressiva haben Nebenwirkungen

So gut wie alle Antidepressiva haben unerwünschte Nebenwirkungen. Auch wenn diese bei den moderneren Medikamenten nicht mehr so stark ausgeprägt sind, wie bei den Antidepressiva der ersten Stunde. Manche Nebenwirkungen (z. B. Verlust des Interesses an Sex oder Impotenz) können für die Betroffenen sehr belastend sein. Es muss dann in jedem Fall abgewogen werden, ob der Nutzen überwiegt, oder ob die Dosierung angepasst oder auf ein anderes Medikament gewechselt werden muss.

Trial & Error bei der Suche nach dem richtigen Antidepressivum

Nicht jedes Antidepressivum wirkt bei jedem Patienten gleich. Es kann deshalb notwendig sein, zwei oder mehr verschiedene Präparate auszuprobieren. Da die meisten Mittel erst verzögert wirken und möglicherweise andere Nebenwirkungen mit sich bringen, kann es für den Patienten belastend sein, bis das richtige Medikament für ihn gefunden ist.

Nicht gesicherte Wirkung bei leichten Depressionen

Insbesondere bei leichteren Formen der Depression scheint bei der Einnahme von Antidepressiva ein gewisser Placebo-Effekt eine Rolle zu spielen. Das heißt, dass unter Umständen nicht das Mittel selbst wirkt, sondern die Erwartung, die der Patient bei der Einnahme hat.

Antidepressiva verursachen Absetzerscheinungen

Bei fast allen Antidepressiva entstehen sogenannte Absetzerscheinungen, wenn das Medikament nicht mehr eingenommen wird. Auch wenn immer wieder darauf hingewiesen wird, dass es sich dabei nicht um Entzugserscheinungen (wie bei einer Droge) handelt, sind die Effekte für den Patienten jedoch ähnlich. Ein Antidepressivum kann deshalb nicht einfach von einem Tag zum anderen abgesetzt werden.

Antidepressiva behandeln Symptomen statt Ursachen

Häufig wird als Argument gegen eine Behandlung mit Antidepressiva hervorgebracht, dass diese nur die Symptome, nicht aber die zugrunde liegenden psychischen oder sozialen Konflikte behebe. Das ist natürlich grundsätzlich richtig, wenn die Annahme zutrifft, dass eine Depression immer durch psychosoziale Probleme ausgelöst wird. Das ist aber keineswegs erwiesen. Außerdem muss man sehen, dass viele Betroffene so sehr unter ihren Symptomen leiden, dass eine aktive Arbeit an den Ursachen überhaupt erst möglich wird, nachdem sich ihr Zustand gebessert hat. Zudem schließt eine medikamentöse Behandlung der Depression die psychotherapeutische Arbeit an den zugrunde liegenden Problemen ja nicht aus. Sie ist vielmehr ein ebenfalls wichtiger Teil des gesamten Behandlungskonzeptes.

Vorsicht: Falsche Propheten

Die Anhänger bestimmter religiöser oder pseudoreligiöser Bewegungen lehnen die Einnahme von Psychopharmaka grundsätzlich ab. Das gilt unabhängig vom individuellen Krankheitsbild und allen damit zusammenhängenden Gefahren. Lassen Sie sich von solchen Fanatikern nicht beeinflussen. Sie versuchen, Ihnen und anderen psychisch Kranken einzureden, dass die Einnahme von Psychopharmaka schädlich und grundsätzlich abzulehnen sei. Eine solche Haltung ist meiner Meinung nach völlig unverantwortlich. Gerade Menschen, die sich in einer seelischen Notlage befinden, lassen sich leicht von solchen unwissenschaftlichen Behauptungen verunsichern. Wenn Sie Zweifel daran haben, ob in Ihrem Fall eine Behandlung mit Medikamenten die richtige Lösung ist, besprechen Sie dies mit Ihrem Arzt. Lassen Sie sich von solchen Meinungen nicht verunsichern. Sie widersprechen allem, was Wissenschaft und Medizin heute über die Behandlung von Depressionen wissen. Nicht selten stehen dahinter verworrene religiöse oder weltanschauliche Ideen, die nichts mit der Realität zu tun haben.

Fazit:

Es gibt viele Argumente, die für oder gegen eine Behandlung mit Antidepressiva sprechen. Man kann aber klar sagen, dass der Einsatz von Antidepressiva insbesondere bei der Behandlung von schweren Depressionen nahezu unumstritten ist. Die Behandlung mit Antidepressiva in Verbindung mit einer Psychotherapie entspricht dem aktuellsten Forschungsstand und ist in den allermeisten Fällen erfolgreich.

Für viele Patienten ermöglicht erst ein Antidepressivum die Chance, wieder in ein normales Leben zurückzukehren und sich mit möglichen Ursachen ihrer Probleme auseinanderzusetzen. Fast immer ist eine Kombination aus Antidepressivum und Psychotherapie die beste Lösung. Das bedeutet nicht, dass man in blindem Vertrauen alles einnehmen muss, was der Arzt vorschlägt. Sie sind ein erwachsener und mündiger Mensch und haben ein Recht darauf, Zweifel zu äußern und diese mit Ihrem Arzt zu diskutieren. Wenn Sie unter einer schweren Depression leiden und sich nicht in der Lage fühlen, eine solche Entscheidung zu treffen, sollten Sie dem Rat Ihres Arztes vertrauen. Sie können sich mit dem Thema dann erneut auseinandersetzen, wenn es Ihnen besser geht.

Was sind Generika?

Als Generika (Einzahl = „Generikum") werden Medikamente bezeichnet, die eine wirkstoffgleiche Kopie eines unter anderem Markennamen bereits vertriebenen Medikaments sind. Generika sind sozusagen preiswerte (aber wirkungsgleiche) Kopien eines „Markenmedikaments". Generika von Markenmedikamenten dürfen hergestellt werden, wenn der rechtliche Schutz des Originalmedikaments entfällt. Das ist in der Regel etwa 10 – 15 Jahre nach der Markteinführung der Fall.

Beispiel:

Im Jahr 1899 brachte die Bayer AG ein Acetylsalicylsäure-haltiges Mittel unter dem Namen Aspirin® auf den Markt. Der Patentschutz für Aspirin® ist schon lange abgelaufen, weshalb es mittlerweile eine Vielzahl von Generika mit dem gleichen Wirkstoff gibt. Bekannt ist zum Beispiel das ASS® der Firma Ratiopharm. Die ratiopharm GmbH ist einer der führenden Generika-Hersteller in Deutschland und weltweit.

Generika sind bei gleicher Wirkung deutlich preiswerter als die entsprechenden Originalpräparate mit den gleichen Wirkstoffen. Aus diesem Grund verschreiben viele Ärzte nur den Wirkstoff eines Medikamentes, nicht aber das Produkt eines bestimmten Herstellers. Welches Generikum der Patient dann in Apotheke erhält, hängt zum Beispiel davon ab, mit welchen Herstellern seine Krankenkasse entsprechende Vereinbarungen getroffen hat. Generika sind legale Kopien, die genauso gut wirken und genauso sicher sind, wie die Originalpräparate.

Was ist ein Serotoninsyndrom?

Das sogenannte Serotoninsyndrom ist eine Komplikation, die meist auf der Wechselwirkung verschiedener Medikamente beruht, deren Gemeinsamkeit darin besteht, dass sie das Serotoninsystem beeinflussen. Zu diesen Medikamenten zählen unter anderem auch viele Antidepressiva, weshalb bei der Kombination verschiedener Medikamente aus dieser Gruppe besonders sorgfältig vorgegangen werden muss.

In Verbindung mit einem Antidepressivum können aber auch andere Medikamente ein Serotoninsyndrom hervorrufen. Dazu gehören zum Beispiel Triptane, die unter anderem zur Behandlung von Migräne verschrieben werden. Auch bestimmte Schmerzmittel (z. B. solche, die Tramadol enthalten) können in Kombination mit einem Antidepressivum zu einem unerwünscht hohen Anstieg von Serotonin führen. Wenn Ihr Arzt Ihnen ein Antidepressivum verschreibt, ist es deshalb wichtig, ihn darüber zu informieren, wenn Sie solche Medikamente einnehmen. Als besonders problematisch gilt die Kombination von Antidepressiva, die die Serotoninproduktion anregen mit solchen, die den Serotoninabbau blockieren (MAO-Hemmer).

Symptome

Das Serotoninsymdrom besteht aus mehreren typischen Symptomen. Dazu gehören unter anderem:

- Pulsanstieg/Blutdruckanstieg

- Schwitzen („Grippegefühl")

- Übelkeit / Erbrechen

- Durchfall

- Kopfschmerzen

- schnelle Atmung

- Zittern / Muskelzucken

- Koordinationsstörungen

- Unruhe

- Halluzinationen

- Krämpfe

Da einige der leichteren Symptome denen eines grippalen Infekts ähneln, besteht leicht die Gefahr, diese nicht als Anzeichen eines Serotoninsyndroms zu erkennen. Bei Verdacht auf ein Serotoninsyndrom ist sofort ein Arzt hinzuzuziehen. Schwere Formen eines Serotoninsymdroms können schlimmstenfalls zum Tod führen!

Was tun, wenn ein Antidepressivum nicht wirkt?

In manchen Fällen scheint die Behandlung mit Antidepressiva keine Wirkung zu zeigen. Dahinter stecken allerdings oftmals Fehler bei der Verschreibung, der Dosierung oder der Einnahme durch den Patienten. Eine echte Therapieresistenz tritt hingegen nur selten auf. Wenn die Behandlung mit Antidepressiva keine Wirkung zeigt, sollten zunächst die folgenden Punkte geklärt werden:

Dosierung

Insbesondere Ärzte ohne psychiatrische Ausbildung (z. B. die meisten Hausärzte) neigen dazu, ein Antidepressivum in einer zu niedrigen Dosierung zu verschreiben. Das kann dazu führen, dass keine (spürbare) Wirkung eintritt.

Compliance

Darunter versteht man die Zuverlässigkeit, mit der der Patient das Medikament einnimmt. Insbesondere verunsicherte oder ängstliche Patienten neigen dazu, das verschriebene Antidepressivum nicht in ausreichender Dosis oder nicht regelmäßig einzunehmen. Beides ist jedoch wichtig, damit ein Medikament wirken kann. Auch das selbstständige Absetzen oder die selbstständige Verringerung der Dosis, sobald eine Besserung eintritt, kann dazu führen, dass das Antidepressivum als unwirksam empfunden wird.

Dauer der Behandlung

So gut wie alle Antidepressiva haben eine Wirkungsverzögerung. Das heißt, sie entfalten ihre volle Wirkung erst nach mehreren Wochen der regelmäßigen Einnahme. Ist nach zwei Wochen noch keine Wirkung zu spüren, bedeutet das nicht, dass das Mittel nicht wirkt. Es kann bis zu 4 Wochen und in einzelnen Fällen auch noch länger dauern, bis ein Antidepressivum seine Wirkung entfaltet. Erst nach diesem Zeitraum kann man davon ausgehen, dass dieses spezielle Medikament nicht die gewünschte Wirkung zeigt.

Art des Antidepressivums

Wenn ein Antidepressivum einer bestimmten Wirkstoffgruppe (z. B. SSRI) nicht die gewünschte Wirkung zeigt, bedeutet dies nicht, dass das auch auf andere Wirkstoffe zutrifft. In der Regel wird der Arzt in diesem Fall mindestens noch ein weiteres Antidepressivum einer anderen Wirkstoffgruppe verschreiben. Erst wenn auch dieses nicht anschlägt, muss man über Alternativen nachdenken.

Erwartungen

Manche Patienten erwarten von einem Antidepressivum zu viel. Die Einnahme eines Antidepressivums soll und kann nicht bewirken, dass der Patient ständig blendender Laune ist. Ein Antidepressivum soll den Patienten vor allem aus dem Tief von gedrückter Stimmung und Antriebslosigkeit herausholen. Es gelingt auch nicht, die depressiven Symptome bei allen Patienten vollständig zu beseitigen. Manchmal bleiben Restsymptome bestehen, was aber nicht bedeutet, dass das Antidepressivum nicht wirkt.

Fazit:

Wirklich therapieresistente Patienten sind selten. In vielen Fällen liegt die Ursache in zu niedriger Dosierung, zu kurzer Anwendung oder unzuverlässiger Einnahme des Antidepressivums. Dass manche Patienten auf ein bestimmtes Antidepressivum nicht ansprechen (sogenannte „Nicht-Responder") bedeutet nicht, dass auch andere Wirkstoffe nicht wirken. Es gibt in fast allen Fällen eine wirksame Alternative. In den seltenen Fällen von echter Therapieresistenz wird der behandelnde Arzt alternative Behandlungsformen vorschlagen und das weitere Vorgehen gemeinsam mit dem Patienten planen.

Wichtige Hinweise zur Einnahme von Antidepressiva

Das sollten Sie bei der Einnahme von Antidepressiva beachten:

Wechselwirkungen

Informieren Sie Ihren Arzt darüber, welche anderen Medikamente oder Mittel Sie noch einnehmen. Dazu zählen auch pflanzliche Wirkstoffe. Bekannt sind zum Beispiel Wechselwirkungen zwischen bestimmten Antidepressiva und den sogenannten Triptanen. Das sind Mittel, die zum Beispiel gegen Migräne verschrieben werden. Die Kombination aus bestimmten Antidepressiva und **Triptanen** kann zu einem Serotoninsyndrom führen. Das Gleiche gilt für einige starke **Schmerzmittel**. Auch **Johanniskrautpräparate** sollten nicht gleichzeitig mit einem Antidepressivum eingenommen werden. Ebenso können sich die Wirkungen von Medikamenten aus der Gruppe der **Benzodiazepine** (Beruhigungs- oder Schlafmittel) und die eines Antidepressivums gegenseitig verstärken oder beeinflussen.

Währen der Einnahme von Antidepressiva sollte unbedingt auf **Drogen** jeglicher Art verzichtet werden. Dazu zählt zum Beispiel auch Alkohol. Das Zusammenwirken mit Drogen wie Ecstasy, Opiaten oder Amphetaminen kann unvorhersehbare Folgen haben.

Aber nicht nur Medikamente, sondern auch bestimmte Lebensmittel können Probleme verursachen. So sollten Sie möglichst auf **Grapefruits** oder **Grapefruitsaft** verzichten, da diese die Wirksamkeit bestimmter Antidepressiva (und auch anderer Medikamente) im Körper verändern können. Nehmen Sie Medikamente nie mit Fruchtsäften (oder Alkohol), sondern immer nur mit Wasser ein.

Für Antidepressiva aus der Gruppe der **MAO-Hemmer** und insbesondere der irreversiblen MAO-Hemmer gilt, dass bestimmte Lebensmittel unbedingt gemieden werden müssen. Dazu zählen zum Beispiel: Bananen, Schwarze Johannisbeeren, Dill, Fenchelöl, Fisch (auch geräuchert), Geflügelleber, Käse, Petersilie, Pferdebohnen, Sauerkraut, Schinken, Schokolade, alkoholhaltige Speisen und Getränke (Bier, Wein etc.).

Abführmittel können ebenfalls die Wirkung eines Antidepressivums verändern. Sofern nach Rücksprache mit Ihrem Arzt nicht ganz darauf verzichtet werden kann, sollte in jedem Fall ein möglichst großer zeitlicher Abstand zwischen der Einnahme liegen.

Keine Selbstmedikation

Ein Antidepressivum muss immer nach Vorschrift des verschreibenden Arztes eingenommen werden. Antidepressiva sind nicht austauschbar. Nehmen Sie nie ein Antidepressivum, das einem anderen verschrieben wurde. Geben Sie Ihre Medikamente nie an einen anderen weiter.

Dosierung

Halten Sie sich immer an die vom Arzt vorgeschriebene Dosierung und den vorgeschriebenen Zeitpunkt der Einnahme. Für den Behandlungserfolg spielen die Dosierung und vorschriftsmäßige Einnahme des Antidepressivums eine entscheidende Rolle. Ändern Sie nie eigenmächtig die Dosierung. Versuchen Sie nie, eine Medikamentenkapsel zu öffnen, um den Wirkstoff zu teilen.

Bestellen im Internet

Antidepressiva sind verschreibungspflichtige Medikamente, die Sie gegen Vorlage des Rezepts in jeder zugelassenen Apotheke erhalten. Das kann auch eine Online-Apotheke im Internet sein. Bestellen Sie Medikamente grundsätzlich nur bei zuverlässigen Online-Apotheken. Bestellen Sie niemals Billigprodukte unklarer Herkunft im Ausland.

Teilnahme am Straßenverkehr

Einige Antidepressiva können das Reaktionsvermögen beeinträchtigen. Das trifft insbesondere in den ersten Wochen der Einnahme und manchmal auch beim Absetzen zu. Beachten Sie, diesbezügliche Hinweise Ihres Arztes und im Beipackzettel des Medikaments. Beeinträchtigende Wirkungen sind vor allem bei den älteren Antidepressiva zu beobachten. Sprechen Sie mit Ihrem Arzt darüber, ob Ihre Fahrtüchtigkeit beeinträchtigt sein könnte.

Compliance

Für die erfolgreiche Behandlung einer Depression spielt die Befolgung der Anweisungen Ihres Arztes eine wichtige Rolle. Es ist besonders wichtig, dass Sie die verschriebenen Medikamente in der vom Arzt festgelegten Dosis und Häufigkeit einnehmen. Das gilt auch dann, wenn Sie das Gefühl haben, dass ein Medikament nicht wie gewünscht wirkt oder wenn Sie eine Besserung spüren. Vertrauen Sie Ihrem Arzt und halten Sie sich an dessen Anweisungen. Nur dann kann ein Antidepressivum wie gewünscht wirken.

Risikogruppen

Die Einnahme eines Antidepressivums kann für bestimmte Personengruppen problematisch oder sogar gefährlich sein. Besondere Vorsicht und Beratung ist bei den folgenden Risikogruppen unerlässlich:

- **Schwangere**
  Bestimmte Antidepressiva können schädliche Wirkungen auf das ungeborene Kind haben. In einigen Fällen können nach der Geburt Absetzerscheinungen beim Neugeborenen auftreten. Informieren Sie Ihren Arzt unbedingt darüber, wenn Sie schwanger sind, oder im Laufe der Behandlung schwanger werden.

- **Ältere Menschen**
  Für Menschen, die 60 oder älter sind, gelten ebenfalls besondere Vorsichtsmaßnahmen. Generell können Antidepressiva – wie auch andere Medikamente – bei älteren Menschen möglicherweise anders wirken, als bei Jüngeren. Hinzu kommt, dass insbesondere zu Beginn der Einnahme Nebenwirkungen wie Schwindel, Kreislaufprobleme oder Gangunsicherheiten auftreten können. Das kann bei älteren Menschen im ungünstigsten Fall zu Stürzen führen.

- **Kinder und Jugendliche**
  Es liegen einige, wenn auch nicht unumstrittene, Studien vor, die auf ein erhöhtes Suizidrisiko nach der Einnahme bestimmter Antidepressiva hindeuten.

- **Patienten, die unter einer bipolaren Störung leiden**
  Sofern der behandelnde Arzt nichts von der bipolaren Störung weiß, ist es wichtig, ihn darauf hinzuweisen. Ein Antidepressivum kann bei diesen Patienten unter Umständen ungünstige Wirkungen haben. Schlimmstenfalls kann ein manisches Syndrom dadurch ausgelöst werden („Switch"). Oder es kommt zu einem schwerer behandelbaren schnelleren Wechsel zwischen depressiven und manischen Episoden. Eine Komplikation, die als „Rapid Cycling" bezeichnet wird.

Wichtige Hinweise zum Absetzen von Antidepressiva

Anders als bei den meisten anderen Medikamenten sollte man die Einnahme eines Antidepressivums nicht einfach von heute auf morgen beenden. Beachten Sie bitte die folgenden Hinweise und richten Sie sich immer nach den Anweisungen Ihres Arztes.

Antidepressiva immer langsam und schrittweise absetzen

Um mögliche Absetzerscheinungen zu vermeiden oder zumindest abzumildern sollte ein Antidepressivum möglichst langsam und schrittweise „ausgeschlichen" werden. Das heißt, dass man die Dosis Schritt für Schritt über einen Zeitraum von mehreren Wochen reduziert. Es ist sinnvoll, dabei nicht zu schnell vorzugehen. Warten Sie mindestens eine Woche bis zur jeweils nächsten Dosisreduzierung. Je nach Darreichungsform (Tabletten oder Kapseln) wird Ihr Arzt Ihnen ein Rezept für das Medikament mit der geringeren Dosierung ausstellen. Bei manchen Tabletten sind schon Bruchstellen vorgesehen, um diese teilen oder vierteln zu können. Versuchen Sie niemals den Inhalt einer Kapsel zu teilen. Richten Sie sich nach den Anweisungen Ihres Arztes.

Haben Sie Geduld. Lassen Sie sich Zeit und versuchen Sie nicht, den Absetzprozess zu beschleunigen. Wenn Sie feststellen, dass Absetzsymptome auftreten, verlangsamen Sie die Dosisreduzierung.

Wählen Sie einen günstigen Zeitpunkt für das Absetzen des Antidepressivums. Es macht keinen Sinn, damit zu beginnen, wenn Sie gerade besonders viel „um die Ohren" haben oder anderweitig gestresst oder belastet sind.

PSYCHOTHERAPIE

Psychotherapie ist ein wichtiger Pfeiler der Behandlung von Depressionen. Viele Untersuchungen haben gezeigt, dass eine Kombination aus medikamentöser Behandlung und Psychotherapie die besten Behandlungserfolge erzielt. In leichteren Fällen kann eine Psychotherapie die medikamentöse Behandlung sogar häufig überflüssig machen.

Allerdings gibt es beim Thema Psychotherapie nach wie vor viel Informationsbedarf. Viele Patienten haben auch Berührungsängste. Den meisten ist nicht klar, was bei einer Psychotherapie geschieht, welche Therapieformen es gibt und wer überhaupt Psychotherapie anbieten darf. Auch die Regelungen der Kostenübernahme für eine Psychotherapie durch die eigene Krankenkasse bzw. Krankenversicherung verunsichern viele Patienten. In diesem Abschnitt erfahren Sie alles, was Sie zum Thema Psychotherapie und Depressionen wissen müssen.

Was passiert bei einer Psychotherapie?

Viele Menschen haben nur eine sehr ungenaue Vorstellung davon, was bei einer Psychotherapie geschieht. Oftmals beruhen die Vorstellungen davon auf Hörensagen oder auf ungenauen Informationen aus den Medien. Nicht wenige denken bei dem Begriff Psychotherapie automatisch an ein Szenario, in dem der Patient auf einer Couch liegt, während der Therapeut danebensitzt, zuhört und sich ab und zu Notizen macht. Das hat allerdings nur wenig mit dem zu tun, worum es bei modernen psychotherapeutischen Verfahren geht.

Grundsätzlich handelt es sich bei einer Psychotherapie um ein wissenschaftlich fundiertes therapeutisches Verfahren, mit dem psychische Erkrankungen ohne den Einsatz von Medikamenten behandelt werden. Das bedeutet nicht, dass die Patienten für die Dauer der psychotherapeutischen Behandlung keine Medikamente einnehmen dürfen. Nur sind diese eben nicht Teil der psychotherapeutischen Behandlung. Die setzt nämlich im Gegensatz zur Psychopharmakotherapie (also der Therapie mit Medikamenten) auf Gespräche und das Erlernen von Verhaltensmustern, die sich günstig auf die Erkrankung bzw. deren Überwindung auswirken. Und auch, wenn es manchmal so dargestellt wird: Psychotherapie und die medikamentöse Therapie mit Antidepressiva sind keine Gegensätze. Sie ergänzen einander.

Gespräche

Fast alle Psychotherapien laufen in Gesprächsform ab. Das heißt, der Therapeut stellt dem Patienten eine Frage oder dieser berichtet von sich aus darüber, was ihn beschäftigt. Durch Nachfragen kann der Therapeut genauer herausfinden, wo die Probleme des Patienten liegen. Manchmal wird der Therapeut das Gesagte auch mit anderen Worten wiederholen. Dem Patienten selbst wird dadurch oft klarer, was er meint oder warum er eine bestimmte Ansicht vertritt. Überhaupt wird ein Therapeut häufig nachfragen, warum der Patient bestimmte Dinge glaubt oder vermutet. Der Patient erkennt dadurch, dass viele seiner negativen Annahmen keine reale Grundlage haben und nur auf ungünstigen Annahmen basieren.

Hausaufgaben

Insbesondere bei verhaltenstherapeutischen Verfahren wird viel Wert auf die aktive Mitarbeit des Patienten gelegt. Ein guter Verhaltenstherapeut wird dem Patienten regelmäßig Aufgaben mit auf den Weg geben, die dieser bis zur nächsten Therapiesitzung erledigen soll. Das kann zum Beispiel das Führen eines Stimmungstagebuchs sein, oder auch die Umsetzung des in der Therapie Erlernten im Alltag. Eine typische Aufgabe ist auch das Aufschreiben negativer Gedanken oder Vermutungen und deren Überprüfung an der Realität. Insbesondere die Übertragung von neu erlernten Denk- und Verhaltensweisen in den Alltag hat nachhaltige positive Effekte, die weit über das Ende der Therapie hinaus reichen.

Tests

Unter Umständen wird der Therapeut zu Beginn und im Verlauf der Sitzungen einen oder mehrere Tests mit dem Patienten durchführen. Dazu werden sogenannte „standardisierte" Tests verwendet, also solche, die wissenschaftlich erprobt sind. Der Patient füllt dazu Fragebögen aus oder beantwortet Fragen des Therapeuten. Dieser wertet den Test dann nach bestimmten Regeln aus. Therapeut und Patient erhalten dadurch wichtige Informationen, die die Persönlichkeit oder bestimmte Denkmuster des Patienten betreffen. Wird ein solcher Test nach einigen Wochen oder Monaten wiederholt, lassen sich die Fortschritte ablesen, die der Patient in der

Therapie gemacht hat.

Schwierige Therapiesituationen

Im Verlauf einer Therapie kommt es immer wieder vor, dass Themen oder Probleme zur Sprache kommen, über die zu sprechen es dem Patienten schwerfällt. Es kann auch passieren, dass der Patient beginnt, zu weinen, wenn es um schmerzliche Erfahrungen oder Erkenntnisse geht. Viele Patienten fürchten sich vor dieser Situation. Diese Sorge ist aber unbegründet. Ein guter Therapeut weiß, wie er damit umgehen muss, und wird den Patienten entsprechend rücksichtsvoll behandeln. Offene und vertrauensvolle Gespräche sind ein wichtiger Bestandteil jeder Psychotherapie. Deshalb ist es wichtig, schon bei der Auswahl des Therapeuten darauf zu achten, dass dieser sympathisch und vertrauenserweckend wirkt.

Erlernen von Entspannungsverfahren

Unter Umständen bietet der Therapeut dem Patienten das Erlernen und Einüben bestimmter Übungen zur Entspannung an. Der Patient lernt dadurch, sein Stresslevel aktiv zu reduzieren. Er kann so Anforderungen im Alltag entspannter und angstfreier bewältigen.

Begleitet mich der Therapeut im Alltag?

Auch wenn man im Film immer wieder Therapeuten sieht, die ihre Patienten im Alltag begleiten und unterstützen, kommt dies in der Realität nur selten vor. Der Normalfall ist, dass der Patient einen Termin bekommt und den Therapeuten zum angegebenen Zeitpunkt in dessen Praxisräumen aufsucht. Ein Kontakt zwischen Therapeut und Patient kommt außerhalb der Praxis im Normalfall bestenfalls telefonisch vor.

Wie eine bestimmte Therapiesitzung im Detail abläuft, hängt vor allem von der Methode ab, nach der der Therapeut arbeitet. Lesen Sie dazu bitte auch das Kapitel „*Therapieformen*" und die danach folgenden Beschreibungen der unterschiedlichen Behandlungsmethoden.

Therapieformen

Nicht jede Psychotherapie läuft gleich ab und nicht jeder Psychotherapeut arbeitet nach derselben Methode. Wenn man einen Blick ins Telefonbuch oder in Internet wirft, kann man feststellen, dass es eine große Zahl unterschiedlicher Therapieformen und Therapiekonzepte gibt. Es haben sich aber im Laufe der letzten Jahrzehnte einige Therapieformen herauskristallisiert, deren Wirksamkeit wissenschaftlich belegt ist und deren Kosten von Krankenkassen und Krankenversicherungen übernommen werden.

Dazu gehören:

Verhaltenstherapie

Die Verhaltenstherapie ist die am stärksten praxisorientierte Therapieform. Hier geht es weniger um die Aufarbeitung unbewusster Konflikte, sondern um Hilfe zur Selbsthilfe. Der Patient erarbeitet aktiv gemeinsam mit dem Therapeuten neue Denk- und Verhaltensmuster. Die Verhaltenstherapie ist die Therapieform, deren Wirksamkeit bei Depressionen am besten untersucht ist. Es gibt zahlreiche Studien, die belegen, dass sie zur Behandlung depressiver Störungen sehr gut geeignet ist.

Analytische Psychotherapie

Bei der analytischen Psychotherapie findet eine intensive Auseinandersetzung mit der Kindheit des Patienten statt. Sie basiert auf der sogenannten Psychoanalyse, die wiederum auf den Theorien von Sigmund Freud aufbaut. Es handelt sich um eine Langzeittherapie, die vor allem aus Gesprächen besteht. Die analytische Psychotherapie ist nicht, wie manchmal zu lesen, identisch mit einer Psychoanalyse. Sie orientiert sich stärker an den von den Krankenkassen vorgegebenen Psychotherapie-Richtlinien, ist zielorientierter und unterliegt mehr Einschränkungen als eine Psychoanalyse.

Tiefenpsychologische Psychotherapie

Auch die tiefenpsychologische Psychotherapie hat ihre Wurzel in der Psychoanalyse. Allerdings konzentriert sie sich stärker auf aktuelle Probleme des Patienten. Sie ist zudem deutlich kürzer als eine analytische Psychotherapie.

Bei den genannten Therapieformen handelt es sich um die Verfahren, deren Kosten von den gesetzlichen Krankenkassen übernommen werden. Das heißt natürlich nicht, dass es nicht noch weitere Verfahren gibt, die ebenfalls wissenschaftlich fundiert und wirksam sind. Dazu zählen zum Beispiel die *Gesprächspsychotherapie* nach Rogers oder die sogenannte *Systemische Therapie*. Beide Verfahren sind wissenschaftlich durchaus anerkannt. Entsprechende Therapieangebote sind aber (noch) nicht erstattungsfähig. Das heißt, sie werden von den gesetzlichen Kassen nicht bezahlt. Einige private Krankenversicherungen übernehmen die Kosten. Privatversicherte müssen dies aber im Einzelfall bei ihrer Versicherung erfragen.

Hinweis:

In der Praxis ist die Trennung der einzelnen Therapieverfahren nicht immer so eindeutig. Insbesondere Therapeuten, die in mehr als einem Therapieverfahren ausgebildet sind, werden im Verlauf der Therapie Elemente aus unterschiedlichen Verfahren einsetzen, wo das sinnvoll erscheint.

Für den Patienten, der auf der Suche nach einem Therapieplatz ist, sind die Unterschiede der verschiedenen Therapieformen oft nur schwer zu durchschauen. Deshalb finden Sie auf den folgenden Seiten Informationen zu den unterschiedlichen Therapieansätzen. Sie können sich dann selbst ein Bild davon machen und entscheiden, welche Form der Therapie für Sie geeignet ist.

Verhaltenstherapie

Die sogenannte Verhaltenstherapie (auch „kognitive Verhaltenstherapie") beschäftigt sich mit Denk- und Verhaltensmustern des Patienten. Ihre Wirksamkeit bei der Behandlung von Depressionen ist sehr gut belegt. In verschiedenen Studien konnte gezeigt werden, dass die Wirksamkeit einer Verhaltenstherapie gegen Depressionen in manchen Fällen mit der eines Antidepressivums vergleichbar ist.

Grundlagen: Negative Denk- und Verhaltensmuster depressiver Patienten

Die Verhaltenstherapie geht von der Annahme aus, dass der depressive Patient bestimmte ungünstige Annahmen und Vorstellungen von sich selbst, seiner Umwelt und davon hat, wie die Welt „funktioniert".

- **Negatives Selbstbild**
  Die Patienten empfinden sich selbst oft als unzulänglich, nicht begehrenswert, fehlerhaft oder gar wertlos. Sie meinen, nichts gut zu können, nicht gebraucht zu werden, immer alles falsch zu machen und so weiter.

- **Negative Annahmen und Vermutungen**
  Die Patienten gehen häufig ohne Grund von verschiedenen negativen Annahmen aus. Sie vermuten, dass andere sie nicht leiden können, oder sie nehmen ohne Grund an, dass ein Kompliment, das sie erhalten, nicht ernst gemeint sei. Sie vermuten, dass andere schlecht über sie denken oder ihnen nichts zutrauen. Sie glauben, dass andere klüger oder fleißiger sind, auch wenn es dafür keinerlei Belege gibt.

- **Negative Erfahrungen**
  Erlebnisse werden häufig negativ interpretiert oder umgedeutet. Selbst ein Lob wird dann als versteckte Kritik oder gar als Lüge empfunden. Leisten die Betroffenen etwas Gutes, betrachten sie es als „Zufallstreffer", als überbewertet oder nicht verdient. In der Rückschau werden negative Erfahrungen überbewertet und positive Erlebnisse ignoriert.

- **Negative Zukunftserwartungen**
  Dementsprechend erwarten die Patienten auch den negativen Ausgang von Ereignissen, die in der Zukunft liegen. Nach dem Prinzip der „Selbsterfüllenden Prophezeiung" lösen sie aber durch diese Erwartungshaltung oft erst das befürchtete Ergebnis aus. Das betrachten sie dann natürlich als Bestätigung ihrer Befürchtungen. Fällt ein Ergebnis wider Erwarten doch positiv aus, wird es, wie oben beschrieben, umgedeutet oder als unwichtig betrachtet. Ein Teufelskreis …

- **Mangelnde Selbstwirksamkeit**
  Die Patienten gehen häufig (unbewusst) davon aus, keinen Einfluss auf ihrer Situation, andere Menschen oder ihre Umwelt allgemein zu haben. Sie fühlen sich hilflos und glauben deshalb, dass es ohnehin keinen Zweck hat, etwas verändern zu wollen.

Bei der Verhaltenstherapie geht es deshalb um folgende Bereiche:

- **Wahrnehmung und Bewusstmachung**
  Der Patient lernt, seine Gedankengänge und Denkmuster besser wahrzunehmen und sich diese bewusst zu machen. Denn oftmals laufen ungünstige und selbstabwertende Gedanken ganz unbewusst ab. Der Patient lernt auch, welche Wirkungen seine ungünstigen Denkmuster haben. Zum Beispiel, dass er sich schlechter fühlt, wenn er denkt, dass jemand ihn nicht mag.

- **Überprüfung auf Angemessenheit**
  Im nächsten Schritt lernt der Patient, selbst zu überprüfen, ob seine Gedanken und/oder sein Verhalten tatsächlich folgerichtig, sinnvoll und hilfreich sind. Insbesondere lernt er, dass unangemessene oder falsche Annahmen nicht nur sinnlos sind, sondern auch einen direkten Einfluss auf seine Stimmung haben.

- **Korrektur**

  Der Patient lernt dann, bessere Alternativen zu finden. Zum Beispiel, negative Annahmen über sich selbst und seine Umwelt
  durch solche zu ersetzen, die realistischer sind. Er lernt, dass er
  durch eine Veränderung seines Denkens direkten Einfluss auf seine Stimmungen nehmen kann.

- **Übertragung ins wirkliche Leben**

  In dieser Phase lernt der Patient, die günstigeren Denkmuster und
  Annahmen auch in sein Verhalten im Alltag zu übertragen. Dies
  geschieht idealerweise so, dass der Patient auch ohne die Hilfe des
  Therapeuten in der Lage ist, die neuen Denk- und Verhaltensmuster in seinem Alltag umzusetzen.

Aufgaben für den Patienten

Im Verlauf der Therapie wird der Therapeut den Patienten immer wieder
bitten, bestimmte Aufgaben durchzuführen. Dazu können zum Beispiel die
folgenden gehören:

- **Gedankentagebuch führen**

  Die Patienten sollen möglichst alle negativen Gedanken, die ihnen
  bewusst werden, für einen bestimmten Zeitraum aufschreiben.

- **Mehrspaltentechnik**

  Diese Aufgabenform dient der Gegenüberstellung von negativen
  Annahmen, Gedanken und Erwartungen und der Realität.

- **Realitätstests**

  Negative Annahmen werden an der Realität getestet. Der Patient
  lernt so direkt, dass seine negativen Denkmuster zumindest zum
  Teil oder manchmal falsch sind.

- **Entkatastrophisieren**

  Hier sollen die Patienten lernen, Probleme nicht mehr automatisch
  als Katastrophen zu betrachten oder zu beschreiben. Das beginnt
  schon bei der Wortwahl. Die Patienten lernen, Wörter wie
  „furchtbar", „schrecklich" oder „unerträglich" durch angemesse-
  nere zu ersetzen.

+ **Aufnahme angenehmer Tätigkeiten**
  Die Patienten finden mithilfe des Therapeuten heraus, was sie gerne tun (oder früher gerne getan haben) und bauen diese angenehmen Tätigkeiten Schritt für Schritt in ihren Alltag ein.

+ **Aufnahme von Sozialkontakten**
  Die Patienten erhalten zum Beispiel die Aufgabe, wieder Kontakt zu alten Freunden oder Bekannten aufzunehmen oder auch neue Sozialkontakte aufzubauen. Dazu kann zum Beispiel gehören, dass der Patient sich in einem Sportverein anmeldet oder sich einer Hobbygruppe anschließt.

Tiefenpsychologische Behandlungsverfahren

Die Tiefenpsychologie geht davon aus, dass unser Denken, Fühlen und Handeln nicht nur unserem Willen unterliegt, sondern auch von unserem Unterbewusstsein beeinflusst wird. So führen vor allem ungelöste innere Konflikte, die zum Teil noch aus der Kindheit stammen können, zu vielfältigen psychischen Problemen im Erwachsenenleben.

Tiefenpsychologische Behandlungsverfahren gehen bei einer Depression davon aus, dass diese durch einen solchen inneren Konflikt ausgelöst oder aufrechterhalten wird. Ziel ist ein besseres Verständnis und ein besserer Umgang mit der eigenen Persönlichkeit und ihren Besonderheiten.

- **Psychoanalyse**
  Die Psychoanalyse konzentriert sich auf die Aufarbeitung von Konflikten aus der Vergangenheit (oft bis zur Kindheit) des Patienten. Diese Form der Therapie ist sehr langwierig. Sie erstreckt sich nicht selten über mehrere Hundert Sitzungen über einen Zeitraum von mehreren Jahren. In den Sitzungen wird der Patient aufgefordert, seinen Gedanken, Gefühlen und Fantasien freien Lauf zu lassen. Das führt oft zu längst vergessenen Erinnerungen und Empfindungen. Der Therapeut verhält sich dabei weitgehend passiv. Meist sitzt er so, dass er vom Patienten nicht gesehen werden kann. Es finden je nach Methode 2 oder 3 Sitzungen pro Woche statt. Ziel ist weniger eine direkte Heilung, sondern vielmehr eine innere Entwicklung des Patienten, die Entwicklung einer Einsicht, die es ihm ermöglicht, besser mit den Auslösern der Erkrankung umzugehen. Damit die Krankenversicherung die Kosten übernimmt, muss ein entsprechender Antrag gestellt und ein Gutachten eingereicht werden, indem die Notwendigkeit begründet wird. Die gesetzlichen Krankenkassen bezahlen bis zu 300 Therapiestunden. Eine kürzere Variante sind die psychodynamischen Kurzzeittherapien. Alternativ werden auch psychoanalytische Gruppentherapien angeboten.

- **Analytische Psychotherapie**
  Die psychoanalytische Psychotherapie basiert auf den Arbeiten und Theorien des Schweizer Psychiaters Carl Gustav Jung, der ein Schüler Sigmund Freuds war. Ähnlich wie die Psychoanalyse beschäftigt sich auch die analytische Psychotherapie mit den unbewussten Einflüssen auf die Psyche des Menschen. Sie zählt zu den sogenannten „Einsichtstherapien", die darauf abzielen, dem Patienten ein besseres Verständnis seines psychischen Leidens zu ermöglichen. Die analytische Psychotherapie orientiert sich stärker an den Psychotherapierichtlinien als eine Psychoanalyse Es finden zwei bis drei Sitzungen pro Woche statt. In der Regel übernimmt die Krankenkasse 160 Therapiestunden. Maximal können es bis zu 300 sein.

- **Tiefenpsychologische Psychotherapie**
  Auch diese Therapieform hat sich aus der psychoanalytischen Therapie entwickelt. Auch hier geht man davon aus, dass der Störung ein innerpsychischer Konflikt zugrunde liegt. Anders als bei der Psychoanalyse konzentriert sich diese Therapieform aber auf einen sogenannten „Zentralen Konflikt". Thematisiert werden vor allem aktuelle psychische Konflikte. Auch hier soll der Patient Einsichten in seine Persönlichkeit, in Zusammenhänge und Ursachen erlangen, um seine Probleme lösen zu können. Die Wirksamkeit der tiefenpsychologisch fundierten Psychotherapie ist ähnlich gut belegt wie die der psychodynamischen Kurzzeittherapie. Es findet eine Sitzung pro Woche statt. Die Krankenkasse übernimmt die Kosten für 50 bis 100 Sitzungen.

- **Psychodynamische Kurzzeittherapie**
  Die psychodynamische Kurzzeittherapie ist auf etwa 12 – 40 Stunden begrenzt. In den ersten Sitzungen wird ein konkretes Problem herausgearbeitet, mit dem sich Therapeut und Patient dann in den restlichen Sitzungen beschäftigen. Themen können zum Beispiel Trauer, aber auch Mobbing im Beruf sein. Die Wirksamkeit der psychodynamischen Kurzzeittherapie ist besser belegt als bei

den anderen tiefenpsychologischen Therapieformen (mit Ausnahme der tiefenpsychologisch fundierten Psychotherapie, deren Wirksamkeit ähnlich gut nachgewiesen ist). Die Bewilligung durch die Krankenversicherung ist aufgrund der kürzeren Therapiedauer in der Regel einfacher und schneller zu erhalten als bei den anderen tiefenpsychologischen Methoden. Die Therapie kann deshalb insbesondere in dringenden Fällen die bessere Wahl sein.

- **Psychoanalytische Gruppentherapie**
  Bei der psychoanalytischen Gruppentherapie nehmen mehrere Patienten und ein Therapeut teil. Der Erfolg dieser Therapie hängt sehr stark davon ab, ob der Patient in der Lage und gewillt ist, seine Gedanken und Gefühle vor einer solchen Gruppe zu äußern. Für Patienten, die gehemmt oder dazu nicht bereit sind, ist diese Form der Therapie nicht geeignet. Der Therapeut beschäftigt sich nicht mit dem einzelnen Patienten, sondern mit der Gruppe als Ganzem. Die Patienten haben also in der Regel nicht die Möglichkeit, individuelle Probleme „unter vier Augen" mit dem Therapeuten zu besprechen.

Andere Therapieformen

Interpersonelle Psychotherapie

Die sogenannte interpersonelle Psychotherapie ist eine Therapieform, die auf der Annahme basiert, dass psychische Probleme durch Kommunikationsstörungen hervorgerufen werden, die wiederum mit gestörten Beziehungen zu anderen Menschen zusammenhängen. Während der Therapie, die sich ganz konkret mit der aktuellen Lebenssituation des Patienten befasst, lernen die Patienten einen besseren Umgang mit anderen Menschen.

Dabei stehen zum Beispiel die folgenden Themen im Mittelpunkt

- Streitigkeiten mit anderen

- Schwierigkeiten im Umgang mit anderen

- Unverarbeitete Verluste von wichtigen Bezugspersonen

- Anpassung an die Veränderungen sozialer Beziehungen

Eine interpersonelle Psychotherapie kann nur wenige Stunden umfassen (Kurzzeittherapie) aber auch länger dauern (bis zu 40 Stunden).

Familientherapie

Bei einer Familientherapie steht nicht allein der depressive Patient im Mittelpunkt, sondern ebenso die anderen Familienmitglieder. Der Patient wird hier als Teil des sozialen Systems Familie betrachtet. Ziel der Therapie ist die Verbesserung der Beziehungen aller Familienmitglieder untereinander.

Erkrankt ein Mensch an einer Depression, sind in der Regel auch die Personen um ihn herum belastet. Sie fühlen sich verunsichert, zurückgewiesen oder auch schlicht überfordert. Eine Familientherapie kann hier sehr hilfreich sein. Die Familienmitglieder lernen die Krankheit und ihre Symptome besser zu verstehen, das Verhalten des Betroffenen besser einzuordnen und hilfreicher darauf reagieren zu können. Auch der Erkrankte selbst erfährt, dass sein Verhalten in bestimmten Fällen für die anderen Familienmitglieder problematisch sein kann.

Angeboten wird eine Familientherapie sowohl von einzelnen Therapeuten als auch von Kliniken und Beratungsstellen. Eine Familientherapie kann auch Bestandteil einer tiefenpsychologischen oder verhaltenstherapeutischen Psychotherapie sein. Es finden bis zu 12 Sitzungen in unregelmäßigen Abständen statt. Eine Familientherapie wird in der Regel <u>nicht</u> von der Krankenkasse bezahlt. Es kann im Einzelfall geklärt werden, ob die eigene Krankenversicherung die Kosten für eine Familientherapie zum Beispiel im Rahmen einer Psychotherapie übernimmt.

Psychotherapeutische Krisenintervention

Eine psychotherapeutische Krisenintervention ist eine kurze intensive Psychotherapie, die sich ganz konkret mit einem akuten Problem des Patienten beschäftigt. Dies kann zum Beispiel ein traumatisches Erlebnis sein, aber auch eine schwere Krise in der Partnerschaft oder Mobbingprobleme im Beruf. Während der psychotherapeutischen Krisenintervention werden Lösungen gesucht, die dem Betroffenen in der akuten Problemsituation helfen können. Psychotherapeutische Kriseninterventionen sind für akute Problemfälle hilfreich und wirksam. Ein Ersatz für eine Psychotherapie bei Depressionen sind sie jedoch nicht.

Wie bekommt man eine Psychotherapie?

Die Entscheidung, eine Psychotherapie zu beginnen, ist ein wichtiger Schritt auf dem Weg zur Heilung oder zur Besserung Ihrer Symptome. Allerdings ist vielen Betroffenen nicht klar, welche Schritte zu unternehmen sind, bevor man eine Psychotherapie beginnen kann. Denn anders als bei der Verschreibung von Krankengymnastik oder Massagen ist es nicht damit getan, mit einem Rezept zum nächstbesten Therapeuten zu gehen. Das beginnt schon mit der notwendigen Bewilligung durch die eigene Krankenversicherung. Auch die Suche nach dem richtigen Therapeuten erfordert mehr Aufwand, als einen Blick ins Telefonbuch. Im Folgenden erfahren Sie, wie Sie eine Psychotherapie beantragen und erhalten.

Erste Anlaufstelle: Hausarzt

Obwohl nicht zwingend erforderlich, ist der Hausarzt die erste Anlaufstelle für die meisten Patienten. Hat man keinen Hausarzt oder hat zum eigenen Hausarzt kein Vertrauen, kann man sich auch direkt an einen psychiatrischen Facharzt (Psychiater) oder an einen Psychologischen Psychotherapeuten wenden. Manche Ärzte haben auch eine Zusatzqualifikation für Psychotherapie erworben und bieten neben ihren „normalen" ärztlichen Leistungen auch Psychotherapie an. In diesem Fall können Sie eine Psychotherapie auch direkt bei dem behandelnden Arzt beginnen.

Brauche ich eine Überweisung von einem Arzt?

Nein, Sie können auch direkt einen Psychologischen Psychotherapeuten aufsuchen, ohne eine Überweisung eines Arztes zu haben. In den meisten Fällen wird es aber nicht so sein, dass der Psychotherapeut Ihre erste Anlaufstelle ist. Die meisten Patienten suchen zunächst ihren Hausarzt auf, der dann in vielen Fällen eine Überweisung zu einem Psychiater oder Psychotherapeuten vornimmt. Aber wie gesagt: Notwendig ist das nicht.

Wartezeiten

Der Bedarf an Psychotherapeuten übersteigt das Angebot bei Weitem. Aus diesem Grund haben fast alle Therapeuten sehr lange Wartelisten. Die Wartezeit für einen ersten Termin kann durchaus mehrere Monate betragen. Leider betrifft das in erster Linie gesetzlich versicherte Patienten. Privatpatienten und Selbstzahler müssen in der Regel weniger lang warten.

Tipp:

Die Wartezeiten in ländlichen Gegenden sind meist länger als in der Großstadt. Insbesondere in Städten, in denen sich Universitäten oder andere Einrichtungen befinden, die Psychotherapeuten ausbilden, gibt es ein deutlich größeres Angebot an Therapeuten. Unter Umständen lohnt es sich deshalb, es dort zu versuchen und die längere Anfahrt in Kauf zu nehmen.

Dringende Fälle

In dringenden Fällen, insbesondere bei Suizidgefahr kann Ihr behandelnder Arzt Ihnen dabei helfen, schnellstmöglich Hilfe zu erhalten. Im Zweifelsfalle nimmt jedes Krankenhaus mit einer psychiatrischen Abteilung einen suizidgefährdeten Patienten jederzeit auf.

Zu welchem Therapeuten soll ich gehen?

Grundsätzlich gilt, dass Patienten die 18 Jahre oder älter sind, einen niedergelassenen Psychotherapeuten mit einer Kassenzulassung aufsuchen sollten. Patienten, die jünger sind, sind bei einem Kinder- und Jugendtherapeuten besser aufgehoben. Alternativ zu niedergelassenen Therapeuten bieten auch viele Ambulanzen psychiatrischer oder psychosomatischer Kliniken, Therapien an. Ebenso die Ambulanzen von Krankenhäusern mit psychiatrischen Abteilungen. Beratungsstellen oder psychologische Beratungsdienste bieten oftmals kostenlose Beratungen an.

Wie finde ich einen Therapeuten?

Unter Umständen kann Ihr Hausarzt oder Psychiater Ihnen einen Therapeuten empfehlen. Insbesondere Psychiater kennen die Therapeuten in der Umgebung in der Regel so gut, dass sie wissen, welcher Therapeut zu Ihnen oder zu Ihrer speziellen Problematik passen könnte. Darüber hinaus haben sowohl die Kassenärztliche Vereinigung als auch die verschiedenen Therapeutenverbände Adresslisten mit Therapeuten. Die entsprechenden Adressen finden Sie im Anhang dieses Buchs.

Informationen über Therapeuten finden Sie auch im Internet. Sowohl in spezialisierten Internetforen als auch auf sogenannten Bewertungsportalen finden Sie Informationen über bestimmte Therapeuten. Aber Vorsicht: Im Internet wird viel gemeckert und es melden sich vor allem die unzufriedenen Patienten zu Wort. Diese Informationen sind also mit Vorsicht zu genießen.

Beantragung der Kostenübernahme

Die Abrechnung mit der Krankenkasse oder Krankenversicherung läuft im Falle einer Psychotherapie ein wenig anders, als beim normalen Arztbesuch. Die Krankenkasse muss die Therapie genehmigen, damit Sie sicher sein können, dass sie auch die Kosten für die Behandlung übernimmt. Abgesehen von den sogenannten probatorischen Sitzungen (Probesitzungen) sollte man keine Psychotherapie beginnen, ohne dass diese Genehmigung der Krankenkasse vorliegt. Einzige Ausnahme: Wer die Therapie aus eigener Tasche zahlt, benötigt diese Zusage zur Kostenübernahme natürlich nicht.

Was ist, wenn man schon einmal eine Psychotherapie gemacht hat?

Auch wer bereits eine Psychotherapie gemacht hat, kann eine weitere Therapie beantragen. Es gelten im Prinzip die gleichen Voraussetzungen wie beim Beantragen einer ersten Psychotherapie. Je nach Krankenversicherer kann es aber Unterschiede geben, wenn die erste Therapie weniger als zwei Jahre zurückliegt. Möglicherweise muss der Antrag dann gesondert von einem Gutachter geprüft werden. Entsprechende Informationen erhalten sie bei Ihrer Krankenkasse oder Krankenversicherung. In der Regel kennt auch der Therapeut, der den Antrag stellt, die entsprechenden Regelungen.

Lesen Sie dazu bitte auch das Kapitel: *„Wie beantragt man die Kostenübernahme für eine Psychotherapie?"*

Wie lange dauert eine Psychotherapie?

Das hängt unter anderem von dem gewählten Therapieverfahren und der von der Krankenkasse genehmigten Therapiedauer ab. Grundsätzlich unterscheidet man sogenannte Kurzzeittherapien, die etwa 25 Therapiesitzungen umfassen und Langzeittherapien, die bis zu 300 Therapiesitzungen und mehr umfassen können. Auch die Anzahl von Therapiesitzungen, die pro Woche stattfinden, hat natürlich einen Einfluss darauf, wie lange eine Therapie dauert. Hier finden Sie einige Durchschnittswerte:

- 45 Stunden Verhaltenstherapie mit einer Sitzung pro Woche: Dauer knapp ein Jahr.

- 160 Stunden analytische Psychotherapie mit zwei Sitzungen pro Woche: etwa 1 ½ Jahre.

- 100 Stunden tiefenpsychologische Psychotherapie mit einer Sitzung pro Woche: etwa 2 Jahre.

Durch Ausfallzeiten (Urlaub, Krankheit etc.) verlängert sich die Therapiedauer entsprechend. In der Regel kann eine Verhaltenstherapie am schnellsten abgeschlossen werden. Eine analytische Psychotherapie kann hingegen bis zu drei Jahren und länger dauern. Man sollte das bei schon bei der Auswahl des Therapieverfahrens bedenken. Auch der relativ hohe Zeitaufwand von mehreren Stunden pro Woche bei einigen Therapieformen sollte bedacht werden. Erfahrungsgemäß lässt die anfängliche Motivation, eine Therapie zu machen, nach einiger Zeit nach. Dann kann es sehr anstrengend oder lästig werden, zwei bis drei Mal pro Woche den Therapeuten aufsuchen zu müssen.

Wann und was zahlt die Krankenkasse?

Im Normalfall werden die Kosten für eine notwendige psychotherapeutische Behandlung von den gesetzlichen Krankenkassen übernommen. Voraussetzungen sind, dass es sich um eine Störung handelt, die in den sogenannten Psychotherapie-Richtlinien aufgeführt ist. Depressionen gehören in jedem Fall dazu. Die Richtlinien wurden vom Bundesausschuss der Ärzte, Psychotherapeuten und Krankenkassen entwickelt. In ihnen sind alle Störungen aufgeführt, für deren psychotherapeutische Behandlung die gesetzlichen Krankenkassen die Kosten übernehmen. Dazu gehören zum Beispiel:

- Depressionen

- Angststörungen

- Zwangsstörungen

- Essstörungen

Damit die Kosten für die Behandlung übernommen werden, müssen folgende Anforderungen erfüllt sein:

Ein zugelassener Arzt oder Psychotherapeut muss eine entsprechende Diagnose stellen (Indikation).

Die Behandlung muss sinnvoll erscheinen.

Es muss sich um ein anerkanntes Therapieverfahren handeln, das von den Krankenkassen zu gelassen ist (Richtlinienverfahren). Zur Zeit trifft das auf die folgenden Therapieverfahren zu:

- Analytische Psychotherapie
  In der Regel 160 Therapiesitzungen. Maximal 300 Therapiesitzungen. (Einzeltherapie) Nach Bewilligung eines entsprechenden Behandlungsantrags.

- Tiefenpsychologische Psychotherapie
  In der Regel 50 Therapiesitzungen. Maximal 100 Therapiesitzungen. (Einzeltherapie) Nach Bewilligung eines entsprechenden Behandlungsantrags.

- Verhaltenstherapie
  In der Regel etwa 45 Therapiesitzungen. Maximal 80 Therapiesitzungen. (Einzeltherapie) Nach Bewilligung eines entsprechenden Behandlungsantrags.

Die Therapie muss von einem Psychologischen Psychotherapeuten oder von einem Arzt mit Psychotherapie als Zusatzqualifikation durchgeführt werden.

In jedem Fall übernommen werden 5 – 8 sogenannte „probatorische Sitzungen". Dabei handelt es sich um Testsitzungen, in denen der Patient herausfinden kann, ob der entsprechende Therapeut der richtige für ihn ist.

Ist die psychotherapeutische Behandlung von der Krankenkasse genehmigt, fallen für die gesetzlich Versicherten keine Kosten an. Bringen Sie zur Behandlung einfach Ihre Krankenversicherungskarte mit. Privatversicherte und Beihilfeberechtigte erhalten vom Therapeuten eine Rechnung gemäß der Gebührenordnung für Psychotherapeuten (GOP). Der Rechnungsbetrag wird dann – wenn die Voraussetzungen dafür erfüllt sind – von der jeweiligen Krankenversicherung erstattet.

Was die Krankenkasse <u>nicht</u> bezahlt:

Nicht zugelassene Therapieverfahren.

Dazu zählen zum Beispiel Gesprächstherapie, Systemische Therapie oder Hypnotherapie.

- Coachings
  Darunter versteht man Trainings, bei denen bestimmte Fähigkeiten erlernt werden sollen. Coachings gibt es für viele Bereiche. Diese reichen vom Bewerbungstraining über freies Sprechen bis hin zum Flirt-Coaching.

- Beratungen
  Ganz gleich, ob Lebensberatung, Erziehungsberatung, Eheberatung oder Sexualberatung. Diese Kosten werden von den Krankenkassen nicht übernommen.

- Paartherapien
  Die Kosten für die Einbeziehung des Partners in eine Therapie werden nur dann von der Krankenkasse übernommen, wenn sie Teil einer Psychotherapie ist, für die die Kasse die Erstattung zugesichert hat. Das kann zum Beispiel der Fall sein, wenn zu einzelnen Sitzungen auch Familienmitglieder hinzugebeten werden.

Beachten Sie bitte, dass auch für zugelassene Verfahren ein Antrag bei Ihrer Krankenversicherung gestellt werden muss. Erst wenn dieser positiv beschieden wurde, kann die eigentliche Therapie beginnen.

Private Krankenversicherung

Für privat versicherte Patienten treffen unter Umständen andere Regelungen zu. Ob und welche psychotherapeutischen Leistungen von der privaten Krankenversicherung übernommen werden, hängt von der Art des abgeschlossenen Versicherungsvertrags ab. Im Gegensatz zur gesetzlichen Krankenversicherung können private Versicherungen Psychotherapie aus ihren Verträgen ausschließen. Beinhaltet der eigene Vertrag einen solchen Ausschluss, muss der Versicherte die Kosten für die Therapie selbst tragen. Einzelheiten dazu können Sie Ihrer Versicherungspolice entnehmen oder bei Ihrem Versicherer erfragen.

Nicht versicherte Patienten

Wer nicht krankenversichert ist und nachweislich die Kosten für eine notwendige Behandlung nicht selbst tragen kann, sollte Kontakt zum Sozialamt aufnehmen. Nach Bewilligung eines entsprechenden Antrags können die Kosten für eine Therapie übernommen werden.

Kostenlose Alternativen

Für Fälle, in denen eine Kostenübernahme durch eine Krankenversicherung nicht möglich und eine private Abrechnung keine Alternative ist, gibt es zum Beispiel die Psychologischen Beratungsstellen der Caritas oder der Diakonie. Auch die sozialpsychiatrischen Dienste der einzelnen Bundesländer sind eine gute Anlaufstelle, wenn es um Probleme von nicht versicherten Patienten geht. Die entsprechenden Adressen finden Sie im Anhang des Buchs.

Was sollte man vor Beginn einer Psychotherapie klären?

Um Missverständnisse, verlorene Zeit, und Probleme (z. B. bei der Kostenübernahme) zu vermeiden, gibt es einige Dinge, die man vor Beginn einer Psychotherapie klären sollte.

Was Sie vor Beginn der Therapie mit dem Therapeuten klären sollten

- ✓ Ist der Therapeut berechtigt, mit Ihrer Krankenversicherung abzurechnen?
- ✓ Hat die eigene Krankenkasse oder Krankenversicherung die Kostenübernahme für die Behandlung zugesichert?
- ✓ Wie viele Sitzungen wurden bewilligt?
- ✓ Welche Kosten haben Sie selbst zu tragen?
- ✓ Nach welcher Methode will der Therapeut mit Ihnen arbeiten?
- ✓ Wie lange wird die Therapie dauern?
- ✓ Welche Ergebnisse sind zu erwarten?
- ✓ Was passiert, wenn Sie einen Termin absagen müssen?
- ✓ Ist der Therapeut im Notfall telefonisch auch außerhalb der Sitzungen erreichbar?

Probatorische Sitzungen (Probesitzungen)

Es ist üblich, vor Beginn einer Therapie, einige Probesitzungen bei einem Therapeuten durchzuführen. Solche Testsitzungen werden „probatorische Sitzungen" genannt. Es handelt sich salopp gesprochen, um „Schnupperstunden".

Sie haben das Recht, 5 – 8 solcher Sitzungen bei einem Therapeuten durchzuführen, bevor Sie sich entscheiden, ob dieser Therapeut, der richtige für Sie ist. Die Kosten für die probatorischen Sitzungen werden von der Krankenversicherung übernommen. Die probatorischen Sitzungen müssen im Gegensatz zur anschließenden Therapie auch nicht beantragt werden. Sie müssen nur Ihre Krankenversicherungskarte vorlegen. Wenn Sie im Verlauf der Probesitzungen feststellen, dass der Therapeut nicht zu Ihnen passt oder er Ihnen einfach nicht sympathisch ist, sollten Sie das sagen. Es ist wichtig, dass Sie sich bei einem Therapeuten gut „aufgehoben" fühlen. Es macht keinen Sinn, nur aus Höflichkeit bei einem Therapeuten zu bleiben. In dieser Phase der Behandlung können Sie jederzeit mitteilen, dass Sie die Behandlung bei diesem Therapeuten nicht fortsetzen wollen. Nutzen Sie diese Testsitzungen. Der Erfolg einer Therapie hängt maßgeblich davon ab, dass Sie dem Therapeuten vertrauen und mit seiner Art der Therapie einverstanden und zufrieden sind

Tipp: Der Therapeut muss sympathisch sein.

Für den Erfolg einer Psychotherapie spielt ein gutes Verhältnis zwischen Therapeut und Patient eine wichtige Rolle. Die Wahrscheinlichkeit, dass in den Gesprächen mit dem Therapeuten oder der Therapeutin auch unangenehme, schmerzliche oder peinliche Themen zur Sprache kommen, ist relativ groß. Sie sollten den Therapeuten also auch unter dem Aspekt einschätzen, ob Sie mit Ihm problemlos über solche Themen sprechen können. Ist das nicht der Fall, ist es besser, einen anderen Therapeuten zu finden.

Vorsicht: Berufsunfähigkeitsversicherung!

Wer vorhat, in absehbarer Zeit, eine Berufsunfähigkeitsversicherung abzuschließen, sollte sich vor Beginn einer Psychotherapie genau darüber informieren. Einige Versicherer lehnen neue Kunden, die in der Vergangenheit eine Psychotherapie gemacht haben, grundsätzlich ab. Es macht also Sinn, eine solche Versicherung vor dem Beginn der Therapie abzuschließen. Unter Umständen ist es auch möglich, einen Vertrag mit einem befristeten Ausschluss abzuschließen. Wichtig ist, das vor Beginn der Therapie zu klären.

Wie beantragt man die Kostenübernahme für eine Psychotherapie?

Die gesetzlichen Krankenkassen sind verpflichtet, Ihren Mitgliedern eine Psychotherapie zu ermöglichen.

In der Regel erfolgt die Therapie bei einem niedergelassenen approbierten (zugelassenen) Psychotherapeuten, der bei der zuständigen Kassenärztlichen Vereinigung zugelassen ist. Nur solche Psychotherapeuten können ohne Sondergenehmigung mit der Krankenkasse oder Krankenversicherung abrechnen. Nicht approbierte Therapeuten stellen ihren Patienten die Behandlung privat in Rechnung. Man sollte also schon bei der Therapeutensuche darauf achten.

Haben Sie einen Therapeuten gefunden, der alle Voraussetzungen erfüllt, wird dieser den Antrag zur Kostenübernahme bei der Krankenkasse oder Krankenversicherung stellen. Dazu notwendig ist ein sogenannter *Konsiliarbericht.* Ein Konsiliarbericht ist das Ergebnis einer medizinischen Untersuchung durch einen Arzt, aus der hervorgeht, dass die Erkrankung keine körperlichen Ursachen hat. Nach einer Bearbeitungszeit von 1 – 4 Wochen liegt in der Regel die Zusage zur Kostenübernahme der Krankenkasse oder Krankenversicherung vor. Ab diesem Zeitpunkt können Sie mit der eigentlichen Therapie beginnen.

Kostenübernahme für Therapeuten ohne Kassenzulassung

Aufgrund der Überlastung zugelassener Therapeuten und der daraus resultierenden Wartezeiten für die Patienten, können die Kassen auch eine Therapie bei einem Therapeuten ohne Kassenzulassung genehmigen. Wer also einen Therapeuten ohne Kassenzulassung mit einem freien Therapieplatz gefunden hat, sollte beim zuständigen Sachbearbeiter seiner Krankenkasse oder Krankenversicherung klären, unter welchen Voraussetzungen die Kosten übernommen werden. Im Normalfall müssen Sie als Patient nachweisen, dass kein zugelassener Therapeut in den nächsten Monaten einen freien Therapieplatz hat. Entsprechende Absagen sollte man sich schriftlich geben lassen und ggf. bei der Krankenkasse vorlegen. Zusätzlich benötigt man eine Notwendigkeits- oder Dringlichkeitsbescheinigung eines Arztes oder eines Psychotherapeuten, die besagt, dass die Behandlung dringend ist und nicht aufgeschoben werden kann. Liegt eine entsprechende Ausnahmegenehmigung der Krankenkasse vor, stellt der Therapeut dem Patienten seine Leistungen in Rechnung. Dieser kann die Rechnungen dann zur Erstattung bei seiner Krankenkasse vorlegen.

Achtung: Privatpatienten

Wer privat krankenversichert ist, sollte immer zuerst mit seiner Krankenversicherung klären, ob und in welchem Umfang die Kosten für eine Psychotherapie erstattet werden. Die Regelungen unterscheiden sich hier zum Teil deutlich von denen der gesetzlich versicherten Patienten. So schließen manche Tarife in der privaten Krankenversicherung die Kostenübernahme für Psychotherapie aus, oder es werden möglicherweise Kosten erstattet, die die gesetzliche Krankenversicherung nicht übernimmt. Da die Kosten für eine Psychotherapie bei Nicht-Übernahme für den Patienten erheblich sein können, empfiehlt es sich, dies in jedem Fall vor Beginn einer Behandlung zu klären!

Wer darf Psychotherapie anbieten?

In Deutschland ist es gesetzlich genau geregelt, welche Ausbildungen und Qualifikationen notwendig sind, um Psychotherapie anbieten zu dürfen. Allerdings ist es für den Laien nicht ganz einfach, die unterschiedlichen Angebote und Qualifikationen zu unterscheiden. Im Folgenden finden Sie eine Liste aller Berufsgruppen, die in Deutschland Psychotherapie anbieten dürfen.

Psychologische Psychotherapeuten

Psychologische Psychotherapeuten haben in der Regel einen Studienabschluss als Diplompsychologe oder einen entsprechenden Masterabschluss erworben. Sie haben eine zusätzliche Ausbildung zum Psychotherapeuten absolviert. Psychologische Psychotherapeuten sind keine Ärzte, können also zum Beispiel keine Medikamente verschreiben. Zugelassene niedergelassene Psychologische Psychotherapeuten können mit Krankenkassen bzw. Krankenversicherungen abrechnen. Eine Überweisung vom Psychiater oder Hausarzt ist nicht notwendig.

Kinder- und Jugendpsychotherapeuten

Kinder- und Jugendpsychotherapeuten behandeln Kinder und Jugendliche, die nicht älter als 21 Jahre alt sind. Viele Kinder- und Jugendpsychotherapeuten haben die gleiche universitäre Ausbildung wie die Psychologischen Psychotherapeuten, haben jedoch eine Weiterbildung mit dem Schwerpunkt auf der Therapie von Kindern und Jugendlichen absolviert. Andere haben ihre Therapeutenausbildung nach Abschluss eines Studiums der Pädagogik, Sozialpädagogik oder anderer sozialwissenschaftlicher Fächer absolviert.

Fachärzte, deren Ausbildung Psychotherapie beinhaltet

Dazu zählen die Fachärzte für Psychiatrie und Psychotherapie, Fachärzte für psychosomatische Medizin und Psychotherapie sowie Fachärzte für Kinder- und Jugendpsychiatrie.

Viele Patienten gehen fälschlicherweise davon aus, dass ein Psychiater automatisch berechtigt ist, Psychotherapie anzubieten. Das ist aber nicht immer der Fall. Auch wenn Psychiater eine fundierte Ausbildung in Bezug auf psychische Erkrankungen haben, dürfen nicht alle automatisch auch Psychotherapie anbieten. Psychotherapie war früher nicht Bestandteil der Ausbildung. Psychiater, die in dieser Zeit ausgebildet wurden, erlangen die

Berechtigung erst durch eine Zusatzausbildung für Psychotherapie. Erst seit einigen Jahren gehört Psychotherapie zur Facharztausbildung für Psychiatrie. Die Berufsbezeichnung lautet dann zum Beispiel „Facharzt für Psychiatrie und Psychotherapie".

Ärzte mit einer Zusatzausbildung in Psychotherapie

Ärzte aus anderen Fachrichtungen können eine Zusatzausbildung in Psychotherapie bzw. in „fachgebundener Psychotherapie" machen. Sie sind dann ebenfalls berechtigt, Psychotherapie anzubieten. Während Ärzte mit Zusatzausbildung früher alle Formen psychischer Erkrankungen therapieren durften, schränken die neuen Weiterbildungsverordnungen die Psychotherapie auf Erkrankungen aus dem eigenen Fachgebiet des Arztes ein.

Heilpraktiker und Heilpraktiker für Psychotherapie

Heilpraktiker und Heilpraktiker für Psychotherapie dürfen in Deutschland Psychotherapie anbieten. Allerdings können sie in der Regel nicht mit den Krankenkassen abrechnen.

Lesen Sie dazu bitte auch: *„Kann man auch zu einem Heilpraktiker gehen?"*

Berechtigung ist nicht gleich Kassenzulassung!

Eine Berechtigung, Psychotherapie anbieten zu dürfen, darf nicht mit einer Krankenkassenzulassung verwechselt werden. Es gibt eine Reihe von Psychotherapeuten, die zwar die Berechtigung zur Psychotherapie, nicht aber eine Zulassung bei der Kassenärztlichen Vereinigung haben. Außer in Ausnahmefällen muss der Patient die Kosten für die Behandlung bei diesen Therapeuten selbst tragen.

Kann man auch zu einem Heilpraktiker gehen?

Ärzte und Psychologische Psychotherapeuten haben in Deutschland eine sogenannte Approbation. Das ist eine spezielle staatliche Zulassung für diese Berufsgruppen. Daneben gibt es in Deutschland noch die Berufsgruppe der Heilpraktiker. Diese haben keine staatliche Approbation, dürfen aber nach dem deutschen „Heilpraktikergesetz" ebenfalls bestimmte Krankheiten und Störungen zu behandeln.

Auch Heilpraktiker dürfen unter bestimmten Voraussetzungen Psychotherapie anbieten. Sie dürfen sich allerdings nicht „Psychotherapeut" nennen, weshalb man auf dem Praxisschild häufig Bezeichnungen wie „Heilpraktiker für Psychotherapie" oder „Praxis für Psychotherapie nach dem Heilpraktikergesetz" findet.

Es gibt den sogenannten „Voll-Heilpraktiker" oder „Großen Heilpraktiker" und den „Kleinen Heilpraktiker". Letzterer hat nur den psychotherapeutischen Teil der Heilpraktikerausbildung absolviert. In manchen Fällen bieten auch Psychologen mit Diplom- oder Masterabschluss, die keine Zusatzausbildung gemacht haben, Psychotherapie nach dem Heilpraktikergesetz an.

Problematisch: Die Ausbildung und Qualifikation eines Heilpraktikers ist in der Regel nicht mit der eines zugelassenen Psychotherapeuten zu vergleichen. Das heißt nicht, dass es keine fähigen Heilpraktiker für Psychotherapie gibt. Es ist jedoch für die Patienten nur schwer überprüfbar, ob ein Heilpraktiker für Psychotherapie wirklich gute Arbeit leistet. Im Zweifelsfalle ist es nützlich, im Internet oder Bekanntenkreis Meinungen anderer Patienten einzuholen, die mit dem entsprechenden Therapeuten bereits Erfahrungen gemacht haben.

Kostenübernahme:

Heilpraktiker oder Heilpraktiker für Psychotherapie können ihre Leistungen nur in Ausnahmefällen mit den gesetzlichen Krankenversicherungen abrechnen. Private Krankenversicherungen oder private Zusatzversicherungen übernehmen die Kosten für eine Therapie bei einem Heilpraktiker in manchen Fällen. Aber auch hier empfiehlt es sich, dies <u>vor</u> Beginn der Behandlung mit der Versicherung zu klären.

Was ist der Unterschied zwischen einem Psychologen, einem Psychotherapeuten, einem Psychiater und einem Neurologen?

Vielen Patienten ist nicht klar, dass es große Unterschiede zwischen Psychiatern, Psychotherapeuten und Psychologen gibt. Die zum Teil ähnlich klingenden Berufsbezeichnungen sind für die Patienten oftmals verwirrend. Deshalb folgt hier eine kurze Erläuterung:

Psychiater (Facharzt für Psychiatrie (und Psychotherapie))

Der Psychiater ist ein Facharzt, der sich auf die Behandlung seelischer Erkrankungen spezialisiert hat. Der Psychiater darf Medikamente (z. B. Antidepressiva) verschreiben. Viele Psychiater bieten neben der Behandlung mit Medikamenten auch unterschiedliche Formen von Psychotherapien (z. B Verhaltenstherapie) an. Psychiater haben ein Medizinstudium absolviert und anschließend eine Zusatzqualifikation für den Fachbereich Psychiatrie erworben. Ein Psychiater ist ein Facharzt. Er ist für seelische Erkrankungen das Gleiche, wie ein Orthopäde für Erkrankungen von Knochen, Muskeln und Sehnen. Ein Psychiater ist nicht automatisch auch ein Psychotherapeut. Nur Psychiater, die eine entsprechende (Zusatz-) Ausbildung gemacht haben, dürfen auch Psychotherapie anbieten.

Neurologe (Facharzt für Neurologie)

Neurologen beschäftigen sich nicht mit seelischen Erkrankungen. Sie sind für die Behandlung organischer Erkrankungen und Störungen des Nervensystems, des Rückenmarks und des Gehirns zuständig. Ein Neurologe überprüft zum Beispiel die Leitfähigkeit von Nervenbahnen, behandelt Schlaganfälle oder Lähmungen.

Den Unterschied zwischen Psychiater und Neurologe kann man sich leichter merken, wenn man sich den Menschen als Computer vorstellt. Der Psychiater ist dann zuständig für die Software, also die Programme, die auf dem Computerlaufen. Der Neurologe ist zuständig für die Hardware, also die Bauteile, Kabel und so weiter. Die Bezeichnung „Nervenarzt" wird umgangssprachlich sowohl für Psychiater als auch für Neurologen verwendet. Viele Psychiater bzw. Neurologen haben auch eine Doppelqualifikation als Psychiater und als Neurologe. Ebenfalls zur Verwirrung trägt die Tatsache bei, dass manche Patienten darauf bestehen, bei einem „Neurologen" in Behandlung zu sein, obwohl es sich eigentlich um einen Psychiater handelt. Insbesondere älteren Patienten ist es häufig unangenehm, zu einem „Psychiater" zu gehen. Sie wählen dann lieber die sozial besser akzeptierte Bezeichnung „Neurologe".

Psychologe

Ein Psychologe ist jemand, der ein Studium der Psychologie abgeschlossen hat (bzw. Master of Science (Psychologie)). Ein Psychologe ist <u>kein</u> Arzt und darf dementsprechend auch keine Medikamente verschreiben. Ein Psychologe ohne die Zusatzausbildung (Psychotherapie) ist <u>kein</u> Psychotherapeut! Noch deutlicher wird der Unterschied, wenn man typische Betätigungsfelder von Psychologen betrachtet. Diese sind außerhalb der Medizin äußerst vielfältig. So sind Psychologen zum Beispiel in den Bereichen Unternehmensberatung, Personalmanagement, Polizei, Erziehungsberatung, Verkehrswesen oder in der Bildungsberatung tätig.

Psychotherapeut (Psychologischer Psychotherapeut)

Die korrekte Berufsbezeichnung lautet „Psychologischer Psychotherapeut". Dies ist eine gesetzlich geschützte Berufsbezeichnung. Diese Berufsbezeichnung darf nur von Personen geführt werden, die eine staatlich anerkannte Zusatzausbildung (Psychotherapie) erfolgreich absolviert haben. In der Regel handelt es sich dabei um Psychologen, die die Zusatzausbildung nach ihrem Studium gemacht haben. Psychologische Psychotherapeuten sind <u>keine</u> Ärzte und dürfen dementsprechend auch keine verschreibungspflichtigen Medikamente verordnen oder ausgeben. Der Schwerpunkt ihrer Tätigkeit ist die Psychotherapie.

Facharzt für Psychotherapie

Beim Facharzt für Psychotherapie handelt es sich um einen Arzt mit einem abgeschlossenen Medizinstudium, der eine staatlich anerkannte Zusatzausbildung (Psychotherapie) absolviert hat. Der Facharzt für Psychotherapie darf Psychotherapien anbieten und diese mit den Krankenversicherungen abrechnen. Da er gleichzeitig Arzt ist, darf er auch Medikamente verordnen oder ausgeben. Im Gegensatz zum Psychiater liegt sein Arbeitsschwerpunkt aber weniger auf der medikamentösen, sondern auf der psychotherapeutischen Behandlung von seelischen Erkrankungen und Störungen.

Heilpraktiker und Heilpraktiker für Psychotherapie

Heilpraktiker oder Heilpraktiker für Psychotherapie dürfen sich <u>nicht</u> „Psychotherapeuten" nennen, da es sich hier um eine geschützte Berufsbezeichnung (siehe oben) handelt. Sie dürfen aber zum Beispiel auf ihrem

Praxisschild oder auf einer Visitenkarte die Bezeichnung „Psychotherapie" verwenden. Zum Beispiel: „Praxis für Psychotherapie nach dem Heilpraktikergesetz". Das ist natürlich sehr verwirrend und nicht wenige Patienten sitzen einem Irrtum auf, wenn sie vermuten, dass sich dahinter ein Psychologischer Psychotherapeut oder ein Arzt verbirgt. Heilpraktiker sind keine Ärzte, dürfen keine verschreibungspflichtigen Medikamente verordnen und in der Regel nicht mit den Krankenkassen abrechnen.

Psychologischer Berater, Lebensberater, Coach

Unter diesen und ähnlichen Bezeichnungen bieten unterschiedlichste Menschen ihre Dienste an. Die genannten Berufsbezeichnungen sind nicht gesetzlich geschützt. Das heißt, dass sich jeder so nennen darf. Deshalb sind diese Bezeichnungen keine Gewähr dafür, dass der Betreffende über die Befähigung verfügt, psychologische Behandlungen oder auch nur Beratungen durchzuführen. Die genannten Anbieter haben keine Zulassung zur Abrechnung mit den Krankenversicherungen. Sie dürfen keine Psychotherapie anbieten und auch keine Medikamente verordnen oder ausgeben. Die Leistungen müssen generell privat bezahlt werden.

Welche Therapie ist die richtige für mich?

Nicht jede Form der Psychotherapie ist für jeden Patienten gleich gut ge-eignet. Es kann einige Zeit in Anspruch nehmen, herauszufinden, welche Methode die richtige ist. Mit ausschlaggebend für die Wahl sollte sicher auch das Urteil des behandelnden Psychiaters sein. Er kann in der Regel am besten beurteilen, welche Therapieform für die vorliegende Störung und ihre Ursachen die beste ist. Aber auch das subjektive Empfinden des Patienten spielt eine wichtige Rolle. Er muss sich mit der Methode auch identifizieren können und wohlfühlen.

Erfahrungsgemäß spielt die Persönlichkeit des Therapeuten eine mindes-tens ebenso wichtige Rolle wie die angewandte Methode. Wer keine Sym-pathie für oder kein Vertrauen zu einem Therapeuten empfindet, wird auch dann nicht mit ihm klarkommen, wenn er dessen Methode befürwortet. Verschiedene Therapieformen unterscheiden sich auch hinsichtlich ihrer Dauer und er Häufigkeit der Therapiesitzungen. Auch das ist für die Wahl der Methode kein unwichtiger Faktor. Denn nicht jeder möchte eine The-rapie machen, die drei Jahre dauert oder bei der pro Woche mehrere Sit-zungen notwendig sind.

Um herauszufinden, welche Therapie und welcher Therapeut für einen selbst der richtige ist, sollte man folgendes tun:

Gespräche mit dem behandelnden Hausarzt oder Psychiater

Er weiß, welche Therapie bei der vorliegenden Störung mit all ihren Be-gleitumständen am erfolgversprechendsten ist. In der Regel kennt ein Psy-chiater auch einige Therapeuten und kann einschätzen, ob ein bestimmter Therapeut zum Patienten passt oder nicht.

Informationen einholen

Dazu gehören Informationen zu unterschiedlichen Therapieformen (das tun Sie gerade, während Sie diese Zeilen lesen), als auch Informationen über verschiedene Therapeuten. Informationen über Therapeuten erhalten Sie zum Beispiel im Internet auf verschiedenen Bewertungsportalen, aber auch in Internetforen oder im persönlichen Gespräch zum Beispiel mit Mitgliedern einer Selbsthilfegruppe.

Probatorische Sitzungen

Nutzen Sie die Möglichkeit, vor Beginn einer Therapie einige Probesitzungen bei dem entsprechenden Therapeuten durchzuführen.

Weitere Informationen dazu finden Sie im Abschnitt: „*Was sollte man vor Beginn einer Psychotherapie klären?*"

Woran erkennt man einen guten Therapeuten?

Leider stellt es sich für die meisten Patienten bereits als äußerst schwierig heraus, überhaupt einen Therapeuten zu finden, der in absehbarer Zeit einen neuen Patienten annimmt. Die Versorgung mit qualifizierten Psychotherapeuten steht leider in einem ungünstigen Verhältnis zur Zahl derer, die einen Therapeuten suchen oder benötigen.

Die Chemie muss stimmen

Trotzdem sollte man nicht völlig kritiklos jeden Therapeuten akzeptieren, bei dem man gerade einen Termin bekommt. Die Qualifikation des Therapeuten, seine Therapieausrichtung und auch das eigene „Bauchgefühl" spielen nämlich eine wichtige Rolle, wenn es darum geht, ob eine Therapie erfolgreich verläuft oder nicht. Grundsätzlich sollten Sie sich bei einem Therapeuten wohlfühlen. Mit einem Therapeuten, der Ihnen unsympathisch ist, werden Sie nicht erfolgreich arbeiten können. Auf der anderen Seite ist es natürlich die Aufgabe eines Therapeuten, Sie zu fordern. Denn nur so können Sie sich weiterentwickeln. Ein Therapeut, der nur „Wohlfühlsitzungen" abhält, ist also ebenfalls nicht geeignet.

Es ist also eine nicht ganz einfache Aufgabe, den Therapeuten zu finden, der am besten zu einem selbst passt. Patienten, die gerade eine depressive Episode durchmachen, können davon überfordert sein. Es macht dann Sinn, sich Unterstützung zu suchen (zum Beispiel durch den Partner oder einen guten Freund) oder sich einfach auf den Rat des behandelnden Psychiaters zu verlassen.

Hier erfahren Sie, was andere Patienten über einen Therapeuten denken:

- Bekanntenkreis

- Selbsthilfegruppen

- Internetportale

- Internetforen

- Hausarzt

Beachten Sie, dass die Bewertungen im Internet nicht immer objektiv sind, da sich erfahrungsgemäß vor allem solche Patienten melden, die mit einem Arzt oder Therapeuten <u>nicht</u> zufrieden sind. Wenn sich allerdings bei einem Therapeuten Beschwerden und schlechte Bewertungen häufen, ist Vorsicht geboten.

Checkliste während der Behandlung

Wenn Sie bereits Kontakt zum Therapeuten haben, oder sich in der probatorischen Phase befinden, können Sie sich mithilfe der folgenden Checkliste ein Urteil bilden:

- ✓ Ist mir der Therapeut sympathisch?
- ✓ Fühle ich mich bei ihm gut „aufgehoben"?
- ✓ Kann der Therapeut meine Probleme/meine Situation verstehen oder nachvollziehen?
- ✓ Kann ich jederzeit Fragen stellen und erhalte ich Antworten, die ich verstehe?
- ✓ Erklärt der Therapeut seine Vorgehensweise und Behandlungsziele?
- ✓ Komme ich ausreichend zu Wort, oder redet vor allem der Therapeut?
- ✓ Hat der Therapeut Erfahrungen mit meiner Störung?
- ✓ Kann ich den Therapeuten in Notfällen auch zwischen den Sitzungen erreichen?
- ✓ Ist der Therapeut ehrlich? Klärt er mich auch über mögliche Probleme auf?
- ✓ Weiß der Therapeut bei jeder Sitzung noch darüber Bescheid, was in der letzten Sitzung besprochen oder vereinbart wurde?
- ✓ Bekomme ich „Hausaufgaben" und achtet der Therapeut darauf, dass ich diese Aufgaben auch erfülle?
- ✓ Fordert mich der Therapeut im Rahmen meiner Möglichkeiten, oder sitze ich nur meine Zeit ab?
- ✓ Wie reagiert der Therapeut, wenn ich bestimmte Dinge nicht tun möchte?
- ✓ Kann ich problemlos Kritik üben?

✓ Habe ich nach spätestens 4 – 6 Wochen das Gefühl, dass die Therapie „etwas bringt"? Bemerke ich Fortschritte?

Unterliegen Psychotherapeuten der Schweigepflicht?

Ja, nach § 203 des Strafgesetzbuchs und nach § 8 der Berufsordnung für Psychologische Psychotherapeuten sind Psychotherapeuten dazu verpflichtet, Stillschweigen über alle persönlichen Informationen und Daten ihrer Patienten zu wahren. Das gilt im Übrigen auch gegenüber Ihrer Krankenversicherung und gegenüber Ihrem Arbeitgeber. An die Schweigepflicht sind nicht nur die Psychotherapeuten gebunden, sondern auch deren Angestellte wie Praxishelfer oder Sekretäre bzw. Sekretärinnen.

Ausnahmen:

In Notfällen, zum Beispiel bei akuter Suizidgefahr des Patienten oder, wenn eine ernsthafte Gefahr für andere droht, darf der Therapeut seine Schweigepflicht brechen. Das Gleiche gilt, wenn schwere Straftaten begangen wurden, angekündigt wurden oder zu befürchten sind.

Ist der Patient noch minderjährig, liegt es im Ermessen des Therapeuten, ob die Information der Erziehungsberechtigten für eine erfolgreiche Behandlung erforderlich oder unter Umständen auch hinderlich ist. Letzteres könnte zum Beispiel im Fall eines Kindesmissbrauchs der Fall sein.

Patienten können den Therapeuten auch selbst von seiner Schweigepflicht gegenüber bestimmten Personen entbinden. Das macht zum Beispiel Sinn, wenn auch Gespräche zwischen dem Therapeuten und Familienangehörigen (zum Beispiel mit dem Partner, den Kindern, oder Eltern) stattfinden sollen. Eine solche Entbindung von der Schweigepflicht sollte zur Absicherung von Therapeut und Patient immer schriftlich erfolgen.

Woher weiß man, dass man eine Therapie beenden kann?

Leider gibt es noch keine Methode, mit der man genau nachmessen könnte, wie weit ein Patient in seiner Therapie fortgeschritten ist. Weder ein MRT noch eine Messung der Gehirnströme können darüber Auskunft geben. Das kann im Grunde nur der Patient selbst. Nur er kann sagen, ob er sich besser fühlt und ob meint dafür gerüstet zu sein, seinen Alltag erfolgreich zu bewältigen.

Zitat:

„Eine Psychotherapie ist wie die Erziehung durch die Eltern. Beide sollten das Ziel haben, selbst irgendwann überflüssig zu werden." (Ein befreundeter Therapeut)

Sie haben in den Kapiteln zu den verschiedenen Therapieformen ja bereits gelesen, dass eine Therapie, je nach Therapiemethode, unterschiedlich lang dauern kann. Grundsätzlich geht man heute davon aus, dass eine Therapie innerhalb eines überschaubaren Zeitraums abgeschlossen werden sollte. Eine Therapie dauert also in der Regel Wochen oder Monate, nicht aber Jahre. Von Ausnahmen abgesehen, ist die Dauer der Therapie auch durch die Anzahl der von der Krankenversicherung genehmigten Zahl von Therapiesitzungen begrenzt.

Im Normalfall wird eine Therapie nicht von heute auf morgen beendet. Man versucht vielmehr, nach und nach die Intervalle zwischen zwei Sitzungen zu vergrößern. Stellt der Patient fest, dass er mit den größeren zeitlichen Abständen gut klarkommt, kann man diese weiter verlängern und schließlich die Therapie endgültig beenden.

Ziele vereinbaren und überprüfen

Jeder gute Therapeut wird schon zu Beginn der Therapie gemeinsam mit dem Patienten bestimmte Therapieziele vereinbaren und diese auch schriftlich festhalten. Überprüfen Sie regelmäßig, ob Sie sich im Verlauf der Therapie diesen Zielen annähern oder diese erreichen. Haben Sie alle oder die meisten der vereinbarten Ziele erreicht, kann man darüber nachdenken, die Therapie langsam auslaufen zu lassen. Aber auch der umgekehrte Fall gilt. Wenn Sie das Gefühl haben, dass sich auch nach Wochen oder Monaten der Therapie nichts bewegt und Sie Ihren Zielen nicht näherkommen, sollten Sie darüber mit dem Therapeuten sprechen. Ist er dazu nicht bereit, oder kann er Ihre Fragen nicht zufriedenstellend beantworten, sollten Sie darüber nachdenken, die Therapie zu beenden oder den Therapeuten zu wechseln.

Therapie nicht eigenmächtig beenden

Es kommt vor, dass Patienten, die sich bei einem Therapeuten nicht gut aufgehoben fühlen oder meinen, keine Fortschritte zu machen, einfach nicht mehr zur Therapie erscheinen. Das sollten Sie keinesfalls tun. Zum einen ist die Therapie wichtig für Ihre Genesung, zum anderen kann es Probleme mit Ihrer Krankenkasse oder Krankenversicherung geben, wenn Sie die Therapie ohne Rücksprache abbrechen. Spätestens, wenn Sie zu einem späteren Zeitpunkt erneut eine Therapie beantragen wollen, kann es dann Schwierigkeiten geben.

Therapieende als Vermeidungsstrategie?

Es kommt gar nicht so selten vor, dass Patienten eine Therapie beenden wollen, wenn diese sich einem kritischen Punkt nähert. Sei es, dass Probleme angesprochen werden, die dem Patienten unangenehm sind oder Dinge, die er als besonders schmerzlich empfindet. Diese Reaktion ist nur zu verständlich, allerdings ist sie im Hinblick auf den Heilungsprozess nicht hilfreich. Das Beste in einem solchen Fall ist es, die Widerstände mit dem Therapeuten zu besprechen. Ein guter Therapeut kennt das Problem und weiß damit umzugehen.

BEHANDLUNG IN DER KLINIK

Die meisten Menschen haben eine völlig falsche Vorstellung davon, wie es in einer psychiatrischen Klinik zugeht. Diese ist oft geprägt von Bildern aus alten Hollywoodfilmen, die nichts mit einem modernen psychiatrischen Krankenhaus gemein haben. Selbst gebildeten Menschen fallen zu diesem Thema spontan Begriffe ein wie „Zwangsjacke", „Gummizelle" oder „Elektroschocktherapie". Leider führen diese völlig falschen Vorstellungen dazu, dass viele Patienten einen Aufenthalt in einer psychiatrischen Klinik rundweg ablehnen, oder diesen so lange hinauszögern, bis es nicht mehr anders geht.

Dabei kann eine psychiatrische oder auch psychosomatische Klinik für Patienten, die unter einer schweren Depression leiden, eine regelrechte Erlösung sein. Denn neben einer optimalen Behandlung und Betreuung bietet ein stationärer Aufenthalt den Betroffenen eine Ruhepause von allen belastenden Einflüssen des Alltags. Die Patienten können sich hier endlich einmal ausschließlich um sich selbst kümmern. Anforderungen wie Job, Haushalt oder Kinderbetreuung fallen für die Zeit des Aufenthalts weg. Viele depressive Patienten empfinden das als enorme Erleichterung.

In diesem Abschnitt finden Sie viele wichtige Informationen über die Behandlung von Depressionen in einer Klinik. Sie können sich so selbst ein Urteil darüber bilden, ob das auch für Sie eine Option darstellt.

Weshalb kommen Patienten in eine Klinik?

Patienten kommen nicht, sondern gehen in eine Klinik

Die Formulierung „in eine Klink kommen" klingt so, als ob die Patienten dies nicht freiwillig tun würden. Und tatsächlich haben nicht wenige Menschen beim Gedanken an eine psychiatrische Klinik das Bild einer zwangsweisen Unterbringung („Zwangseinweisung") vor Augen. Die Realität sieht allerdings ganz anders aus. Tatsächlich entscheiden sich Patienten so gut wie immer freiwillig für den stationären Aufenthalt in einem psychiatrischen Krankenhaus. Den ganz wenigen Ausnahmen hat der Gesetzgeber sehr enge Grenzen gesetzt. Bitte lesen Sie dazu auch: *„Besteht die Gefahr einer „Zwangseinweisung"?"*

Ziel der Behandlung in der Klinik ist die Entlassung des Patienten

Das heiß, es liegt nicht im Interesse der Klinik, Patienten länger dort zu behalten als unbedingt notwendig. Der Klinikaufenthalt soll vielmehr dazu dienen, die Grundlage für eine erfolgreiche ambulante Weiterbehandlung zu bilden. Die Behandlung in der Klinik hat das Ziel die Patienten stabil und selbstständig zu entlassen.

Gründe für den Aufenthalt in einer psychiatrischen Klinik:

- Eigene Überforderung (Milieuwechsel):
  Viele Patienten wünschen sich den Aufenthalt in einer Klinik, um den Anforderungen des Alltags, denen sie sich nicht mehr gewachsen fühlen, zu entgehen.

- Fehlende ambulante Behandlungsmöglichkeiten:
  Nicht immer und überall steht einem Patienten ein kompetenter Arzt oder Psychotherapeut zur Verfügung. Manche Behandlungen (z. B. der Einsatz eines neuen Medikaments oder Entzug) können im Rahmen einer stationären Behandlung besser und sicherer durchgeführt werden.

- Überforderung der Umgebung:
  Oftmals ist auch die Umgebung des Patienten (Familie, Angehörige) mit der Aufgabe der Betreuung überfordert. Auch in diesem Fall kann der stationäre Aufenthalt in einer Klinik sinnvoll sein.

- Selbst- oder Fremdgefährdung:
  Das betrifft Patienten, die sich selbst (Suizid, Selbstverletzung, selbstschädigendes Verhalten) oder andere gefährden. In der Klinik können diese Patienten so überwacht und geschützt werden, wie es zu Hause nicht möglich wäre.

- Schwere Psychopathologie:
  Bestimmte, sehr schwere psychische Erkrankungen können nur in einer spezialisierten Klinik behandelt werden.

Selbsteinweisung

Im Notfall und zum Beispiel immer, wenn es zu Suizidgedanken kommt, kann man zu jeder Tages- oder Nachtzeit die nächstgelegene Klinik aufsuchen. (Auch viele „normale" Krankenhäuser haben psychiatrische Abteilungen). Man kann dort in der Ambulanz mit einem der diensthabenden Ärzte sprechen. Diese treffen dann die Entscheidung, ob ein stationärer Aufenthalt notwendig ist, oder ob man dem Patienten auf anderem Wege helfen kann.

Alternative: Tagesklinik

Es gibt fast immer auch die Möglichkeit eines *teilstationären* Aufenthalts in einer Tagesklinik. Das stellt für viele Patienten eine sinnvolle und hilfreiche Lösung dar. Die Patienten kommen morgens in die Klinik und werden dort tagsüber betreut. Sie verbringen Zeit mit anderen Patienten, Therapeuten und Pflegern. Während dieser Zeit können auch Therapiesitzungen durchgeführt werden. Abends gehen die Patienten wieder nach Hause, um den Abend und die Nacht in ihrer gewohnten Umgebung zum Beispiel mit ihrer Familie zu verbringen.

Welche Vorteile hat der Aufenthalt in einer Klinik?

Patienten, die wegen ihrer Depressionen eine Klinik aufsuchen, haben in der Regel schon andere Behandlungsversuche hinter sich. In schweren Fällen und insbesondere bei suizidgefährdeten Patienten kann eine psychiatrische Klinik aber auch die erste Station der Behandlung sein. In einer Klinik sind die Patienten optimal versorgt:

- **Geschützter Raum:**
  Viele Betroffene fühlen sich in ihrem normalen Alltag überfordert. In der Klinik können sie zur Ruhe kommen, ohne sich um alltägliche Aufgaben kümmern zu müssen oder arbeiten gehen zu müssen. Manchmal ist auch eine zeitweise Trennung von der Familie oder vom Partner für den Heilungsprozess notwendig. Auch das ist in der Klinik möglich.

- **Entlastung Angehöriger:**
  Manchmal sind Angehörige mit der Aufgabe, einen depressiven Menschen zu betreuen oder auch nur mit ihm zusammenzuleben, überfordert. Das belastet alle Beteiligten. Ein Klinikaufenthalt ist eine Möglichkeit zur Entlastung.

- **Selbstschutz:**
  Insbesondere suizidgefährdete Patienten sind in einer Klinik viel besser geschützt, als dies bei einer ambulanten Behandlung möglich wäre. Aber auch Patienten, die sich in einer manischen Phase befinden, können in der Klinik davor geschützt werden, Dinge zu tun, die ihnen selbst oder anderen schaden könnten. In der Klinik steht rund um die Uhr fachlich kompetentes Pflegepersonal zur Verfügung.

- **Diagnose:**
  In der Klinik stehen gleich mehrere Fachärzte (oft auch Fachärzte unterschiedlicher Fachrichtungen) bereit, um gemeinsam herauszufinden, wo die Ursachen für die Erkrankung liegen. Eine so detaillierte Diagnose kann ein niedergelassener Arzt meist nicht leisten.

- **Therapie:**
  In der Klinik werden für jeden Patienten passende Therapieformen angeboten. Es gibt keine Wartelisten. Die Therapeuten haben oft mehr Zeit, sich mit den Patienten zu beschäftigen, als das bei einem niedergelassenen Therapeuten der Fall wäre. Es gibt keine Probleme mit der Kostenübernahme durch die Krankenkasse oder Krankenversicherung. Es sind unter Umständen auch Therapieformen möglich, die nicht zu den von den Krankenversicherungen akzeptierten Verfahren gehören. In einer Klinik werden sowohl Einzel- als auch Gruppentherapien angeboten.

- **Psychoedukation:**
  Darunter versteht man die Vermittlung von Wissen über die Erkrankung. Die Patienten lernen ihre Krankheit besser kennen und sie besser zu bewältigen. In die Psychoedukation können auch Angehörige mit einbezogen werden, was wichtig für das Verständnis und die Akzeptanz durch Familienmitglieder ist. Gleichzeitig wird dadurch die Rückkehr des Patienten in die Familie erleichtert.

- **Paramedizinische Therapien:**
  Das sind Therapieformen, die sich indirekt mit der Erkrankung und dem Befinden des Patienten beschäftigen. Dazu gehören zum Beispiel Physiotherapie, Sport und Entspannungstherapien. Solche Therapien stehen bei der ambulanten Behandlung im Normalfall nicht zur Verfügung.

- **Vorbereitung auf den Alltag:**
  Ist eine Besserung oder Heilung eingetreten, werden die Patienten wieder für den Alltag „fit" gemacht. Sie werden darauf vorbereitet, wieder selbstständig in der Familie bei der Arbeit und in der Freizeit zurechtzukommen. Bei einem Aufenthalt in einer Klinik kann dies schrittweise geschehen.

Wie findet man die richtige Klinik?

In vielen Fällen wird Ihr Arzt/Psychiater schon bei der Verordnung eines Klinikaufenthaltes einen Rat geben, welche Klinik gut geeignet sein könnte. Unter Umständen schreibt auch Ihre Krankenkasse bzw. Krankenversicherung bestimmte Kliniken in der Umgebung vor. Wenn Sie sich selbst für eine Klinik entscheiden müssen, sollten Sie auch die folgenden Kriterien bedenken:

- **Spezialisierungen**
  Kliniken, die spezielle Stationen für Depressionserkrankungen haben, verfügen meist über mehr Erfahrung und spezialisiertes Personal. Es kann auch angenehmer sein, auf einer Station mit Patienten zu sein, denen es ähnlich ergeht, wie einem selbst.

- **Therapieangebote**
  Welche Formen von Psychotherapie werden in der Klinik angeboten? Welche weiteren Formen von Therapie (Kunsttherapie, Musiktherapie, Ergotherapie, Sporttherapie) gibt es?

- **Freizeitangebote**
  Bietet die Klinik Raum und Angebote für Freizeit- oder Gruppenaktivitäten? Gibt es ein Schwimmbad oder vielleicht einen Fitnessraum? Werden Aktivitäten angeboten, die einem Spaß machen? Gibt es auch am Wochenende Angebote? Freizeitangebote sind für depressive Patienten nicht unwichtig. Sie bieten Möglichkeiten zum Aufbau von Sozialkontakten und Beschäftigung.

- **Ausstattung**
  Eine technisch „hochgerüstete" Klinik ist nicht unbedingt besser als andere. Manche Patienten legen jedoch Wert darauf oder fühlen sich dort besser aufgehoben oder sicherer. Ebenso wichtig, oder sogar wichtiger ist die Atmosphäre der Einrichtung. Man sollte sich dort auch bei einem mehrwöchigen Aufenthalt wohlfühlen können.

- **Entfernung vom Wohnort**
  Die Entfernung zum Wohnort spielt vor allem dann eine Rolle, wenn die Patienten am Wochenende nach Hause fahren wollen. Auch Besuche der Familie sind einfacher zu realisieren, wenn die Klinik nicht zu weit entfernt ist.

- **Räumlichkeiten**
  Ein älteres Krankenhaus muss nicht schlechter sein als ein neues. Oft fühlt man sich in neuen oder schön renovierten Räumen allerdings deutlich wohler, als in schmucklosen oder abgewohnten. Insbesondere die Patientenzimmer, die gemeinschaftlich genutzten Räume und die Toiletten und Waschräume sollten modern oder renoviert sein.

- **Fallzahlen:**
  Es ist nicht einfach, die Qualität einer psychiatrischen Klinik im Ganzen zu beurteilen. Ein brauchbares Kriterium sind die Fallzahlen, also die Zahl der bereits dort behandelten depressiven Patienten. Kliniken mit hohen Fallzahlen verfügen in der Regel über mehr Erfahrung im Umgang mit Depressionen als solche, in denen nur wenige depressive Patienten behandelt werden.

- **Informationen im Internet**
  Auf den Seiten der Stiftung Deutsche Depressionshilfe finden Sie eine nach Postleitzahlen geordnete Liste von psychiatrischen Kliniken oder solchen, die eigene psychiatrische Stationen haben:

  www.deutsche-depressionshilfe.de/stiftung/klinikadressen.php

- Im Internet finden Sie viele weitere Seiten, auf denen Listen mit Kliniken aufgeführt sind. Beachten Sie dabei, dass nicht alle wirklich neutral sind. Ranglisten der besten Kliniken basieren meist auf dem mehr oder weniger subjektiven Urteil von Ärzten oder Patienten. Auch die Selbstdarstellung von Kliniken ist natürlich nicht immer ganz objektiv.

Was passiert, wenn man in eine Klinik kommt?

Patienten, die von ihrem behandelnden Arzt eine Einweisung (offiziell: „Verordnung von Krankenhausaufenthalt") erhalten haben, oder einen solchen Aufenthalt erwägen, sind oft unsicher, was sie bei einem Aufenthalt in einer psychiatrischen Klinik erwartet. Im Folgenden finden Sie einen typischen Ablauf, wie er bei einem Patienten stattfindet, der (freiwillig) in eine Klinik geht.

Offene und geschlossene Kliniken bzw. Abteilungen

Ein depressiver Patient, bei dem keine Suizidgefahr oder Wahnvorstellungen bestehen, wird in einer „offenen" Klinik oder in einer offenen Abteilung eines psychiatrischen Krankenhauses untergebracht. Das heißt, der Patient kann die Einrichtung jederzeit verlassen. Es gibt keine verschlossenen Türen oder Ähnliches. Trotzdem gibt es natürlich Regeln, an die sich die Patienten halten sollten. So wird etwa die Anwesenheit bei den Mahlzeiten und natürlich die Teilnahme an den Therapieangeboten vorausgesetzt. Darüber hinaus kann der Patient die Klinik zum Beispiel zum Einkaufen oder zum Sport verlassen. Manchmal gibt es auch offiziellen „Ausgang", allein oder in der Gruppe. Niemand, der keine Gefahr für sich selbst oder andere darstellt, wird eingesperrt oder gegen seinen Willen festgehalten! Es gibt unterschiedliche Regelungen, was die Möglichkeiten betrifft, am Wochenende nach Hause zu fahren oder Besuch zu erhalten. In vielen Kliniken wird beides in den ersten zwei bis drei Wochen des Aufenthaltes nicht gerne gesehen.

Ankunft in der Klinik

Sobald man in der Klinik angekommen ist, meldet man sich an. Dazu gehört in der Regel, dass man die Verordnung des Arztes und die Nachweise der eigenen Krankenversicherung (z. B. Versichertenkarte) vorzeigt oder abgibt. Anschließend wird man von einem Krankenpfleger herumgeführt, der einem zeigt, wo sich welche Räume befinden (z. B. Speiseraum, Therapieräume, Schwimmbad etc.). In manchen Kliniken gibt es eine spezielle Bezugspflegeperson für jeden Patienten. Dieser Krankenpfleger oder diese Krankenpflegerin steht dann immer für Fragen zur Verfügung. An dieser Stelle können auch offene Fragen oder Probleme geklärt werden. Auch ganz Praktische, wie die Versorgung von Kindern oder Haustieren, oder Probleme mit der Arbeitsstelle. Manchmal gibt es auch einen bestimmten Mitpatienten als Ansprechpartner, der sich betreuend um (neue) Patienten kümmert. Schließlich wird man in sein Zimmer geführt, wo man schon einmal damit beginnen kann, auszupacken und seine Sachen zu verstauen.

Kurze körperliche und neurologische Untersuchung

Hierbei handelt es sich um einen Routinecheck, bei dem festgestellt wird, ob der Patient körperlich gesund ist, oder ob er irgendwelche neurologische Auffälligkeiten zeigt. Zur Untersuchung gehören das Messen von Größe und Gewicht und einfache Laboruntersuchungen (Blutuntersuchung, Urin). Auch die bisherige Einnahme von Medikamenten wird hier geklärt. Es ist wichtig, hierbei korrekte Angaben zu machen, damit die entsprechende Medikation weiter geführt oder verändert werden kann. Die Angaben sind auch wichtig, um mögliche Wechselwirkungen mit neu verschriebenen Medikamenten auszuschließen. Wenn man mehrere unterschiedliche Medikamente einnimmt, ist es sinnvoll, schon vorher eine schriftliche Liste anzufertigen und diese mitzubringen.

Aufnahmegespräch mit Arzt und/oder Therapeuten

Hier schildert der Patient dem Arzt/Therapeuten seinen Zustand und sein Erleben. Es wird über eventuelle frühere Behandlungen oder Behandlungsversuche gesprochen und der Patient wird gefragt, welche Vorstellungen und Ziele er hinsichtlich seines Aufenthaltes hat. Der Patient kann hier auch Wünsche bezüglich der Behandlung äußern.

Der Arzt erstellt einen „psychopathologischen Befund", in dem grundlegende Fragen wie Orientierung, Konzentrationsfähigkeit des Patienten geklärt werden. Auch das Vorhandensein von Ängsten, Zwangsgedanken oder gar Suizidgedanken wird hier abgeklärt. Ebenso Symptome wie Schlafstörungen, Essstörungen oder sexuelle Probleme. Eine ausführliche Diagnose wird in der Regel erst zu einem späteren Zeitpunkt erstellt, wenn der Arzt den Patienten bereits besser kennt.

Gemeinsame Mahlzeiten

Die Mahlzeiten werden in der Regel gemeinsam mit den anderen Patienten eingenommen. Es wird erwartet, dass man an den gemeinsamen Mahlzeiten teilnimmt. Manchmal bekommt man einen bestimmten Platz zugewiesen, in anderen Kliniken kann man diesen selbst wählen.

Der Tagesablauf

Struktur:

Für depressive Patienten, aber auch für solche mit anderen psychischen Störungen, ist ein strukturierter Tagesablauf wichtig und hilfreich. Dementsprechend „durchorganisiert" ist der Tagesablauf in der Regel.

Ausschlafen fällt aus

Ausschlafen gibt es im Normalfall nicht. Ganz im Gegenteil: Die ersten morgendlichen Aktivitäten wie Frühstück oder Frühsport beginnen meist schon um 7:00 Uhr oder sogar noch früher. Nach dem Frühstück erfolgt oft eine Besprechung des Tagesablaufs.

Vormittag

In der Regel finden vormittags bereits die ersten Therapien statt. Das können Einzel- oder auch Gruppentherapiesitzungen sein. Je nach Tagesplan gibt es auch Angebote für sportliche oder kreative Aktivitäten.

Beispiel:

- 7.00 Uhr Walkinggruppe

- 8.00 Frühstück,

- 9.00 Uhr Gruppentherapie

- 11.00 Visite

Mittagessen

Auch das Mittagessen wird gemeinsam eingenommen. Anwesenheit ist in der Regel Pflicht.

Nachmittag

Am Nachmittag finden weitere Therapiesitzungen und Aktivitäten statt. Je nach Tagesplan sind hier auch freie Aktivitäten möglich (Einkaufen, Spazierengehen, Sport)

Abend

Gemeinsames Abendessen mit Anwesenheitspflicht. Freizeit, Kontakt zu Mitpatienten in Aufenthaltsräumen oder im Fernsehzimmer.

Nachtruhe

Der Abend endet meist um 22:00 Uhr. Die Patienten gehen dann auf ihre Zimmer.

Therapiepläne und Aktivitäten

Neben der eigentlichen Psychotherapie (Einzel- oder Gruppentherapie) gibt es weitere Therapieformen und andere Angebote für Aktivitäten. Dazu gehören zum Beispiel:

- Sportangebote (Walking, Jogging, Schwimmen, Gymnastik)

- Entspannungstraining (Autogenes Training, Progressive Muskelentspannung, Yoga oder Meditation)

- Informationsveranstaltungen (Medizinische Aufklärung, Psychoedukation, Prophylaxe)

- Ergotherapie (Malen, Basteln, Töpfern, Stricken etc.)

Es gibt Pflichtveranstaltungen, an denen der Patient teilnehmen muss und solche, die freiwillig besucht werden können. Je nach Klinik bzw. Krankenversicherung muss der Patient die Teilnahme an den Pflichtveranstaltungen mit seiner Unterschrift quittieren.

Wochenende

Am Wochenende finden meist keine Veranstaltungen und keine Therapie statt. Bestimmte Aktivitäten (z. B. Schwimmbad) stehen aber auch dann zur Verfügung. Patienten, die bereits zwei oder drei Wochen in der Klinik sind, und sich dem gewachsen fühlen, können am Wochenende unter Umständen auch nach Hause fahren.

Die Entlassung

In der Regel entscheidet der behandelnde Arzt, wann es Zeit für die Entlassung wird. Anders als man es sich vielleicht vorstellt, sind viele Patienten gar nicht daran interessiert, möglichst früh entlassen zu werden. Nicht selten wird die Aufenthaltsdauer auch durch die Krankenkasse bzw. Krankenversicherung des Patienten begrenzt. Der Patient, bzw. die Klinik, kann einen Antrag auf Verlängerung stellen, wenn dies medizinisch sinnvoll erscheint.

Belastungserprobung

Oft findet eine sogenannte Belastungserprobung statt. Das bedeutet, dass der Patient zunächst probehalber für ein Wochenende nach Hause geschickt wird. Kommt er damit gut zurecht, steht der Entlassung nichts mehr im Wege.

Ambulante Weiterbehandlung / Wiedereingliederung

Im Normalfall wird ein Patient nicht einfach entlassen, ohne dass die ambulante Weiterbehandlung geklärt ist. Diese findet wie bereits vor dem Aufenthalt durch den eigenen Arzt oder Therapeuten statt. In manchen Fällen findet im Anschluss an den Klinikaufenthalt auch eine schrittweise berufliche Wiedereingliederung statt. Diese kann zum Beispiel so aussehen, dass der Patient zunächst nur für wenige Stunden am Tag seiner alten Arbeit nachgeht. Das Arbeitspensum wird dann Schritt für Schritt erhöht.

Besteht die Gefahr einer „Zwangseinweisung"?

Die Angst vor einer Zwangseinweisung (korrekt: „Zwangsweise Unterbringung") wird von Patienten immer wieder geäußert. Genährt wird diese Angst durch viele falsche Vorstellungen in den Köpfen, aber auch durch reißerische Berichterstattung in den Medien.

Tatsächlich ist die zwangsweise Unterbringung in einem psychiatrischen Krankenhaus eher eine seltene Ausnahme als die Regel. Der Gesetzgeber hat dem extrem enge Grenzen gesetzt und kein Arzt würde Sie gegen Ihren Willen in eine Klinik einweisen. Die einzige Ausnahme von dieser Regel ist Fremd- und/oder Selbstgefährdung. Das heißt, nur wer eine ernste Gefahr für seine Mitmenschen oder sich selbst darstellt, kann zwangsweise in eine Klinik eingeliefert werden. Für Patienten, die unter einer Depression leiden, dürfte dies also nur im Fall einer akuten Suizidgefährdung passieren, um das Leben des Patienten zu retten. Einen weiteren Ausnahmefall stellen Patienten mit einer bipolaren Störung dar, die während einer manischen Phase psychotische Symptome entwickeln und sich oder andere gefährden oder schädigen könnten.

Ein Aufenthalt in einer psychiatrischen Klinik ist also bis auf die genannten wenigen Ausnahmen immer <u>freiwillig</u>. Kein Arzt wird Sie dazu gegen Ihren Willen zwingen oder auch nur überreden. Sie müssen sich diesbezüglich keine Sorgen machen.

ALTERNATIVE BEHANDLUNGSFORMEN

Neben den Standardbehandlungsmethoden mit Antidepressiva und Psychotherapie gibt es eine Reihe weitere Behandlungsmöglichkeiten bei Depressionen. Einige kommen nur sehr selten zum Einsatz. Meist, wenn andere Behandlungsmethoden bei einem Patienten keinen Erfolg haben. Dazu gehören zum Beispiel die Elektrokrampftherapie, die Vagusnerv-Stimulation und die Transkranielle Magnetstimulation.

Andere werden bei leichten Formen der Depression oder als Ergänzung einer konventionellen Behandlung durchgeführt. Dazu gehören zum Beispiel die Musiktherapie, Akupunktur, Sport oder Meditation. Einige dieser Therapieformen sind auch gut zur Selbsthilfe geeignet und können von den Patienten auch problemlos zu Hause durchgeführt werden.

Die Behandlung mit pflanzlichen Wirkstoffen, insbesondere mit Johanniskraut, nimmt eine Mittelstellung zwischen den konventionellen und den alternativen Behandlungsformen ein.

Im Folgenden finden Sie alle wichtigen Informationen zu alternativen und ergänzenden Behandlungsformen der Depression.

Schlafentzug/Wachtherapie

Dabei handelt es sich um eine Behandlungsform, die in der Regel bei stationären Aufenthalten in der Klinik durchgeführt wird. Sie kann aber auch zu Hause vom Patienten selbst durchgeführt werden. Der Begriff „Schlafentzug" wirkt auf den ersten Blick ein wenig bedrohlich, weshalb die Bezeichnung „Wachtherapie" bevorzugt wird.

Eine Wachtherapie wird meist in der Form eines partiellen Schlafentzugs durchgeführt. Dabei wird nur auf den Schlaf in der zweiten Nachthälfte verzichtet. Die Patienten werden um 2:00 Uhr morgens geweckt und bleiben dann auch wach. Bei mindestens der Hälfte der Patienten tritt dann am Tage eine spürbare Verbesserung der Stimmung ein. Diese hält den Tag über an. Bei etwa 15 % der Patienten bleibt die verbesserte Stimmung über einen längeren Zeitraum bestehen, bei den meisten klingt sie aber nach dem nächsten normalen Nachtschlaf wieder ab.

Trotzdem ist die Wachtherapie für viele Patienten eine große Hoffnung. Oftmals erleben sie dadurch nach langer Zeit zum ersten Mal wieder, dass sie sich besser fühlen können. Dazu kommt, dass das Mittel der Wachtherapie jedem Patienten immer zur Verfügung steht. Die Patienten erleben also, dass sie selbst ihre Stimmung beeinflussen können. Sie schöpfen Hoffnung und bekommen ein Gefühl der Selbstwirksamkeit. Ein nicht zu unterschätzender positiver Effekt! Ein weiterer Pluspunkt der Wachtherapie ist, dass sich die Wirkung sofort zeigt. Die Patienten müssen also nicht wochenlang auf eine Wirkung warten, wie zum Beispiel beim Einsatz von Antidepressiva.

Einige Therapeuten empfehlen eine anschließende Schlafphasenverlagerung, um die positiven Effekte länger aufrechtzuerhalten. Dabei legt sich der Patient nach der Wachtherapie an den folgenden Tagen bereits früher schlafen. Beginnend bei etwa 16:00 Uhr wird der Zeitpunkt des Schlafengehens jeden Tag um eine Stunde weiter nach hinten geschoben. So lange, bis die normale Schlafenszeit um 22:00 Uhr oder 23:00 wieder erreicht ist. Die erste Durchführung einer Wachtherapie sollte unter Aufsicht, am besten in einer Klinik, stattfinden. Später kann der Patient diese auch alleine zu Hause durchführen.

Tipps zur Wachtherapie

+ Kein Mittagsschläfchen
  Man sollte vermeiden, tagsüber nach der verkürzten Nacht zu schlafen. Oft macht schon ein kurzer Schlaf am Tag die positiven Effekte wieder zunichte.

+ Angenehme Tätigkeiten suchen
  Damit das frühe Aufstehen und Wachbleiben leichter fällt, sollte man sich für diese Zeit etwas Angenehmes vornehmen. Manchen Patienten fällt das Aufstehen leichter, wenn Sie es mit einer angenehmen Vorstellung (zum Beispiel Aufbruch zu einer Urlaubsreise) verbinden.

Eine Wachtherapie hilft sowohl Patienten mit schweren als auch leichteren Depressionen. Sie kann problemlos zwei Mal pro Woche durchgeführt werden.

Was passiert bei einer Elektrokrampftherapie (EKT)?

Bei der Elektrokrampftherapie (korrekt: Elektrokonvulsionstherapie) handelt es sich um ein Therapieverfahren, das (selten) zur Behandlung bestimmter schwerer psychischer Erkrankungen angewendet wird. Bei depressiven Patienten kommt die EKT fast ausschließlich bei schweren wahnhaften Depressionen zum Einsatz, sowie bei solchen, bei denen andere Formen der Therapie erfolglos waren. Die Behandlungsmethode ist umstritten, da nach Ansicht vieler Mediziner ihre Wirksamkeit und ihr Nutzen in Relation zu den Nebenwirkungen nicht ausreichend belegt sind.

Bei einer EKT-Behandlung wird im Gehirn des Patienten unter kontrollierten Bedingungen mithilfe elektrischer Ströme ein epileptischer Anfall („Heilkrampf") ausgelöst. Der Patient befindet sich dabei unter Narkose. Muskelentspannende Medikamente verhindern Verletzungen durch Muskelkrämpfe.

Risiken und Nebenwirkungen

Das Risiko einer „schweren Komplikation" wird mit 1: 50.000 angegeben. Es ist damit in etwa genauso groß wie bei einer kleineren operativen Behandlung unter Narkose (z. B. eine Zahnbehandlung). Die Nebenwirkungen wie Orientierungsprobleme und Gedächtnisprobleme sind meist vorübergehend. Gedächtnisprobleme treten vor allem für die Zeitpunkte kurz vor und/oder kurz nach der Behandlung auf. Bei etwa einem von 200 Patienten bleiben sie länger bestehen.

Behandlung

Die Behandlung besteht meist aus mehreren Einzelbehandlungen (6 – 12) innerhalb von einigen Wochen. Der ausgelöste Krampfanfall dauert jeweils etwa 30 – 90 Sekunden. Die Patienten können noch am gleichen Tag das Bett verlassen und normalen Aktivitäten nachgehen. Die Behandlung kann stationär oder ambulant durchgeführt werden.

Fazit

Die EKT ist keine Standardbehandlung bei der Behandlung von Depressionen. Sie kommt nur in besonders schweren Fällen zum Einsatz und wird relativ selten angewendet (in Deutschland werden jährlich nur etwa 4000 Patienten behandelt). Für Patienten, die unter schweren Depressionen leiden und bei denen andere Therapieformen versagen, kann eine EKT-Behandlung die richtige Lösung sein. Es gibt nicht wenige Fälle, bei denen nach vielen fehlgeschlagenen Therapieversuchen die EKT zu deutlichen Verbesserungen geführt hat.

Der Patient selbst bekommt von der direkten Behandlung übrigens nichts mit. Auch ist die Behandlung heute viel sanfter als noch vor wenigen Jahrzehnten. Etwaige Ängste, z. B. aufgrund von drastischen Darstellungen in Filmen dieser Zeit sind unbegründet. Eine eingehende Beratung und Aufklärung ist Voraussetzung für jede Behandlung. Das Einverständnis des Patienten ist bis auf sehr wenige Ausnahmefälle immer erforderlich.

Was ist eine Vagusnerv-Stimulation?

In den 90er Jahren des letzten Jahrhunderts entdeckten Forscher mehr oder weniger zufällig den Zusammenhang zwischen dem Vagusnerv und Depressionen. Epilepsie-Patienten, denen ein sogenannter Vagusnerv-Stimulator zur Verminderung der Anfallshäufigkeit eingesetzt wurde, berichteten auch über das Nachlassen depressiver Symptome. Bei dieser Behandlungsform wird dem Patienten ein Impulsgeber in die Brustwand eingesetzt, der den Vagusnerv mit elektrischen Strömen reizt.

Die Vagusnerv-Stimulation bei Depressionen ist ein Verfahren, das nur sehr selten zum Einsatz kommt. Vor allem bei Patienten, die jahrelang erfolglos gegen schwere Depressionen behandelt wurden. Die Erfolgsquote wird mit 20-30 % angegeben, wobei nur wenige verlässliche Daten oder Studien vorliegen. Im Vergleich dazu gilt zum Beispiel die Elektrokrampftherapie als deutlich besser erforscht und kommt auch häufiger zum Einsatz.

Wie funktioniert die Transkranielle Magnetstimulation?

Die transkranielle Magnetstimulation ist ein Verfahren, bei dem mithilfe starker Magnetfelder die Aktivität in bestimmten Teilen des Gehirns angeregt oder auch verringert werden kann. Die Methode wird zurzeit vor allem in der neurowissenschaftlichen Forschung eingesetzt. Man hofft aber, damit auch neurologische Erkrankungen wie Epilepsie, Tinnitus, Morbus Parkinson oder eben auch Depressionen behandeln zu können.

Es liegen bisher aber noch wenige Daten und Studien vor, die es ermöglichen würden, exakte Aussagen über die Wirksamkeit oder mögliche Nebenwirkungen zu machen. Bisher wird die transkranielle Magnetstimulation nur bei solchen Patienten durchgeführt, die unter schweren Depressionen leiden und die auf konventionelle Behandlungsmethoden nicht ansprechen. Die Behandlung ist relativ zeitaufwendig. Über einen Zeitraum von mehreren Wochen werden bestimmte Bereiche des Gehirns täglich für etwa 30 Minuten den Magnetfeldern ausgesetzt. Die Patienten spüren davon in der Regel bis auf leichte Druckgefühle im Kopf nichts.

Behandlung einer „Winterdepression" mit Lichttherapie

Bei einer saisonalen Depression (SAD), die in den Wintermonaten (dunkle Jahreszeit) auftritt, kann eine Lichttherapie das Mittel der Wahl sein. Dies insbesondere dann, wenn nur leichte Symptome auftreten.

Bei der Lichttherapie wird der Patient für eine Dauer von 20 – 60 Minuten hellem Kunstlicht ausgesetzt. Man spricht auch von einer „Lichtdusche". Zum Einsatz kommen dabei sogenannte Tageslichtlampen. Das sind Leuchten, die mit großer Helligkeit Licht in einem Spektrum abgeben, das dem des Tageslichts ähnlich ist. Man vermutet, dass durch den Einsatz morgens nach dem Erwachen die nächtliche Produktion des Hormons Melatonin beendet bzw. reduziert wird. Da Melatonin im Verdacht steht, eine depressionsfördernde Wirkung zu haben, wirkt das Verfahren gegen Depressionen. Auch Müdigkeit am Tage kann mit einer Lichttherapie erfolgreich behandelt werden.

Neuere Untersuchungen zeigen, dass es insbesondere wichtig ist, dass die Lichttherapie möglichst früh am Morgen durchgeführt wird. Da es nicht immer einfach sein wird, beim Arzt entsprechende Termine zu bekommen, kann man darüber nachdenken, eine Tageslichtleuchte für zu Hause anzuschaffen. Bei der Auswahl ist jedoch Sorgfalt geboten, da nicht alle angebotenen Leuchten das Licht in ausreichender Menge und mit dem optimalen Lichtspektrum abstrahlen.

Eine natürliche „Lichttherapie" kann man selbst durchführen, indem man sich beim ersten Tageslicht oder generell am Tage für mindestens 30 Minuten unter freiem Himmel aufhält. In den Wintermonaten bieten Tageslichtleuchten eine brauchbare Alternative.

Wie hilft Sport bei Depressionen?

Es gibt viele Studien, die die Wirksamkeit von Sport gegen Depressionen belegen. Insbesondere Ausdauersportarten wie Laufen, Walken, Radfahren oder Schwimmen haben eine positive Auswirkung auf die Stimmung.

„Glückshormone" werden freigesetzt

Beim Sport wird auf natürliche Art und Weise die Konzentration verschiedener Botenstoffe im Gehirn erhöht. Dazu gehört unter anderem auch Serotonin, das auch der Angriffspunkt vieler Antidepressiva ist. Zusätzlich werden bei sportlichen Betätigungen Endorphine freigesetzt, sogenannte „Glückshormone", die messbar die Stimmung verbessern. Zuletzt setzt der Körper auch noch sogenanntes *„atriales natriuretisches Peptid"* frei, ein Hormon, das im Herzen gebildet wird. Dieses Hormon wirkt beruhigend, baut Ängste und Stress ab.

Sport macht den Kopf frei

Beim Sport gelingt vielen Menschen, was sie tagsüber im Büro oder abends auf der Couch nicht schaffen: Gedanken an die Arbeit, Termindruck, aber auch Sorgen und Grübeleien verschwinden zeitweise völlig. Man sieht die alltäglichen Sorgen und Probleme mit größerem Abstand, sie werden relativiert und wirken nicht mehr so bedrohlich. Kreative berichten, dass sie beim Sport einen wahren Kreativitätsschub erleben. Es entstehen neue Ideen und Pläne.

Ein weiterer wichtiger Aspekt ist, dass die Betroffenen mit Sport ein Mittel an der Hand haben, selbst aktiv etwas für ihre Stimmung tun zu können. Besonders nützlich ist es, den Sport mit dem Aufbau von Sozialkontakten zu verknüpfen. So hat das Laufen oder Walken in der Gruppe gleich mehrere positive Effekte. Auch Mannschaftssportarten sind geeignet. Durch die Verabredung mit anderen zu sportlichen Aktivitäten steigt gleichzeitig die Motivation, die Aktivitäten auch tatsächlich regelmäßig durchzuführen.

Erwiesener Nutzen

Eine vierjährige Studie des UT Southwestern Medical Center in Zusammenarbeit mit dem Cooper Institute in Dallas zeigte: Regelmäßige mittlere bis intensive körperliche Bewegung hat messbar positive Effekte bei Menschen mit Depressionen. Andere Studien kommen zu ähnlichen Ergebnissen.

Regelmäßige Termine

Da es vielen Depressiven schwerfällt, aktiv zu werden und sich zu motivieren, ist es oft hilfreich, für die sportlichen Aktivitäten feste Termine festzulegen, die dann „abgearbeitet" werden. Denn gerade zu Beginn erscheint den Betroffenen das Training oft sinnlos und es kostet große Überwindung, aktiv zu werden. Es ist in diesen Fällen deshalb wichtig, zunächst das Aktivitätslevel (zum Beispiel mithilfe eines Antidepressivums) zu erhöhen, bevor man sportliche Aktivitäten plant. Noch besser ist es, sich zum Training mit anderen zu verabreden. Das erhöht die Motivation und stärkt gleichzeitig die soziale Kompetenz.

Bewegungstagebuch

Es macht Sinn, ein Bewegungstagebuch zu führen, in dem alle körperlichen Aktivitäten notiert werden. Das motiviert und man sieht schon nach kurzer Zeit, dass man schon einiges geschafft hat.

Körperliche Fitness checken

Grundsätzlich sollte vor der Aufnahme sportlicher Aktivitäten die körperliche Gesundheit durch einen Arzt gecheckt werden. Das trifft umso mehr auf ältere Patienten und auf solche zu, die unter Übergewicht oder körperlichen Vorerkrankungen leiden. Gerade zu Beginn sollte man es auch nicht übertreiben. Die Regel „Viel hilft viel" trifft hier nicht zu. Wichtiger ist es, die sportlichen Aktivitäten regelmäßig und auf einem Intensitätslevel durchzuführen, das man über längere Zeit durchhalten kann. Die besten Effekte werden nämlich bei Ausdauersportarten wie Laufen, (Nordic-) Walking, Radfahren, Schwimmen oder auch intensivem Wandern erreicht.

Hilft Johanniskraut gegen Depressionen?

Die Johanniskräuter sind eine Pflanzengattung innerhalb der Johanniskrautgewächse. Bekannt ist vor allem das medizinisch genutzte „Echte Johanniskraut". Johanniskräuter sind weltweit verbreitet und werden in vielen Kulturen zum Teil schon seit Tausenden Jahren als Heilpflanzen verwendet. Seitdem seit den 1990er Jahren der Bedarf an Johanniskrautpräparaten rapide angestiegen ist, kann er nicht mehr durch das Sammeln wild wachsender Pflanzen allein gedeckt werden. Johanniskraut gehört deshalb zu den wichtigsten in Deutschland angebauten Arzneipflanzen. Es wurde schon in der Antike als Heilpflanze verwendet und wird heute bei leichten bis mittelstarken depressiven Verstimmungen und bei nervöser Unruhe eingesetzt.

Studien zeigen: Johanniskraut kann bei Depressionen helfen

Es liegen zahlreiche Studien vor, die belegen, dass Johanniskraut bei depressiven Verstimmungen aber auch bei leichten Depressionen helfen kann. Einige Studien kommen gar zum Schluss, dass Johanniskraut ähnlich gut wirkt wie moderne Antidepressiva. Dabei hat Johanniskraut den entscheidenden Vorteil, dass die unerwünschten Nebenwirkungen in der Regel seltener sind und milder ausfallen. Eine Ausnahme stellt die Unverträglichkeit mit bestimmten anderen Medikamenten dar, (siehe unten). Es zeigte sich, dass auch Johanniskrautpräparate, ähnlich wie synthetische Antidepressiva, eine Wirklatenz haben. Das heißt, die antidepressive Wirkung von Johanniskraut setzt erst nach einigen Wochen der Einnahme ein.

Kein Drogerie-Johanniskraut

Verschiedene Untersuchungen haben gezeigt, dass viele Präparate, die man frei in der Drogerie oder Apotheke kaufen kann, eine viel zu geringe Wirkstoffkonzentration haben, um tatsächlich wirksam zu sein. Wenn Ihr Arzt der Ansicht ist, dass Johanniskraut gegen ihre depressive Verstimmung helfen kann, wird er Ihnen ein wirksames Präparat verschreiben. Abzuraten ist von der Bestellung von Johanniskrautpräparaten im Internet. Sofern es sich nicht um einen in Deutschland ansässigen, seriösen Anbieter handelt, ist oftmals völlig unklar, welche Inhaltsstoffe und Verunreinigungen geliefert werden.

Johanniskraut ist nicht gleich Johanniskraut

Und das betrifft nicht nur die Dosierung. Da bisher nicht geklärt ist, welcher Wirkstoff der Johanniskrautpflanze gegen Depressionen wirkt, kann man kaum einschätzen, welche Pflanzen besser oder weniger geeignet sind. Je nach Standort und Wachstumsbedingungen können die Bestandteile der Pflanzeninhaltsstoffe durchaus unterschiedlich sein.

Nebenwirkungen

In verschiedenen Studien konnte gezeigt werden, dass die unerwünschten Nebenwirkungen von Johanniskrautpräparaten meist weniger stark ausfallen als bei synthetischen Antidepressiva. Als häufigste Nebenwirkungen wurden Kopfschmerzen, Erregung, Müdigkeit und phototoxische Reaktionen (Überempfindlichkeit gegen Sonnenlicht) genannt. Während der Einnahme sollte man also grundsätzlich auf ausgedehnte Sonnenbäder oder Solariumbesuche verzichten.

Vorsicht Wechselwirkungen!

Wird Johanniskraut gemeinsam mit anderen Medikamenten eingenommen, kann es zu lebensgefährlichen Wechselwirkungen kommen. Ein weiterer Grund, warum Sie Johanniskraut nur nach Absprache mit Ihrem Arzt, und auf dessen Empfehlung, einnehmen sollten.

Johanniskraut kann unter anderem mit folgenden Medikamenten gefährliche Wechselwirkungen oder deren Wirkungsverlust zur Folge haben:

- Herzmedikamente

- Blutfettsenker

- Präparate zur Empfängnisverhütung („Antibabypille")

- Magenschutzmittel

- Medikamente für HIV-Patienten

- Medikamente, die bei einer Chemotherapie zum Einsatz kommen

- Medikamente gegen Abstoßungsreaktionen des Immunsystems

Online-Psychotherapien

Patienten, die eine Psychotherapie beginnen wollen, stehen allzu oft vor dem Problem, dass sie in der näheren Umgebung keinen geeigneten Therapeuten finden können, der einen freien Therapieplatz anbieten könnte. Insbesondere in ländlichen Gegenden gibt es nach wie vor viel zu wenige Therapeuten, und selbst in den besser versorgten Städten sehen sich Patienten nicht selten mit monatelangen Wartezeiten konfrontiert.

Nicht zuletzt aus diesen Gründen wurden in den letzten Jahren verschiedene Methoden entwickelt, Psychotherapie, Beratungen oder Vorsorgeprogramme auch auf elektronischem Wege anzubieten. Die Angebote reichen dabei von einfachen kommerziellen Programmen ohne großen therapeutischen Wert bis hin zu groß angelegten wissenschaftlichen Studien unter Beteiligung erfahrener Psychiater und Psychotherapeuten. Im Folgenden erfahren Sie das Wichtigste über diese neue Form der Therapie.

Wie funktioniert Psychotherapie am Computer?

Grundsätzlich kann man drei verschiede Formen von Programmen unterscheiden:

1. **Stand-Alone-Programme**
   Dabei handelt es sich um Programme, die auf einem PC, Tabletcomputer oder auf einem Smartphone laufen, ohne dass eine Verbindung zum Internet erforderlich ist. Der größte Nachteil dieser Programme ist die mangelnde Interaktivität. Das heißt, das Programm kann nicht individuell auf die Wünsche oder Fragen eines Patienten eingehen. Zwar erfolgen zum Teil Rückmeldungen, die auf den Eingaben des Benutzers basieren, eine echte Kommunikation kommt dabei aber nicht zustande.

2. **Internet-basierte Programme**
   Diese Therapieprogramme laufen in der Regel im Internetbrowser ab und setzen eine regelmäßige Verbindung zum Internet voraus. Auch hier läuft ein Teil des Programms computergesteuert ab. Das heißt, die Patienten erhalten je nach ihren Angaben und Testergebnissen standardisierte Hinweise und Aufgaben. Die meisten Programme dieser Art bietet jedoch zumindest in begrenztem Umfang auch die Möglichkeit, per Mail, Chat oder Internet-Forum Fragen zu stellen und Probleme zu schildern.

3. **Therapeuten, die mit Computerunterstützung arbeiten**

Hierbei handelt es sich um eine Mischform von klassischer Psychotherapie und Online-Therapie. Die Patienten begeben sich hier bei einem Psychotherapeuten in Behandlung, der seine Therapie zum größten Teil via E-Mail, SMS und manchmal auch über das Telefon abwickelt. Die Patienten erledigen die ihnen gestellten Aufgaben schriftlich, der Therapeut wertet diese aus und antwortet zum Beispiel per E-Mail. Manchmal - aber nicht immer - gibt es einzelne Therapiesitzungen, bei denen sich Therapeut und Patient im „realen" Leben treffen.

Was kostet Online-Psychotherapie?

Die Kosten für eine Online-Therapie hängen von unterschiedlichen Faktoren ab. Ganz wesentlich ist dabei, wie viel Zeit ein echter menschlicher Therapeut für einen Patienten aufwendet. Während Programme, die auf persönlichen Kontakt oder die Beantwortung von individuellen Fragen verzichten, vergleichsweise günstig sind, können bei einer individuellen Betreuung schnell Kosten von 1000 Euro oder auch deutlich mehr entstehen. Leider gibt es noch keine einheitliche Regelung der Kostenübernahme durch die Krankenkassen. Wer darüber nachdenkt, eine Online-Therapie zu beginnen, sollte also in jedem Fall VOR Beginn der Therapie mit seiner Krankenversicherung sprechen. Im Hinblick auf die u. U. erheblichen Kosten ist es natürlich auch besonders wichtig, die Qualität und Seriosität der Angebote zu prüfen.

Vorteile von Online-Therapien

+ **Jederzeitige Verfügbarkeit**
  Die Programme steht zu jeder Tages- und Nachtzeit zur Verfügung. Sicher einer der entscheidenden Vorteile von Online-Therapien. Die Patienten können sich jederzeit in das System einwählen und dort Antworten auf bestimmte Fragen finden oder bestimmte Übungen absolvieren. Es gibt in der Regel keine Wartezeiten. Eine Therapie kann sofort begonnen werden.

+ **Gleichbleibende Qualität**
  Die Programme unterliegt keinen Schwankungen, sind immer gleich freundlich und hilfreich. Da digital und automatisiert, unterliegen zumindest die computergesteuerten Teile einer Online-Therapie keinerlei Tagesformabhängigen Schwankungen.

+ **Hinweise und Anleitungen können immer wieder nachgelesen werden.**
In der Regel sind alle Texte, Aufgaben und Nachrichten für die Patienten jederzeit wieder abrufbar. So kann man schnell noch einmal etwas nachlesen, wenn man es braucht.

+ **Es gibt Ermunterung zwischendurch per E-Mails oder SMS.**
Manche Angebote schließen Nachrichten, Aufgaben oder Aufmunterungen per E-Mail oder SMS mit ein. Die Patienten erhalten dann von Zeit zu Zeit kurze Erinnerungen oder Nachrichten, die Mut machen sollen.

+ **Für gut vernetzte, technikfreundliche Patienten sind die Programme leicht nutzbar.**
Wer ohnehin ständig online ist und Tablet oder Smartphone jederzeit zur Hand hat, kann Online-Therapie-Angebote besonders gut nutzen.

+ **Geringe Hemmschwelle**
Manchen Patienten fällt es leichter, mit einem Programm zu arbeiten, als zu einem Therapeuten zu gehen. Die Hemmschwelle, einen Psychotherapeuten aufzusuchen, ist für einige Patienten sehr hoch. Eine Online-Therapie kann eine Alternative für Patienten sein, die sonst vielleicht gar keine Therapie machen würden.

Nachteile von Online-Therapien

- **Kein oder nur seltener persönlicher Kontakt**
Das ist sicher der gravierendste Nachteil von Online-Therapien. Der für eine Psychotherapie wichtige persönliche Kontakt kommt bei den meisten Online-Therapien zu kurz. Viele Kritiker bezweifeln, dass ohne diesen Kontakt überhaupt eine sinnvolle Therapie möglich ist.

- **Zu wenig individuell**
Naturgemäß sind die Möglichkeiten eines automatisierten Programms auf individuelle Besonderheiten eines Patienten einzugehen, beschränkt. Auch individuelle Fragen oder Probleme können von einem Programm nicht erörtert werden.

- **Keine Sozialkontakte**

  Gerade für depressive Patienten ist es wichtig, Sozialkontakte aufzubauen und soziale Kompetenzen zu entwickeln. Beides wird durch die anonyme Arbeit mit einem Therapieprogramm konterkariert.

- **Leichter abzubrechen**

  Die Motivation, eine Therapie auch in schwierigen Situationen weiterzuführen, ist bei anonymen Programmen geringer als bei einer konventionellen Therapie. Die Abbruchrate ist wahrscheinlich höher.

- **Qualität schwer einschätzbar**

  Es ist aktuell für Patienten nur mit größerem Aufwand möglich, etwas über die Qualität eines bestimmten Programms herauszufinden. Die Gefahr, an ein nutzloses oder überteuertes Programm zu geraten, ist groß.

- **Für Patienten ohne Computerkenntnisse, Tablet oder Smartphone kaum geeignet**

  Auch wenn die Bedienung von Computern, Tablets und Smartphones immer einfach wird: Um eine Online-Therapie sinnvoll nutzen zu können, brauchen die Patienten ein paar Grundkenntnisse. Nur so lassen sich z. B. Texte speichern, Aufgaben per E-Mail verschicken oder Nachrichten vom PC aufs Smartphone übertragen.

- **Kostenübernahme unklar**

  Es gibt bisher nur wenige Krankenversicherer, die konkrete Aussagen zur Kostenübernahme bei Online-Therapien machen. Für die Patienten bedeutet das, dass sie damit rechnen müssen, die Kosten privat tragen zu müssen.

Studien zeigen: Online-Therapie kann ähnlich gut wirken wie herkömmliche Methoden

Eine Studie vom Sommer 2013 der Universität Zürich unter der Leitung von Professor Andreas Maercker kommt zu dem Ergebnis, dass eine Online-Therapie bei mittelschweren Depressionen genauso gut wirkt, wie eine herkömmliche Psychotherapie. Untersucht wurden 62 Patienten, von denen die Hälfte eine konventionelle Psychotherapie erhielt. Die restlichen Patienten machten eine Online-Therapie, die unter anderem darin bestand, schriftliche Aufgaben mit typischen Inhalten einer kognitiven Verhaltenstherapie zu bearbeiten. Ein Test nach der etwa 8-wöchigen Therapie zeigte, dass die Verbesserung der depressiven Symptome in beiden Gruppen ähnlich gut war. Bei einem späteren Nachtest ergab sich sogar ein leichter Vorteil für die Gruppe der Online-Patienten. Verschiedene Studien im Ausland kommen zu ähnlichen Ergebnissen.

Deutschland hinkt hinterher

Im Gegensatz zu einigen Nachbarländern wie den Niederlanden oder Großbritannien oder Schweden werden die Möglichkeiten der internetbasierten Psychotherapie in Deutschland erst langsam erkannt. Und leider ist zu befürchten, dass die Möglichkeiten der Online-Therapie in erster Linie unter dem Aspekt der Kosteneinsparung gesehen werden. Es bleibt zu hoffen, dass die Entwicklung nicht zulasten der Patienten geht, denen dadurch vielleicht in einigen Jahren der Zugang zu Therapien bei einem echten, menschlichen (aber teureren) Psychotherapeuten erschwert werden könnte. Grundsätzlich ist es aber zunächst zu begrüßen, dass sich die Krankenversicherer mit dem Thema Online-Therapie beschäftigen. Das kann Patienten, für die diese Art der Therapie geeignet ist, dabei helfen, seriöse und qualifizierte Angebote zu finden. Erste Pilotprojekte zum Beispiel von der Barmer GEK und einigen Ortskrankenkassen zielen genau in diese Richtung.

Vorsicht: schwarze Schafe!

Leider tummeln sich wie überall, wo neue Angebote entstehen, auch im Bereich der Online-Psychotherapien nicht wenige schwarze Schafe und Abzocker, denen es nur darum geht, Profit aus dem Leid der Patienten zu schlagen. Es ist also in jedem Fall wichtig, sich genau darüber zu informieren, von wem die Angebote im Netz stammen und welche wissenschaftlichen Grundlagen diese haben. Wichtig sind auch die Qualifikation der beratenden Therapeuten sowie das Einhalten der Schweigepflicht und allgemeiner Datenschutzrichtlinien. Eine Kündigung des Angebotes sollte möglichst jederzeit möglich sein. Von lange bindenden Verträgen mit monatlichen Beiträgen sollte man Abstand nehmen. Bei der Suche nach seriösen Angeboten lohnt es sich zum Beispiel immer, bei der eigenen Krankenversicherung nach diesbezüglichen Informationen zu fragen. Auch auf seriösen Seiten zum Thema Psychotherapie kann man Informationen zum Thema Online-Therapie finden. In jedem Fall sollte man mehrere Angebote vergleichen und Informationen einholen, bevor man einen entsprechenden Vertrag abschließt.

Hinweis: Hier sind Therapieprogramme nicht geeignet

Grundsätzlich kann man sagen, dass Computer- oder Online-Therapieprogramme umso weniger gut geeignet sind, je schwerer die psychischen Probleme wiegen. Bei der Behandlung von Depressionen gibt es vor allem diese Situationen, in denen immer ein menschlicher Therapeut bzw. Arzt aufgesucht werden sollte:

- **Suizidgefahr**
  Sind die Symptome einer Depression so gravierend, dass beim Patienten Gedanken an eine Selbsttötung aufkommen, stellt eine Selbstbehandlung mithilfe eines Computerprogramms keine sinnvolle Alternative dar. In diesen Fällen muss immer ein Arzt konsultiert werden.

- **Bipolare Störungen**
  Die Behandlung einer bipolaren Störung unterscheidet sich zum Teil deutlich von der Behandlung klassischer Depressionen. Sie ist wesentlich komplexer, eine regelmäßige persönliche Absprache zwischen Arzt/Therapeut und Patient ist für den Behandlungserfolg wesentlich. Hinzu kommt, dass so gut wie alle bisher bekannten Online-Therapieprogramme nur auf die Behandlung unipolarer Depressionen zugeschnitten sind.

- **Kinder und Jugendliche**
  Wenn bereits im Kindes- oder Jugendalter behandlungsbedürftige psychische Probleme auftreten, sollten diese immer im persönlichen Kontakt mit Arzt und Therapeuten behandelt werden. Die meisten Anbieter von Online-Therapien schließen deshalb die Behandlung von Kindern und Jugendlichen auch grundsätzlich aus.

Fazit

Es ist sicher noch zu früh, um ein abschließendes Urteil über die Wirksamkeit von Online-Psychotherapien abzugeben. Zu unterschiedlich sind die Angebote und die Möglichkeiten einer objektiven Erfolgsmessung sind bei diesem Thema naturgemäß begrenzt. Dennoch deutet bereits heute einiges darauf hin, dass Online-Therapien für bestimmte Patienten eine Alternative sein könnten. Wenn auch nicht als vollständiger Ersatz, so doch zumindest als Ergänzung herkömmlicher Therapiermethoden.

Insbesondere im Hinblick auf den eklatanten Mangel an Therapeuten und die damit verbundenen viel zu langen Wartezeiten für viele Patienten könnten Online-Angebote hilfreich sein. Länder wie Großbritannien oder die Niederlande zeigen, dass das funktionieren kann. Ob und wie schnell professionelle Angebote auch für deutsche Patienten zur Verfügung stehen werden, hängt nicht zuletzt vom Verhalten der Krankenversicherer ab. Erst wenn sie die Kosten für Online-Therapien übernehmen oder - wie z. T. bereits geschehen - selbst Angebote ins Netz stellen, kann diese Form der Therapie zu einer echten Alternative für bestimmte Patienten werden.

Allerdings ist die Gefahr, dass Online-Psychotherapien einfach als „billiger" Ersatz für kostenintensive menschliche Psychotherapie hergenommen werden, dabei nicht zu unterschätzen. Dazu sollte es nicht kommen. Denn trotz aller technischen Fortschritte: Einen vollwertigen Ersatz für einen menschlichen Therapeuten werden die computergestützten Therapieprogramme in absehbarer Zeit nicht bieten können.

Massagen

Ganzkörpermassagen wirken beruhigen und steigern die Stimmung. Das gilt auch für depressive Patienten. Untersuchungen zeigen, dass die positiven Wirkungen mindestens so stark sind, wie bei Entspannungs- oder Wahrnehmungsübungen. Möglicherweise sogar stärker. Die Massagen zeigten gute Wirkungen bei Patienten, die unter Unruhe, Anspannung und Schulter/Nackenverspannungen litten. Symptome, die bei einer Depression nicht selten sind.

An der Berliner Universitätsklinik Charité wurden 32 Patienten mit schweren Depressionen zusätzlich mit Massagen behandelt. Zum Einsatz kam dabei die sogenannte „Slow Stroke-Technik", ein Massageverfahren, das sanfter ist als die üblichen Massagetechniken. Nach der Behandlung waren die Patienten messbar weniger angespannt. Gleichzeitig hatte sich ihre Stimmung deutlich verbessert. Allerdings scheint die Wirkung nur vorübergehend zu sein, weshalb sich Massagen vor allem als Ergänzung einer konventionellen Therapie eignen.

Die Technik einer solchen Entspannungsmassage können auch Laien relativ leicht erlernen. Es ist also möglich, diese auch von einem Partner zu Hause durchführen zu lassen. Das macht umso mehr Sinn, da die Krankenkassen die Kosten für eine professionelle Massage bei Depressionen in der Regel nicht übernehmen.

Musiktherapie

Musik war durch ihre Fähigkeit, starke emotionale Reaktionen hervorzurufen, schon in der Antike für ihre heilende und wohltuende Wirkung bekannt. Schon damals ging man davon aus, dass Musik in der Lage ist, die geistige und seelische Harmonie eines erkrankten Menschen wiederherzustellen. Schon der römische Arzt Celsus schlug Musik als Mittel vor, um *melancholische* Menschen von ihren traurigen Gedanken abzubringen.

Man unterscheidet die sogenannte „rezeptive Musiktherapie" von der „aktiven Musiktherapie". Während die Patienten bei der rezeptiven Musiktherapie Musik oder Klänge nur hören, erzeugen sie diese bei der aktiven Therapie selbst. Dazu ist übrigens keinerlei musikalische Vorbildung notwendig. Alle Übungen können unter Anleitung des Musiktherapeuten auch von musikalischen Laien durchgeführt werden.

Der norwegische Professor für Musiktherapie, Christian Gold, führte Untersuchungen durch, die belegen, dass Musiktherapie einen positiven Effekt auf die Stimmung depressiver Patienten hat. Sinnvoll ist sie vor allem als Ergänzung einer konventionellen Therapie.

Musiktherapie gehört nicht zu den Regelleistungen deutscher Krankenversicherungen. Für den Bereich der Kinder- und Jugendpsychotherapie gibt es die Möglichkeit, dass Musiktherapeuten mit Hochschulabschluss und einer entsprechenden Zusatzausbildung ihre Leistungen abrechnen können. In einigen Bundesländern wird den Absolventen des Masterstudiengang Musiktherapie der Status eines Heilpraktikers für Psychotherapie zugestanden. Im Zweifelsfalle sollte man bei der eigenen Krankenversicherung nachfragen, ob, und unter welchen Voraussetzungen, eine Kostenübernahme möglich ist.

Akupunktur

Die Akupunktur ist ein Heilverfahren aus der traditionellen chinesischen Medizin (TCM). Sie geht davon aus, dass die Lebensenergien des Körpers (Qi) auf bestimmten Bahnen, den sogenannten Meridianen zirkulieren. Krankheiten entstehen dann, wenn dieser Energiefluss gestört ist. Diese Störungen werden durch das Setzen von Nadeln an bestimmten Akupunkturpunkten wieder korrigiert. Anstelle von Nadeln kommen auch manchmal Druck (Akupressur) oder Wärme (Moxibustion) zum Einsatz.

Es liegen kaum aussagekräftige Untersuchungen zur Wirkung von Akupunktur bei Depressionen vor. Befürworter machen unter anderem die Ausschüttung von Endorphinen beim Setzen der Nadeln für positive Effekte verantwortlich. Akupunktur kann keinesfalls eine konventionelle Therapie zur Behandlung von Depressionen ersetzen.

Seit dem 1. Januar 2007 übernehmen die deutschen gesetzlichen Krankenkassen die Kosten für eine Akupunkturbehandlung bei chronischen Schmerzen in Lendenwirbelsäule, in den Knien oder bei einer Schmerztherapie. Die Kosten für die Behandlung von psychischen Störungen werden grundsätzlich <u>nicht</u> übernommen und müssen vom Patienten selbst getragen werden.

Meditation

Beim Thema Meditation und Depression spielt vor allem die sogenannte *Achtsamkeitsmeditation* eine wichtige Rolle. Ziel von Achtsamkeit ist es, einen klaren, unverstellten Blick auf die Welt sowie die eigenen Gedanken und Gefühle zu entwickeln. Denn: Das, was wir für die Wirklichkeit, die Wahrheit oder einfach die Realität halten, ist fast immer gefärbt und verfälscht durch unsere eigenen Vorstellungen, Erwartungen und (Vor-) Urteile. Die allermeisten der Gedanken und Bewertungen laufen dabei nach unbewussten Denkmustern ab. Schon bevor wir eine Sache wirklich so wahrgenommen haben, wie sie wirklich ist, haben wir sie klassifiziert, bewertet und in eine Schublade gesteckt.

Bei der Behandlung von Depressionen ist deshalb ein Ziel der Achtsamkeits-Methode, die auftretenden negativen Gedankenmuster bewusst zu machen. Der Patient soll die negativen Gedanken als Objekt seiner Beobachtung einordnen, ohne sich mit ihnen zu identifizieren. Durch das neutrale, nicht wertende Betrachten der Gedanken kann sich der Patient von ihnen distanzieren und erkennen, dass diese nicht der Realität entsprechen. Gleichzeitig lernt der Patient, unangenehme Gedanken zu akzeptieren, ohne vor ihnen zu erschrecken oder sich selbst negativ zu bewerten, weil die Gedanken (wieder) aufgetreten sind.

Viele Kliniken, Therapeuten und Trainer bieten Kurse zum Thema Achtsamkeit an. Im therapeutischen Bereich sind vor allem die sogenannten MBSR (Mindfulness Based Stress Reduction) – Kurse und die mehr psychotherapeutisch orientierten MBCT (Mindfulness Based Cognitive Therapy) – Kurse erfolgreich. Die MBCT-Methode kombiniert Elemente des MBSR-Programms mit solchen aus der kognitiven Verhaltenstherapie. Mehrere Studien belegen den Erfolg dieser Behandlungsmethode. Die Rückfallhäufigkeit bei Patienten, die bereits mehrere depressive Episoden erlebt hatten, wurde durch den Einsatz von MBCT deutlich gesenkt.

Die Behandlung von Depressionen mithilfe von Achtsamkeit beinhaltet folgende Elemente:

- Fokussieren auf die Gegenwart, steigern der Aufmerksamkeit für das, was Hier und Jetzt geschieht.

- Erkennen (bemerken) von unangenehmen Gedanken und Gefühlen als beobachtbare Phänomene, ohne sich mit ihnen zu identifizieren

- Distanzierung von den eigenen negativen Gedanken und Gefühlen

- Akzeptieren der eigenen unangenehmen Gedanken und Gefühle

- Abbau negativer Gedanken und Gedankenspiralen

- Entspannung, innere Gelassenheit, besserer Schlaf

Einige Therapeuten gehen so weit zu sagen, dass durch das Achtsamkeitstraining bei vielen Patienten sogar verhindert werden kann, dass eine Depression überhaupt erst entsteht. Unstrittig ist in jedem Fall, dass durch das Achtsamkeitstraining die Gefahr eines Rückfalls bzw. einer erneuten Erkrankung in vielen Fällen deutlich sinkt.

MBSR oder MBCT-Programme werden als Teil der Behandlung in einigen Kliniken angeboten. Ob die eigene Krankenversicherung die Kosten für einen Kurs ganz oder teilweise übernimmt, muss der Patient im Einzelfall klären.

Wichtig:

Im Gegensatz zur Stressreduktion ist die Behandlung einer Depression nichts, was der Patient allein zu Hause ausprobieren sollte. Patienten, die unter einer behandlungsbedürftigen Depression leiden, sollten in jedem Fall alle Behandlungsschritte gemeinsam mit Ihrem Arzt zu planen und durchführen. Es gibt auch in Deutschland mittlerweile eine Reihe von Ärzten und Kliniken, die Achtsamkeitsübungen zur Behandlung psychischer Störungen einsetzen. Im Anhang finden Sie Adressen von Kliniken und Organisationen, bei denen Sie weiterführende Informationen erhalten können.

Gibt es eine Diät gegen Depressionen?

Grundsätzlich spielt eine ausreichende, ausgewogene und gesunde Ernährung auch bei der Bildung vieler Botenstoffe im Gehirn eine Rolle, die für Stimmung und Wohlbefinden wichtig sind. Man muss aber dazu sagen, dass entsprechende Mangelerscheinungen bei einer normalen Ernährung in unseren Breiten äußerst selten sind. Eine zusätzliche Zufuhr in Form von sogenannten Nahrungsergänzungsmitteln ist also in der Regel <u>nicht</u> erforderlich. Ausnahmen bilden bestimmte Gruppen von Menschen. Dazu gehören zum Beispiel Alkoholiker, starke Raucher, Schwangere und Kranke. Auch Menschen, die sich einer strengen Diät unterziehen oder solche, die sich ausschließlich von vorproduzierten Lebensmitteln (z. B. Dosennahrung) oder Fast Food ernähren, können einen Mangel an bestimmten Nährstoffen entwickeln. Im Zweifelsfalle kann in einem Gespräch mit dem Arzt geklärt werden, ob es notwendig ist, hier einen Ausgleich zu schaffen. Von der wahllosen Einnahme von Präparaten zur Nahrungsergänzung (z. B. Vitaminpräparate) aus der Drogerie, dem Supermarkt oder der Apotheke muss abgeraten werden.

Diese Lebensmittel wirken positiv bei Depressionen

Auch wenn es nicht DAS Lebensmittel gegen Depression gibt, zeigen mehrere unabhängige Studien, dass Zusammenhänge zwischen Ernährung und Depressionen existieren. Wenig überraschend zeigte sich, dass Menschen, die sich ausgewogen mit frischen Lebensmitteln ernähren, messbar seltener an Depressionen litten als solche, die häufig Fast Food-Produkte verzehrten. Insbesondere die Verwendung hochwertiger Fette (z. B. Omega-3-Fettsäuren) scheinen einen positiven Effekt zu haben. Solche Fette sind zum Beispiel in Thunfisch, Lachs, aber auch in Leinsamen und Walnüssen vorhanden.

Natürliche Antidepressiva?

Die bei einer Depression häufig in zu geringer Konzentration vorhandenen Botenstoffe wie Serotonin oder Noradrenalin sind selbst oder in Form von Vorstufen auch in bestimmten Lebensmitteln vorhanden:

Serotonin
Vorstufen des Serotonins sind unter anderem in Kartoffeln, Bananen, Tomaten, braunem Reis und Fenchel vorhanden.

Noradrenalin

Bestandteile von Noradrenalin sind zum Beispiel in Fisch, Geflügel, grünem Gemüse, Käse, Sojaprodukten, Äpfeln, Bananen oder Mandeln vorhanden.

Dopamin

Lebensmittel, die die Dopaminproduktion unterstützen, sind zum Beispiel Sojaprodukte, Geflügel und Schalentiere.

Mittelmeer-Diät

Die sogenannte „Mittelmeer-Diät" setzt sich vor allem aus Obst, Gemüse, Fisch und wenig rotem Fleisch zusammen. Dazu kommt reichlich Olivenöl. Sie soll Herz und Blutgefäße vor schädlichen Ablagerungen schützen und das Risiko von Krebserkrankungen senken.

Wissenschaftlern der Universitäten Las Palmas und Navarra sind der Ansicht, dass die Mittelmeer-Diät auch gegen Depressionen hilft. Zu diesem Schluss kommen sie durch die Beobachtung von 10 000 Probanden über einen Zeitraum von vier Jahren. Unter denjenigen, die sich streng an die Diät hielten, erkrankten etwa 30 % weniger an Depressionen als in der Kontrollgruppe. Natürlich lässt sich nicht mit Sicherheit sagen, ob für das Ergebnis ausschließlich die Ernährung verantwortlich ist. Es deutet jedoch alles darauf hin, dass eine gesunde und ausgeglichene Ernährung einen positiven Effekt auch auf die Psyche hat.

Vorsicht bei Diäten zur Gewichtsreduzierung

Es ist unbestritten, dass es für stark übergewichtige Menschen wichtig ist, wieder zu einem normalen Gewicht zu kommen. Der Weg über Diäten, den viele Betroffene wählen, ist allerdings nicht unumstritten. Und das trifft auf depressive Menschen besonders zu. So warnt Professor Dr. Achim Peters von der Uni Lübeck ausdrücklich vor Diäten zum Abnehmen. Seiner Meinung nach hat der Nahrungsentzug neben unterschiedlichen körperlichen Auswirkungen auch negative Konsequenzen für die Psyche. Als typische Folgen nennt er Stimmungsschwankungen und Depressionen. Wer depressiv und übergewichtig ist, sollte also, statt einfach auf Nahrung zu verzichten, besser die Ernährung langfristig umstellen und sich mehr bewegen.

Auch Kräuter und Pflanzenwirkstoffe wirken wie Medikamente

Es ist ein weitverbreiteter Irrtum, dass pflanzliche Wirkstoffe per se gesund und unschädlich seien. Tatsächlich wirken aber auch diese schädlich, wenn sie in zu hoher Konzentration zu häufig oder über einen zu langen Zeitraum eingenommen werden. So hat zum Beispiel, die Süßholzwurzel, der antidepressive Wirkungen nachgesagt werden, Nebenwirkungen wie Kopfschmerzen oder Bluthochdruck, wenn sie zu lange oder in zu hoher Dosierung eingenommen wird. Das Gleiche gilt für fast alle anderen pflanzlichen Lebensmittel und Wirkstoffe. Hinzu kommt, dass auch diese unerwünschte Wechselwirkungen mit verschiedenen Medikamenten hervorrufen können. Fragen Sie also bitte immer Ihren Arzt, bevor Sie damit beginnen, pflanzliche Wirkstoffe gegen eine Depression zu sich zu nehmen.

Fazit:

Eine gesunde und ausgewogene Ernährung kann Sie dabei unterstützen, eine Depression zu überwinden. Grundsätzlich sind dabei frische, selbst zubereitete Lebensmittel den Fertigprodukten vorzuziehen. Ein Ersatz für Medikamente ist aber auch die beste Ernährung nicht. Ist eine Depression einmal ausgebrochen, kann eine gesunde Ernährung die Heilung bestenfalls unterstützen.

Hilft eine gesunde Lebensführung gegen Depressionen?

Therapie und Prävention

Eine gesunde Lebensführung ist gleichzeitig Therapie und Prävention. Dem akut Erkrankten hilft sie dabei, wieder gesund zu werden. Allen, die gefährdet sind, dabei, die Krankheit nicht (wieder) zum Ausbruch kommen zu lassen. Das Problem: Wer bereits unter einer Depression leidet, wird kaum die Energie und Motivation aufbringen können, um seine Lebensgewohnheiten umzustellen. Das ist erst im Laufe der Therapie und nach einer Besserung der Symptome möglich.

Für alle anderen gilt, dass eine gesunde Lebensführung sich nicht nur auf die körperliche, sondern auch auf die seelische Gesundheit positiv auswirkt. Und dazu zählt nicht nur der Verzicht auf gesundheitsschädliches Verhalten, wie zum Beispiel das Rauchen oder der Konsum von Alkohol. Zu einer gesunden Lebensführung gehören auch Bewegung, frische Luft, die Reduktion von Stress und die Pflege von Sozialkontakten.

Bereits die Entscheidung für eine gesunde Lebensführung ist ein wichtiger Schritt

Für viele Betroffene stellt bereits die Entscheidung für eine Veränderung ihrer Lebensführung einen wichtigen Schritt in Richtung Heilung dar. Nicht selten haben sie schon viel zu lange mit zu wenig Rücksicht auf die eigene Leistungsfähigkeit und Gesundheit gelebt. Auch viele ungünstige Verhaltensweisen sind im Laufe der Zeit zu Gewohnheiten geworden, die man nur wieder loswird, indem man sie sich bewusst macht und ganz bewusst anders handelt.

Das beginnt schon mit der Entscheidung, morgens früher aufzustehen, statt mit quälenden Gedanken im Bett liegen zu bleiben. Oder damit, Freunde zu treffen, statt den ganzen Abend vor dem Fernseher zu verbringen. Schon das Wissen darum, dass es eine günstigere Alternative gibt, die dazu beiträgt, die eigene Stimmung zu verbessern, hilft vielen depressiven Patienten. Und es ist generell heilsam, zu erkennen, dass man selbst etwas tun und verändern kann. Denn oftmals haben sich die Betroffenen schon so sehr in ihr Schicksal ergeben, dass sie diese Möglichkeit gar nicht mehr sehen (können).

Das hilft bei Depressionen

Körperliche Betätigungen

Sport und jede Art von körperlicher Bewegung sind gesund für Körper und Seele. Viele Studien zeigen: Regelmäßige sportliche Betätigung wirkt in manchen Fällen ähnlich gut wie ein Antidepressivum. Auch als vorbeugende Maßnahme ist Sport ideal geeignet. Sport baut Stresshormone ab und setzt Glückshormone frei. Lesen Sie dazu bitte auch das Kapitel „*Wie hilft Sport gegen Depressionen?*"

Verzicht auf Drogen

Drogen jeglicher Art haben selbst auf völlig gesunde Menschen kaum kontrollierbare psychische Effekte. Das gilt umso mehr für Patienten, die unter einer psychischen Störung leiden. Hinzu kommen völlig unvorhersehbare Wechselwirkungen zum Beispiel mit Antidepressiva oder anderen Psychopharmaka. Der Rat heißt hier: Finger weg davon!

Umgang mit Alkohol, Medikamenten und Nikotin

Viele Menschen suchen bei Stress und Überlastung einen Ausweg in Alkohol oder Medikamenten. Andere rauchen stark oder trinken Unmengen von Kaffee, um sich wach und leistungsfähig zu halten. All diese Verhaltensweisen sind bekannt dafür, auf Dauer psychische Probleme zu verursachen oder aufrechtzuerhalten. Es ist also wichtig, hier bessere Alternativen zu finden. Diese können zum Beispiel darin bestehen, Überlastung zu vermeiden sowie Sport oder Entspannungstechniken einzusetzen, um Stress abzubauen.

Gesunde Ernährung

Im Kapitel „*Gibt es eine Diät gegen Depressionen?*" finden Sie viele Informationen zum Thema Depressionen und Ernährung. Grundsätzlich ist es wichtig, den Körper regelmäßig mit allen notwendigen Nährstoffen zu versorgen. Dazu sind bei einem körperlich gesunden Menschen keine Vitaminpillen oder andere Nahrungsergänzungsmittel notwendig. Wer regelmäßig gesunde und frische Nahrung zu sich nimmt, ist mit allen Nährstoffen versorgt, die für Körper und Gehirn notwendig sind. Natürlich muss die Nahrungsmenge dem Energieverbrauch des Körpers angepasst sein. Übergewicht ist nämlich ebenfalls ein ungünstiger Faktor für depressive Patienten.

Übermäßigen Stress erkennen und vermeiden

Es ist wichtig, Sensibilität für Stress, Burn-out und Überlastung zu entwickeln. Schon die ersten Anzeichen wie Schlafprobleme, Stimmungsschwankungen, erhöhte Nervosität oder Reizbarkeit sollten zu Gegenmaßnahmen führen. Achten Sie auch auf scheinbar „nur" körperliche Veränderungen. Auch Müdigkeit, Herz-Kreislaufprobleme oder Verdauungsstörungen können Anzeichen von Stress und Überlastung sein. Gegenmaßnahmen können zum Beispiel in einer Verringerung der Arbeitsbelastung und dem Abbau von Stress durch Bewegung oder Entspannungstechniken bestehen.

Machen Sie sich klar:

Kein Job ist es Wert, dass Sie für ihn Ihre Gesundheit ruinieren!

Entspannung

Das Erlernen und regelmäßige Durchführen von Entspannungstechniken wie dem Autogenen Training oder der Progressiven Muskelentspannung (Progressive Relaxation) ist ein wichtiger Faktor beim Abbau von Stress und Überlastung. Aber nicht jede Entspannungstechnik ist für jeden Patienten gleich gut geeignet. So haben etwa Angstpatienten häufig Probleme mit dem Autogenen Training. Man sollte dann eine Methode wählen, die besser passt. Das können zum Beispiel auch Yoga-Übungen sein. Für depressive Patienten ist es günstig, die Übungen auch regelmäßig in einer Gruppe durchzuführen. Das hält die Motivation aufrecht und sorgt gleichzeitig für wichtige Sozialkontakte. Auch hierbei gilt, dass man sich nicht überlasten sollte. Entspannungstraining ist kein Wettbewerb. Beginnen Sie mit dem Training, wenn Ihr Arzt oder Therapeut es für sinnvoll hält. Es kann sein, dass Sie zu Beginn nur wenige Minuten durchhalten. Das macht gar nichts. Bleiben Sie dran. Es wird im Laufe der Zeit besser.

Aufbau und Aufrechterhaltung von Sozialkontakten

Ein typisches Symptom der Depression ist, dass sich die Betroffenen nach und nach immer mehr zurückziehen. Freundschaften werden nicht mehr gepflegt, Einladungen zu Partys werden abgesagt oder einfach ignoriert. Stück für Stück isoliert sich der Erkrankte und gerät dadurch in eine Abwärtsspirale von Depression und Einsamkeit. Deshalb ist es für jeden Menschen, ganz besonders aber für depressive oder gefährdete, äußerst wichtig, soziale Kontakte zu knüpfen und aufrechtzuerhalten. Freunde, Bekannte, regelmäßige Treffen, Gespräche und Unternehmungen gehören zum Leben jedes gesunden Menschen.

Auch wenn es anfangs schwerfällt, der soziale Umgang mit anderen muss nach einer Depression oft mühsam wieder erlernt werden. Hilfreich sind dabei alte Freundschaften, die man wieder reaktivieren kann, aber auch neue Kontakte. Ob es sich dabei um Menschen in einer Selbsthilfegruppe, einem Volkshochschulkurs oder in einem Sportverein (doppelt sinnvoll!) handelt, spielt keine Rolle. Wichtig ist, wieder zu erlernen, Freude am Zusammensein mit anderen zu entwickeln. Keine Sorge, wenn das am Anfang schwierig ist. Der soziale Umgang mit anderen ist wie der Muskel eines Sportlers. Erst durch regelmäßiges Training entwickelt er sich. Und dann macht es auch wieder Spaß, sich mit Freunden zu treffen. Nicht aufgeben!

Schlafhygiene

Unter Schlafhygiene versteht man die Einhaltung bestimmter Regeln und Gewohnheiten, die auf Dauer zu einem gesunden und ausreichenden Schlaf führen. Damit lassen sich zum Beispiel Ein- und Durchschlafstörungen vermeiden. Voraussetzung ist natürlich, dass keine Grunderkrankung vorliegt, die den gesunden Schlaf behindert. Dazu zählen körperliche Probleme wie die Schlafapnoe oder auch das Syndrom der ruhelosen Beine (Restless Leg Syndrom RLS). Aber auch psychische Probleme wie Depressionen, Burn-out oder Stress haben einen direkten Einfluss auf den Schlaf. Oft bestehen auch Wechselbeziehungen zwischen körperlich und seelisch bedingten Schlafstörungen. Beide Ursachen müssen behandelt werden, um wieder ruhig und ungestört schlafen zu können.

Das sind die wichtigsten Regeln der Schlafhygiene:

Regelmäßige Schlafenszeiten

Sowohl unter der Woche als auch am Wochenende sollten regelmäßige Schlafenszeiten eingehalten werden. Das heißt, man geht zu einer bestimmten Uhrzeit zu Bett und steht wie geplant zu einer bestimmten Uhrzeit morgens auf. Von dieser Regel sollte es möglichst selten Abweichungen geben. Die innere Uhr des Körpers kann sich so auf Schlaf- und Wachzeiten besser einstellen. Für depressive Patienten hat es sich als günstig erwiesen, insbesondere morgens nicht länger im Bett zu liegen als nötig.

Nicht wach im Bett liegen

Kann man abends nicht einschlafen oder erwacht morgens zu früh, sollte man das Bett verlassen und so lange etwas anderes tun, bis man merkt, dass man müde genug ist, um wieder einschlafen zu können. Sich dazu „aufzuraffen", wieder aufzustehen, fällt depressiven Patienten naturgemäß besonders schwer. Dies zumal sie sich oft extrem müde fühlen und trotzdem nicht einschlafen können. Wenn es Ihnen auch so geht, sprechen Sie mit Ihrem Arzt. Es gibt Antidepressiva, die schlafanstoßend wirken und Ihnen das Ein- oder auch Durchschlafen erleichtern können. Grundsätzlich gilt, dass das Bett dem Schlafen vorbehalten bleiben sollte. Das heißt: Im Bett nicht wach liegen, auch nicht lesen oder fernsehen!

Nicht zuletzt sollte erwähnt werden, dass alle genannten Punkte nicht nur für depressive Menschen, sondern für jeden nützlich sind. Es lohnt sich also auch für absolut Gesunde, sich an diese Regeln zu halten. So ist es also auch für den nicht depressiven Partner sinnvoll, bei Veränderungen in Richtung gesunder Lebensführung mitzumachen. Das erleichtert es nicht nur dem depressiven Partner, das neue Verhalten durchzuhalten, sondern nützt ihm auch selbst. Es dauert übrigens einige Wochen bis Monate, bis ein neues Verhalten zu einer stabilen Gewohnheit geworden ist. Man braucht also ein wenig Durchhaltevermögen.

ANHANG

Was man selbst tun kann: 6 Tipps für weniger Stress

Die nachfolgenden Tipps sind für Patienten mit leichten Depressionen gedacht oder für solche, die eine Depression überwunden haben. Falls Sie aktuell an einer schweren Depression leiden, werden Sie die Tipps wahrscheinlich nur schwer umsetzen können. Sie werden beim Lesen der Tipps vielleicht denken, dass das alles sinnlos ist oder sowieso nicht funktioniert. Ärgern Sie sich nicht darüber, diese Gedanken sind eine Folge der Depression. Es ist nicht Ihre Schuld, wenn Sie mit den Tipps aktuell nichts anfangen können. Ich verspreche Ihnen, Sie werden das anders sehen, wenn sich Ihr Zustand bessert.

Tipp 1: Gut für sich selbst sorgen

Manche Menschen setzen alle Hebel in Bewegung, wenn es darum geht, etwas für andere zu tun. Nur ihre eigenen Bedürfnisse vernachlässigen sie so lange, bis es nicht mehr weiter geht. Dabei ist es für jeden Menschen ausgesprochen wichtig, zunächst einmal gut für sich selbst zu sorgen. Das trifft umso mehr auf die Menschen zu, die mit einer psychischen Belastung leben. Halten Sie also zumindest die Minimalstandards ein. Essen Sie regelmäßig und gesund (keine Fertignahrung, kein Fast Food), schlafen Sie regelmäßig und ausreichend und bewegen Sie sich regelmäßig. Vermeiden Sie Stress und Überlastungen im Job und im Privatleben. Lernen Sie, auch einmal Nein zu sagen. Sie helfen niemandem damit, wenn Sie selbst krank werden!

Tipp 2: Realistische Ziele setzen

Etwas nicht zu schaffen, das man sich vorgenommen hat, macht schlechte Laune und verdirbt die Stimmung. Oftmals liegt es aber gar nicht daran, dass man sich zu wenig angestrengt hat. Man nimmt sich einfach zu viel vor oder setzt sich Ziele, die man realistisch betrachtet, gar nicht erreichen kann.

Insbesondere ehrgeizige Menschen, die hohe Ansprüche an sich selbst stellen, sind von diesem Problem betroffen. Manchmal steckt dahinter der Gedanke, dass man sich besonders viel vornehmen müsse, um wenigstens einen Teil davon auch zu schaffen. Doch diese Strategie hat nur eine Wirkung. Man fühlt sich hinterher immer schlecht, ganz gleich, ob man 50, 70 oder 80 % des Vorgenommenen geschafft hat. Besser und zufriedenstellender ist es, sich kleinere Ziele zu setzen, die man auch tatsächlich bewältigen kann. Denn jedes erreichte Ziel ist gut für die Stimmung und motiviert dazu, weitere Ziele in Angriff zu nehmen.

Tipp 3: Fehler machen ist nicht nur OK, sondern notwendig!

Ist es Ihnen auch schon passiert, dass Sie sich selbst beschimpft haben, wenn Sie einen Fehler gemacht haben? Oder haben Sie sich geschämt oder sich schuldig gefühlt? Wenn ja, geht es Ihnen so, wie vielen anderen Menschen auch. Kaum macht man einen Fehler, beginnt eine Spirale von Selbstvorwürfen. „Das war ja wieder mal wirklich dämlich von mir", „Ich bin auch wirklich zu dumm" und so weiter.

Machen Sie Schluss damit. Denn solche negativen Gedanken ziehen Sie nicht nur runter, sondern sind auch völlig falsch. Nur wer Fehler macht und aus ihnen lernt, entwickelt sich weiter. Keine Fehler machen nur die, die gar nichts tun. Stehen Sie zu Ihren Fehlern und lachen Sie gemeinsam mit anderen darüber, wenn etwas peinlich war. Na und? Sie haben das Recht, so viele Fehler zu machen, wie Sie wollen. Da ist nichts Schlimmes dabei. Sie können dadurch nur gewinnen!

Tipp 4: Den Blickwinkel verändern

Die meisten von uns werden von der Kindheit an darauf trainiert, überall Fehler zu entdecken. Unsere Aufmerksamkeit wird von allen möglichen Unzulänglichkeiten magisch angezogen. Und so kommt es oft vor, dass wir unzufrieden sind und uns ärgern, obwohl es uns doch eigentlich sehr gut geht.

Manchmal hilft es schon, sich das klar zu machen und die Aufmerksamkeit ganz gezielt auf die Dinge zu lenken, die schön sind und mit denen wir zufrieden sein können. Wenn das nicht funktioniert, hilft es oft, unsere eigene Welt einmal aus der Perspektive eines anderen Menschen zu betrachten. Millionen von Menschen auf der ganzen Welt müssen Hunger leiden, befinden sich auf der Flucht oder haben kein Dach über dem Kopf. Was glauben Sie, wie unser Leben auf diese Menschen wirken würde, wenn sie es sehen könnten? Im Hinblick auf diese Menschen leben wir doch im sprichwörtlichen Paradies. Man muss sich nur ab und zu selbst daran erinnern, um mit dem eigenen Leben zufriedener zu sein.

Tipp 5: Nicht ärgern (lassen)

Es gibt zwei verschiedene Arten von Dingen, über die man sich ärgern kann. Das eine sind Dinge, die man ohnehin nicht ändern kann und das andere sind solche, die man beeinflussen kann. Alles, was zur ersten Gruppe gehört, sollte man sofort vergessen. Sich über Dinge zu ärgern, die man nicht ändern kann, macht überhaupt keinen Sinn. Man schadet sich damit nur selbst. Man sollte solche Dinge entweder einfach akzeptieren, oder versuchen, etwas Positives in ihnen zu entdecken.

Bei den Dingen, die man selbst beeinflussen kann, gibt es solche, für die sich der Ärger lohnt (vielleicht 10 %) und solche, die ohnehin in ein paar Tagen oder Monaten vergessen sind. Die Letzteren sollte man nicht weiter verfolgen. Sie sind den Ärger nicht wert. Überhaupt schadet das Ärgern immer nur demjenigen, der sich ärgert. Den meisten Menschen, über die wir uns ärgern, ist das ohnehin völlig gleichgültig. Versuchen Sie, das Ärgern beim nächsten Mal einfach zu unterlassen. Sie werden sehen, das funktioniert. Am Anfang vielleicht noch nicht so gut, aber mit jedem Mal besser!

Tipp 6: Angenehme Dinge planen (und auch durchführen!)

Für das seelische Wohlbefinden ist es äußerst wichtig, Dinge zu tun, die Freude machen. Deshalb sollten angenehme Tätigkeiten einen festen Platz in Ihrem Terminkalender haben. Nur zu leicht passiert es, dass die angenehmen Dinge schnell wieder zugunsten der scheinbar wichtigeren Aktivitäten vernachlässigt werden. Nach einer überstandenen Depression ist es auch nicht immer möglich, einfach da weiterzumachen, wo man vor der depressiven Episode aufgehört hat. Manchmal muss man den Spaß an angenehmen Tätigkeiten auch erst Schritt für Schritt wieder erlernen. Dazu ist es hilfreich, zu überlegen, was man früher gerne getan hat. Man kann auch den Partner oder Angehörige danach fragen. Dann sollten die angenehmen Tätigkeiten auch regelmäßig durchgeführt werden. Sie nur zu planen oder nur über sie nachzudenken, reicht nicht. Man muss es auch tun. Die Freude daran kommt dann automatisch nach einiger Zeit zurück.

Was kann ich selbst tun, um einen Rückfall zu vermeiden?

Natürlich ist das erste und vordringlichste Ziel jeder Therapie, die akute Depression eines Patienten zu überwinden. Doch wie geht es nach der Heilung weiter? Muss man damit rechnen, dass irgendwann eine erneute Episode auftritt? Ist man diesem Risiko völlig hilflos ausgesetzt, oder kann man selbst etwas dafür tun, um es zu verringern?

Sie haben in diesem Buch ja bereits erfahren, dass es viele unterschiedliche Faktoren gibt, die letztlich bei manchen Menschen dazu führen, dass sie depressiv werden. Nicht alle Faktoren werden bisher von der Wissenschaft völlig verstanden, und manchmal entsteht eine Depression auch, ohne dass eine Ursache erkennbar wäre. Trotzdem gibt es eine ganze Reihe von Faktoren, von denen man mittlerweile weiß, dass sie günstige oder ungünstige Wirkungen im Hinblick auf eine Wiedererkrankung (Rezidiv) haben. Im Folgenden finden Sie die wichtigsten Elemente, die sich bei der Prävention (Vorbeugung) als wirksam erwiesen haben.

+ **Antidepressiva**
   Es hat sich gezeigt, dass es für manche Patienten günstig ist, ein Antidepressivum auch nach dem Abklingen der akuten Depression weiterhin einzunehmen, um einen Rückfall zu vermeiden. In manchen Fällen reicht dazu eine im Vergleich zur vorherigen Behandlung reduzierte Dosierung (Erhaltungsdosis) aus. Sprechen Sie mit Ihrem Arzt darüber, ob diese Form der Prävention für Sie geeignet ist.

+ **Psychotherapie**
   Auch wenn eine Psychotherapie Teil der Akutbehandlung ist, liegt es in ihrem Wesen, auch nach der eigentlichen Heilung weiter zu wirken. Insbesondere die Verhaltenstherapie beschäftigt sich damit, sogenannte dysfunktionale, also ungünstige Denkmuster und Einstellungen des Patienten zu korrigieren. Ist die Therapie erfolgreich, wird der Patient die neu erlernten Denk- und Verhaltensmuster auch nach der Heilung beibehalten. Dies hat erwiesenermaßen den Effekt, das Risiko einer Wiedererkrankung zu verringern. Das ist nicht zuletzt der Grund, warum eine Psychotherapie als Teil des Behandlungskonzeptes bei Depression so wichtig ist. Auch andere Formen der Psychotherapie sind vorbeugend wirksam. So wirkt auch die interpersonelle Therapie (IPT) als Präven-

tionsmaßnahme bei Depressionen. Sie hilft vor allem dabei die zwischenmenschlichen Beziehungen und damit, die sozialen Kompetenzen der Patienten zu verbessern.

+ **Optimismus und Selbstvertrauen**
Beide Faktoren wirken sich günstig auf Seele und Wohlbefinden aus und können das Risiko eines Rückfalls mindern. Unglücklicherweise ist weder Optimismus noch Selbstvertrauen etwas, zu dem man sich einfach so entschließen könnte. Ganz im Gegenteil: Vielen Menschen mangelt es gerade daran. Das trifft auch und besonders auf Patienten zu, die gerade eine Depression überwunden haben. Trotzdem kann man versuchen, die Welt ein wenig optimistischer zu sehen oder das eigene Selbstvertrauen zu verbessern. Ein Mittel dazu ist ein Tagebuch, in das man täglich positive Erlebnisse und gute eigene Leistungen einträgt. Denn meist liegt das Problem ja nicht darin, dass es nichts Positives gäbe, sondern darin, dass man es nur allzuleicht übersieht oder vergisst.

+ **Achtsamkeit und Meditation**
Als ebenfalls wirksam hat sich die sogenannte achtsamkeitsbasierte kognitive Therapie (MBCT) erwiesen. Ähnlich wie die verwandte achtsamkeitsbasierte Stressreduktion (MBSR) nutzt dieses Verfahren Elemente der Achtsamkeitsmeditation, um einen bewussteren (achtsamen) Umgang mit der Depression, ihren Symptomen und Warnzeichen zu erlernen. Viele Patienten berichten, dass ihnen regelmäßige Achtsamkeitsmeditationen sehr dabei geholfen haben, wieder mehr Ruhe und Zufriedenheit in ihr Leben zu bringen. Und das gilt gleichermaßen für Erkrankte und Gesunde. Die Beschäftigung mit dem Thema Achtsamkeit kann für jeden Menschen eine sinnvolle Bereicherung sein.

+ **Psychoedukation**
Psychoedukation ist oft Teil einer Psychotherapie oder der Behandlung in einer Klinik. Der Patient lernt unter anderem, mit der Angst vor einer erneuten Erkrankung besser umzugehen und Belastungen oder Warnzeichen frühzeitig zu erkennen. Grundsätzlich sollte jeder Patient, der eine akute Depression überwunden hat, eine besondere Sensibilität für belastende Gedanken und Situationen entwickeln. Genauso wichtig ist es, Symptome zu erkennen und schnell Hilfe zu suchen, wenn das nötig sein sollte. Keinesfalls sollte man damit so lange warten, bis eine erneute depressive Episode ausgebrochen ist. Je früher eine sich anbahnende depres-

sive Episode erkannt und behandelt wird, desto schneller kann sie überwunden oder sogar ganz vermieden werden.

+ **Stressbewältigung und Stressvermeidung**
Stress spielt bei der Entstehung und Aufrechterhaltung von Depressionen sehr wahrscheinlich eine wichtige Rolle. Es ist deshalb wichtig, dass die Patienten lernen, Stressauslöser zu erkennen und möglichst zu meiden. Hilfreich sind dabei zum Beispiel veränderte Einstellungen im Hinblick auf Arbeit und Beruf. Denn weder Geld noch Karriere sind es wert, die eigene Gesundheit aufs Spiel zu setzen und eine erneute Depression zu riskieren. Sinnvoll ist in jedem Fall das Erlernen von Methoden zur aktiven Herbeiführung von Entspannung. Dazu zählen zum Beispiel das Autogene Training, die Progressive Muskelentspannung aber auch Methoden wie Meditation oder Yoga. Zum aktiven Abbau von Stress sind Sport und jede Form von Bewegung gut geeignet.

+ **Sport und Bewegung**
Jede Form von Sport und Bewegung wirkt sich günstig auf die Psyche aus. Auch als Präventionsmaßnahme hat sich regelmäßige sportliche Betätigung bewährt. Besonders gut geeignet sind Ausdauersportarten. Sport in der Gruppe oder im Verein hat zusätzlich positive Effekte. Bei sportlichen Aktivitäten bei Tageslicht im Freien kommen weitere günstige Faktoren hinzu.

+ **Soziales Netz und Sozialkontakte**
Einsamkeit und Isolation können zur Entstehung und Aufrechterhaltung einer Depression beitragen. Oft kommt es auch erst im Verlauf der Depression dazu, dass die Betroffenen sich immer mehr zurückziehen. Es ist wichtig, dem entgegenzuwirken. Der Mensch ist ein soziales Wesen und ohne den Kontakt und Austausch mit anderen Menschen verkümmern viele menschliche Fähigkeiten und Bedürfnisse. Jeder Mensch braucht Freundschaft, Nähe und Anerkennung durch andere. Ein gutes Verhältnis zu Freunden, zur Familie oder zu den Kollegen bei der Arbeit hilft dabei, sich gut zu fühlen. Nach einer überstandenen Depression ist es deshalb besonders wichtig, alte Sozialkontakte zu reaktivieren und neue aufzubauen. Ein gutes soziales Netzwerk kann das Risiko einer erneuten Erkrankung verringern.

Test Depressionen

Bitte beachten Sie, dass der kurze Selbsttest keine ärztliche oder psychotherapeutische Diagnose ersetzen kann. Er soll lediglich dazu dienen, Ihnen einen ersten Hinweis auf eine mögliche depressive Erkrankung zu geben. Falls Sie auch nur den Verdacht haben, an einer Depression zu leiden, sollten Sie umgehend einen Arzt oder Psychotherapeuten aufsuchen. Bitte nehmen Sie diesen Rat sehr ernst. Ein Arzt kann Ihnen helfen. Durch eine frühzeitige Behandlung können Sie die Dauer der Depression verkürzen, und eine Verschlimmerung oder Chronifizierung vermeiden.

Wenn Sie die letzten zwei Wochen betrachten: Wie häufig konnten Sie die folgenden Symptome bei sich beobachten?

- keine Lust und/oder kein Interesse daran, etwas zu unternehmen oder in Angriff zu nehmen

- gedrückte Stimmung und Gefühle von Hoffnungslosigkeit

- Schlafprobleme (Probleme beim Einschlafen, nächtliches Wachliegen, morgendliches viel zu frühes Erwachen oder auch viel zu häufiges und/oder langes Schlafen)

- Müdigkeit am Tage, wenig oder keine Energie, um etwas zu beginnen oder durchzuhalten. Das Gefühl, dass alles anstrengend ist.

- Appetitmangel, keine Lust auf Essen, das Essen schmeckt nicht mehr. Oder auch Heißhunger und deutlich zu viel essen

- Schuldgefühle gegenüber anderen (Familie, Partner, Freunde)

- Gefühle der Wertlosigkeit und/oder des Versagens

- Konzentrationsstörungen: Probleme, sich auf eine Sache zu konzentrieren. Probleme, sich an Dinge zu erinnern oder Probleme, Entscheidungen zu treffen

- Verlangsamung oder Ruhelosigkeit: langsames Bewegen oder Sprechen. Leises Sprechen. Oder aber Ruhe- und Rastlosigkeit. Das Gefühl, ständig in Bewegung sein zu müssen.

- Gedanken an den eigenen Tod. Das Gefühl, dass es für einen selbst oder für andere besser wäre, wenn man tot wäre. Gedanken daran, sich selbst zu töten oder zu verletzen.

Wenn Sie mehr als 4 der oben genannten Symptome an fast jedem Tag innerhalb der letzten zwei Wochen erlebt haben, könnte eine depressive Erkrankung bei Ihnen vorliegen. Besondere Beachtung sollte der letzte Punkt finden. Wenn Sie an einen Suizid denken, oder daran, sich selbst zu verletzen, sollten Sie <u>in jedem Fall</u> einen Arzt aufsuchen. Unabhängig von Testergebnissen ist es aber auch wichtig, wie Sie sich <u>fühlen</u>. Wenn Sie sich häufiger oder über einen längeren Zeitraum schlecht fühlen, unzufrieden, unglücklich oder gar verzweifelt sind, ist es Zeit, etwas zu unternehmen. Bestimmte Formen der Depression zeichnen sich dadurch aus, dass die Symptome weniger schwer, dafür aber über lange Zeiträume auftreten. Auch eine solche „chronische" Depression muss behandelt werden. Bedenken Sie auch, dass aus Gefühlen von Unzufriedenheit, Verzweiflung oder ständiger Überlastung eine Depression entstehen kann. Warten Sie nicht zu lange. Suchen Sie Hilfe. Es ist Ihr Leben und Sie haben nur das eine!

Die häufigsten Irrtümer und Missverständnisse bei Depressionen

Es gibt in Bezug auf Depressionen einige weitverbreitete Ansichten und Vorurteile, die nicht zutreffend sind. Hier finden Sie die wichtigsten Irrtümer und Missverständnisse.

Irrtum 1: Depressionen sind keine echte medizinische Krankheit

Bei einer Depression handelt es sich nicht um eine vorübergehende Verstimmung, schlechte Laune oder Traurigkeit, weil man etwas Belastendes erlebt hat. Solche „leichten" oder nur kurz andauernden Stimmungsverschlechterungen bezeichnet man bestenfalls als „depressive Verstimmung", nicht aber als Depression. Eine echte Depression geht tiefer und dauert viel länger. Sie ist eine ernsthafte medizinisch anerkannte und medizinisch behandelte Krankheit, die in manchen Fällen zum Tod führt (Suizid). An einer Depression kann - genau wie an einer Grippe - buchstäblich jeder erkranken.

Irrtum 2: Antidepressiva reichen aus, um eine Depression zu heilen

Antidepressiva können die schlimmsten Symptome einer Depression lindern und die Betroffenen so wieder in die Lage versetzen, am Leben teilzunehmen. Auch eine aktive Auseinandersetzung mit der Erkrankung wird oft erst nach einer Behandlung der Symptome möglich. Die Behandlung mit Antidepressiva bildet also die Grundlage, auf der es erst möglich wird, die Erkrankung mithilfe von Psychotherapie und Psychoedukation zu behandeln. Antidepressiva allein führen in der Regel nicht zu einer vollständigen und dauerhaften Heilung.

Irrtum 3: Die Betroffenen müssten sich nur mal „zusammenreißen"

Eine Depression hat nichts damit zu tun, dass sich jemand gehen lässt oder sich nicht ausreichend bemüht, aus einer schlechten Stimmung herauszukommen. Wer das noch nicht selbst erlebt hat, kann es sich nur schwer vorstellen. Einem depressiven Menschen zu sagen, er solle sich zusammenreißen oder doch mal „positiv denken" ist so, als wenn man einem Menschen mit hohem Fieber sagen würde, er solle doch mal cool bleiben und so sein Fieber senken. Wer unter Depressionen leidet, <u>kann</u> sich nicht zusammenreißen und <u>kann</u> auch nicht positiv denken, selbst, wenn er es noch sehr möchte. Das ist schlicht unmöglich.

Irrtum 4: Nur psychisch labile Menschen erkranken an Depressionen

Wie schon gesagt, eine Depression kann jeden treffen. Ganz gleich, ob Lehrer, Arzt, Fußballer oder Stahlarbeiter: Selbst die „stärksten" Männer sind davor nicht sicher. Nicht selten kommt es vor, dass die Betroffenen es selbst gar nicht fassen können, eine Depression zu erleiden. Auch wenn es Risikofaktoren und bei manchen Menschen eine erhöhte Wahrscheinlichkeit gibt, an einer Depression zu erkranken, letztlich kann sie <u>jeden</u> ereilen.

Irrtum 5: Die Ursache für eine Depression ist immer ein trauriges Ereignis

Man kann es gar nicht oft genug wiederholen: Eine Depression ist viel mehr als eine einfache Reaktion auf ein bedrückendes Ereignis. Manchmal können so ein Ereignis oder auch lang andauernde Belastungen ein Auslöser für eine Depression sein. Nicht selten gibt es aber auch gar keine offensichtlichen Auslöser. Die Depression kommt dann „aus heiterem Himmel", obwohl im Leben scheinbar alles gut läuft.

Irrtum 6: Depressive Menschen weinen häufig

Häufiges Weinen kann ein Symptom einer Depression sein. Manche Erkrankte weinen aber nur sehr selten oder sogar gar nicht. Nicht wenige beklagen eine emotionale Leere, die selbst Gefühle von Traurigkeit ausschließt. Auch Betroffene, die unter einer lang andauernden „schleichenden" Form der Depression, der Dysthymia, leiden, zeigen nach außen oft keine oder kaum erkennbare Symptome. Viele präsentieren sich nach außen ganz anders, als sie sich innerlich fühlen.

Irrtum 7: Eine Depression vererbt sich immer auf Kinder und Enkelkinder

Es scheint so zu sein, dass das Risiko an einer Depression zu erkranken erhöht ist, wenn die eigenen Eltern oder Großeltern auch schon unter Depressionen litten. Allerdings bedeutet das nicht zwangsläufig, dass die Nachkommen auch an einer Depression erkranken. Menschen mit familiärer Vorbelastung sollten aufmerksam sein, müssen aber nicht zwangsläufig ebenfalls erkranken.

Irrtum 8: Antidepressiva machen abhängig

Die typischen Merkmale einer Sucht, nämlich Toleranzentwicklung und das Bedürfnis, höhere Dosen einzunehmen, treten bei Antidepressiva nicht auf. Grundsätzlich wirken Antidepressiva ganz anders als suchterzeugende Medikamente wie zum Beispiel Beruhigungsmittel (Valium® und Co.). Trotzdem können auch bei Antidepressiva Absetzerscheinungen auftreten, weshalb ein Antidepressivum immer unter Anleitung des Arztes langsam „ausgeschlichen" werden sollte.

Irrtum 9: Antidepressiva verändern die Persönlichkeit

Das ist nachweislich falsch. Antidepressiva normalisieren den Hirnstoffwechsel. Die Betroffenen fühlen sich nach dem Wirkungseintritt nicht etwa verändert. Tatsächlich beschreiben die meisten die Wirkung so, dass sie sich (oft nach langem Leiden) endlich wieder wie sie selbst fühlen können.

Irrtum 10: Antidepressiva machen gute Laune

Die Vermutung liegt nahe, trifft aber so nicht zu. Tatsächlich verbessern Antidepressiva die Stimmung depressiver Patienten bis zu einem gewissen „normalen" Niveau. Ein gesunder Mensch kann mithilfe von Antidepressiva seine Stimmung aber nicht verbessern. Wäre das anders, gäbe es schon längst einen florierenden Schwarzmarkt, wie auch für alle anderen stimmungsverbessernden Drogen. Nimmt ein Gesunder ein Antidepressivum erlebt er in der Regel nur die unangenehmen Nebenwirkungen, nicht aber eine Stimmungsverbesserung.

Irrtum 11: Antidepressiva muss man für den Rest des Lebens einnehmen

Auch das ist falsch. In vielen Fällen kann das Antidepressivum nach erfolgreicher Therapie (oft in Verbindung mit einer Psychotherapie) vollständig abgesetzt werden. In manchen Fällen wird allerdings empfohlen, das Antidepressivum auch danach als Rückfallprophylaxe noch länger einzunehmen.

Irrtum 12: Männer haben selten Depressionen

Die meisten Forscher und Mediziner gehen davon aus, dass Männer genauso häufig von Depressionen betroffen sind wie Frauen. Die zum Teil widersprüchlichen statistischen Zahlen deuten allerdings darauf hin, dass Frauen häufiger und früher ärztliche Hilfe in Anspruch nehmen als Männer. Bei Männern, die sich psychische Schwächen nur ungern eingestehen, werden Erkrankungen deshalb häufiger nicht diagnostisch erfasst. Männer reagieren öfter mit Aggression und Alkohol- oder Drogenmissbrauch auf ihre depressive Stimmung.

Irrtum 13: Über die Depression zu sprechen, macht es nur schlimmer

Depressive Menschen brauchen jede Form von Unterstützung aus der Familie und dem sozialen Umfeld. Über die Depression sprechen zu können, ist für viele Patienten eine Erleichterung und hilft dem Umfeld dabei, den Betroffenen besser zu verstehen. Es ist immer besser, mit dem Betroffenen über seine Depression zu sprechen, als ihn mit seinen Sorgen und Ängsten allein zu lassen!

Irrtum 14: Wer über Suizid spricht, führt ihn nicht aus

Die ist sicher einer der gefährlichsten Irrtümer über Depressionen. Tatsächlich führen sehr viele Betroffene, die einen Suizid ankündigen oder darüber sprechen, diesen später auch aus. Wenn ein depressiver Mensch über eine Selbsttötung spricht, muss man dies immer sehr ernst nehmen und Hilfe suchen.

Wichtige Fachbegriffe

Im Folgenden finden Sie kurze Erläuterungen zu wichtigen Fachbegriffen, auf die Sie bei der Beschäftigung mit den Thema Depression immer wieder stoßen werden.

Abusus

Abusus ist die medizinische Bezeichnung für den Missbrauch von Medikamenten, Alkohol, Nikotin oder anderen Drogen.

Affektive Störung

Als affektive Störungen werden psychische Störungen bezeichnet, die sich vor allem durch eine krankhafte Veränderung der Stimmungslage auszeichnen. Die Stimmung kann gedrückt (Depression) oder gesteigert (Manie) sein. Weitere Symptome können Veränderung des Antriebs, des Appetits, des Schlafbedürfnisses oder der Libido sein. Zu den affektiven Störungen zählen die Depression, die Manie und die bipolaren Störungen.

Anamnese

Als Anamnese wird die bisherige Kranken- und Leidensgeschichte eines Patienten bezeichnet. Der Arzt erhebt eine Anamnese zu Beginn der Behandlung. Er fragt nach aktuellen und den bisherigen Beschwerden, dem Krankheitsverlauf, Behandlungsversuchen und nach bisher eingenommenen Medikamenten. Weitere Fragen können auch die Lebensgeschichte, die familiäre Situation oder die soziale Stellung des Patienten betreffen.

Antidepressiva

Antidepressiva (Einzahl = Antidepressivum) sind Medikamente, die zur Behandlung von Depressionen eingesetzt werden. Die meisten Antidepressiva wirken auf die Verfügbarkeit der Neurotransmitter Serotonin und/oder Noradrenalin im Gehirn. Antidepressiva werden nicht nur bei Depressionen verordnet. Sie haben sich auch bei Angststörungen, Panikattacken und Zwangsstörungen als wirksam erwiesen. In der Schmerztherapie werden Antidepressiva auch als sogenannte Ko-Analgetika (Begleit-Schmerzmittel) verwendet.

Anxiolytika

Dies sind Medikamente, deren Hauptwirkung darin besteht, Ängste zu mindern oder zu verhindern. Da die meisten Anxiolytika ähnlich wirken wie die Benzodiazepine, bestehen hier die gleichen Risiken, wie Gewöhnung und Abhängigkeit. Neuere Medikamente aus der Gruppe der Anxiolytika wie zum Beispiel Buspiron sollen angstlösend wirken, ohne abhängig zu machen. Allerdings wirken die Medikamente dieser Gruppe, ähnlich wie die Antidepressiva, erst nach einer mehrwöchigen Einnahme. Sie sind also nicht als „Notfallmedikament" geeignet.

Aut idem / Aut simile

Aut idem ist lateinisch und bedeutet „oder Gleiches" (Aut simile = „oder Ähnliches"). Man findet diesen Hinweis manchmal auf Rezepten. Der Arzt weist damit darauf hin, dass er nicht das Medikament eines bestimmten Herstellers verschreibt, sondern ein beliebiges mit dem gleichen Wirkstoff (siehe auch „Generika"). Für die Patienten verwirrend: Der Name des Medikaments kann von dem des verschriebenen Medikaments abweichen. Auch das Aussehen der Tabletten oder Kapseln kann variieren. Wichtig: In Deutschland können Apotheken an gesetzlich versicherte Patienten in vielen Fällen auch Ersatzmedikamente ausgeben, ohne dass der Arzt dies ausdrücklich vermerkt.

Autonomes Nervensystem

siehe „Vegetatives Nervensystem"

Benzodiazepine

Medikamente dieser Gruppe wirken angstlösend und allgemein beruhigend. Ihr Vorteil besteht darin, dass sie im Gegensatz zu den Antidepressiva sehr schnell (bereits kurz nach der Einnahme) wirken. Dies kann insbesondere in Notsituationen hilfreich sein. Bei der Einnahme von Benzodiazepinen besteht wie bei allen Beruhigungsmitteln die Gefahr einer Abhängigkeit. Diese kann sich zum Beispiel darin äußern, dass die Dosis immer weiter erhöht wird, oder darin, dass Unruhe und Unwohlsein auftreten, wenn das Medikament nicht mehr eingenommen wird. Dennoch können Beruhigungsmittel für einen eng begrenzten Zeitraum die richtige Lösung sein. Ob, und wann das der Fall ist, entscheidet Ihr Arzt.

Bipolare Störung

Als bipolare Störung bezeichnet man eine affektive Störung, bei der sich depressive und manische Episoden abwechseln. Manchmal wird noch zwischen „Bipolar-I-Störungen" (Depressive und manische Episoden) und Bipolar-II-Störungen (Depressive und hypomanische Störungen) unterschieden. Bei Letzteren fallen die manischen Episoden weniger stark aus als bei den Bipolar-I-Störungen.

Burn-out / Burn-out-Syndrom

Burn-out oder richtiger Burn-out-Syndrom ist ein Zustand emotionaler Erschöpfung und reduzierter Leistungsfähigkeit. Gemeint ist damit eine emotionale und geistige Erschöpfung, die in der Regel durch übermäßige Belastungen im Berufs- oder Privatleben ausgelöst wird. So gilt als erwiesen, dass lang andauernder Stress, ohne die Möglichkeit, diesen adäquat abzubauen oder auszugleichen, eine Ursache für das Burn-out-Syndrom ist. Burn-out kann wie auch andere Formen von übermäßiger Belastung zu Depressionen oder Angststörungen führen. Wenn erste Anzeichen des Burn-out-Syndroms wie zum Beispiel Schlafstörungen, auftreten, sollte die Belastung reduziert und gleichzeitig Maßnahmen zum Stressabbau ergriffen werden. Dazu gehören zum Beispiel regelmäßige Pausen, regelmäßige Entspannung (zum Beispiel auch mithilfe von Entspannungsübungen) und Ausdauersport.

Chronifizierung

Als „chronisch" werden Erkrankungen bezeichnet, die sich langsam entwickeln und lange andauern. Manche Erkrankungen werden erst zu chronischen Erkrankungen, weil sie zunächst unbehandelt bleiben. Dazu können auch Depressionen zählen. Depressionen, die über einen langen Zeitraum nicht behandelt werden, können zu einer chronischen Erkrankung werden. Deren Heilung kann dann deutlich länger dauern, als wenn sie sofort nach dem ersten Auftreten behandelt worden wäre.

Chronisch-rezidivierend

Chronisch-rezidivierend ist die Bezeichnung für Erkrankungen, die lang andauern, zwischenzeitige Besserung zeigen, aber dann erneut auftreten.

Compliance (engl. Regelbefolgung)

Als Compliance bezeichnet man die Bereitschaft zur Kooperation mit dem behandelnden Arzt und dessen Anweisungen. Mangelnde Compliance kann zum Beispiel darin bestehen, dass Patienten die verschriebenen Medikamente nicht oder nicht in der verschriebenen Dosis oder Regelmäßigkeit einnehmen. Mangelnde Compliance kann bei der Behandlung von Depressionen zu einem Rückfall (Rezidiv) führen.

Computertomografie / Computertomographie / CT

Die Computertomografie (CT) ist ein bildgebendes Verfahren in der Radiologie. Es werden bei diesem Verfahren viele einzelne Röntgenaufnahmen aus unterschiedlichen Richtungen aufgenommen. Mithilfe eine Computers werden daraus Schnittbilder erzeugt, die eine sehr detaillierte Darstellung von Gewebe ermöglichen.

Depersonalisation

Als Depersonalisation bezeichnet man eine Störung des natürlichen Persönlichkeitsgefühls. Den Betroffenen erscheinen zum Beispiel der eigene Körper, das eigene Denken und Fühlen, oder aber auch ihre Umwelt verändert und fremd. Depersonalisation kann als Symptom einer Depression auftreten. Häufig zum Beispiel als „emotionale Taubheit", bei der die Betroffenen den Eindruck haben, dass ihre Gefühle verändert, verflacht oder gar nicht mehr vorhanden seien.

depressiv

Das Wort kommt aus dem Französischen und bedeutet „gedrückt", „niedergeschlagen" oder „verstimmt".

Differenzialdiagnose / Differenzialdiagnose

Differenzialdiagnose ist die Bezeichnung für Erkrankungen, die ähnliche oder gleiche Symptome erzeugen, wie die vom Arzt angenommene Diagnose. Der Arzt muss dann klären, welche Krankheit tatsächlich vorliegt. In Arztbriefen findet man häufig die Abkürzung „DD".

EEG

EEG steht für „Elektroenzephalografie". Es handelt sich dabei um ein Diagnoseverfahren, bei dem die elektrische Aktivität des Gehirns gemessen wird. Die grafische Darstellung der Spannungsschwankungen wird ebenfalls als EEG (Elektroenzephalogramm) bezeichnet. Depressive Erkrankungen lassen sich mithilfe dieses Verfahrens (noch) nicht diagnostizieren. Es dient in Einzelfällen dazu, andere Erkrankungen oder neurologische Störungen auszuschließen.

endogen

Endogen bedeutet „aus sich heraus", „ohne erkennbare äußere Ursache". Das Gegenteil nennt man „exogen".

Episode

Eine zeitlich eingrenzbare Phase, in der bestimmte Symptome auftreten bzw. sich verschlechtern.

exogen

Exogen bedeutet „durch eine äußere Ursache hervorgerufen". Das Gegenteil nennt man „endogen".

generalisierte Angst / Angststörung

Unter einer generalisierten Angststörung versteht man andauernde Ängste, die nicht, wie bei einer Phobie, von bestimmten Objekten oder Situationen ausgelöst werden. Vielmehr beziehen sich die Ängste bei einer generalisierten Angststörung ganz allgemein auf alle möglichen Bereiche des Lebens. Im Vordergrund stehen Ängste, Befürchtungen und Sorgen, die sich um mögliche Unglücke oder Erkrankungen des Betroffenen selbst oder auch von Familienmitgliedern und Freunden drehen. Nicht selten treten Ängste in Bezug auf das eigene Altern auf. So zum Beispiel die Sorge, im Alter zu erkranken, zu vereinsamen oder nicht ausreichend versorgt zu sein. Grundsätzlich besteht bei den Betroffenen der Eindruck, die bestehenden Sorgen nicht kontrollieren zu können oder ihnen ausgeliefert zu sein. Typische Symptome sind Nervosität, Sorgen, Befürchtungen, Konzentrationsstörungen und Schlafstörungen. Darüber hinaus kann es auch zu vegetativen Symptomen wie Benommenheit, Schwindel, Herzrasen, Herzstolpern oder Mundtrockenheit kommen.

Generika

Als Generika bezeichnet man sogenannte „Nachahmermedikamente", die nach Ablauf des Patentschutzes eines Originalmedikaments von verschiedenen Herstellern angeboten werden. Generika enthalten die gleichen Wirkstoffe, wie das Originalmedikament, sind jedoch in der Regel deutlich preiswerter. Ein Generikum eines Originalmedikaments erhält einen neuen Namen. Oft – aber nicht immer – zusammengesetzt aus dem Namen des Wirkstoffs und des Herstellers. Beispiel: „ASS ratiopharm". Generika unterliegen den gleichen Zulassungsbestimmungen und Kontrollen wie auch die Originalpräparate.

geriatrisch

Ältere Patienten betreffend.

Goldstandard

Als Goldstandard werden therapeutische oder diagnostische Verfahren bezeichnet, die als aktuell anerkannt beste Methode gelten. Entsprechend der Fortschritte in Medizin und Wissenschaft ändert sich von Zeit zu Zeit, was als Goldstandard bei der Behandlung einer bestimmten Krankheit oder Störung gilt.

Insomnie / Insomnia

Die Begriffe Insomnie oder Insomnia beschreiben Schlafstörungen unterschiedlicher Art. Insbesondere wird damit ein Mangel an Schlaf hervorgerufen durch Einschlaf- oder Durchschlafstörungen beschrieben. Schlafstörungen gehören zu den häufigsten Symptomen bei Depressionen.

intermittierend

Als intermittierend (wiederkehrend) werden Krankheiten bezeichnet, die lange andauern, bei denen aber Phasen auftreten, in denen die Symptome gemildert sind oder ganz verschwinden.

irreversibel

Irreversibel bedeutet „nicht umkehrbar". Bei der Behandlung von Depressionen taucht der Begriff im Zusammenhang mit bestimmten Antidepressiva, den irreversiblen Monoaminooxidase-Hemmern (MAO-Hemmer) auf.

Kernspintomografie / „Kernspin"

siehe: Magnetresonanztomografie.

Kognitive Verhaltenstherapie

Die kognitive Verhaltenstherapie ist eine sehr häufig angewandte Form der Verhaltenstherapie. Im Mittelpunkt der kognitiven Therapieverfahren stehen Einstellungen, Gedanken, Bewertungen und Überzeugungen. Schwerpunkte der Therapie sind:

- die Bewusstmachung von Kognitionen

- die Überprüfung von Kognitionen und Schlussfolgerungen auf ihre Angemessenheit

- die Korrektur von irrationalen Einstellungen

- der Transfer der korrigierten Einstellungen in konkretes Verhalten

Die kognitive Verhaltenstherapie unterscheidet sich damit deutlich zum Beispiel von tiefenpsychologischen Therapieformen wie der Psychoanalyse. Im Vordergrund stehen bei der kognitiven Verhaltenstherapie nicht Kindheitserlebnisse oder die ursprünglichen Ursachen der Probleme, sondern deren praktische Lösung im Alltag. Kognitive Therapieverfahren werden äußerst erfolgreich zur Behandlung von Depressionen und Angst-störungen eingesetzt.

larvierte Depression

Als larvierte (versteckte) Depression bezeichnet man depressive Erkran-kungen, die sich vor allem in Form von körperlichen Symptomen (zum Beispiel Schmerzen) äußern. Larvierte Depressionen bleiben oft lange unerkannt, weil die Symptome nicht zum Erscheinungsbild einer klassi-schen Depression passen.

Libido

Der lateinische Begriff bedeutet so viel wie „Begehren" oder „Begierde". Bezeichnet wird damit das Verlangen nach sexuellen Handlungen und sexueller Lust. Libidoverlust kann sowohl als Symptom einer Depression, aber auch als unerwünschte Nebenwirkung bei einigen Antidepressiva auftreten.

limbisches System

Das sogenannte limbische System ist der Teil des Gehirns, in dem ein Teil der Steuerung von Gefühlen, Stimmungen, Emotionen und Trieben statt-findet. Aber auch Funktionen wie Antrieb, Lernen und Gedächtnis werden dem limbischen System zugeschrieben. Die noch häufig anzutreffende Beschreibung des limbischen Systems als alleinigem Ursprung von Emo-tionen und Stimmungen gilt heute jedoch als überholt. Bei depressiven Patienten scheinen auch Funktionen des limbischen Systems (z. B. die Stressregulation) beeinträchtigt zu sein.

Magnetresonanztomografie / Magnetresonanztomographie / MRT

Die Magnetresonanztomografie ist ein bildgebendes Verfahren, das eine sehr detaillierte Darstellung von Organen und Gewebe ermöglicht. Das Verfahren basiert auf der sogenannten „Kernspinresonanz". Es wird des-halb manchmal auch als Kernspintomografie oder umgangssprachlich kurz als „Kernspin" bezeichnet. Ein großer Vorteil dieser Methode besteht da-rin, dass keine für den Patienten belastende Strahlung entsteht. Die detail-lierte Untersuchung von Gehirn und Nerven ist erst durch dieses Verfahren möglich geworden.

Melatonin

Melatonin ist ein Hormon, das in der Zirbeldrüse des Menschen gebildet wird. Es steuert unter anderem den Wach-Schlaf-Rhythmus. Melatonin wird bei eintretender Dunkelheit ausgeschüttet. Der Melatoninspiegel sinkt wieder, wenn es hell wird. Bleibt der Melatoninspiegel aufgrund von Lichtmangel hoch, können depressive Symptome auftreten. Man macht diesen Effekt zum Beispiel für die saisonalen depressiven Störungen (Herbst/Winterdepression) verantwortlich. Abhilfe schaffen helles Tageslicht am Morgen oder ersatzweise der Einsatz sogenannter Tageslichtleuchten (Lichttherapie).

Neuroleptika

Neuroleptika (Einzahl = Neuroleptikum) sind Medikamente, die unter anderem zur Behandlung von Wahnvorstellungen und Halluzinationen bei psychotischen Patienten eingesetzt werden. Sie kommen auch bei der Behandlung von Manien zum Einsatz.

Neurose

Neurose bedeutet wörtlich „Nervenkrankheit". Mit diesem heute kaum noch verwendeten Begriff wurden ursprünglich alle nicht körperlich bedingten Erkrankungen bezeichnet. Später diente der Begriff Neurose zur Kennzeichnung von leichteren psychischen Störungen (im Gegensatz zu Psychosen). Heute werden vor allem Angststörungen und Zwangsstörungen als „neurotische Störungen" bezeichnet.

Neurotransmitter

Neurotransmitter sind chemische Botenstoffe, die die Weiterleitung von Signalen im Nervensystem ermöglichen. Man nimmt an, dass bei einer Depression insbesondere die Neurotransmitter Serotonin und Noradrenalin im Gehirn nicht in ausreichender Menge zur Verfügung stehen. Antidepressiva können diesen Mangel ausgleichen.

Noradrenalin

Noradrenalin ist ein Neurotransmitter, der unter anderem Antrieb und Motivation unterstützt. Selektive Noradrenalin-Wiederaufnahmehemmer (SNRI) greifen gezielt an diesem Botenstoff an. Sie werden zum Beispiel bei mangelndem Antrieb (Antriebshemmung) verschrieben.

Panikattacke / Panikanfall

Als Panikattacke oder Panikanfall wird eine psychische und körperliche Alarmreaktion ohne erkennbaren äußeren Anlass verstanden. Die Betroffenen erleben den Panikanfall als Zustand äußerster existenzieller Angst. Typische Symptome sind Herzrasen, Atemnot, Schweißausbrüche und

Angstgedanken. Die bedrohlich erscheinenden körperlichen Symptome erzeugen weitere Ängste, die wiederum die Symptome aufrechterhalten. Ein Teufelskreis. Die Angst vor einem plötzlichen erneuten Auftreten einer Panikattacke führt nicht selten zu sozialem Rückzug und Vermeidung von Orten oder Situationen, in denen ein Panikanfall auftreten könnte.

Phobie

Eine krankhafte Angst, die sich auf bestimmte Objekte, Situationen oder Tätigkeiten bezieht. Zum Beispiel die Klaustrophobie, die Angst vor engen Räumen oder die Akrophobie (Höhenangst).

Phytopharmaka

Phytopharmaka (Einzahl = Phytopharmakon) sind in der Medizin verwendete Arzneimittel, deren wirksame Bestandteile ausschließlich pflanzlicher Herkunft sind. Ein Phytopharmakon, das manchmal bei der Behandlung von Depressionen zum Einsatz kommt, ist das sogenannte „Echte Johanniskraut". Phytopharmaka sind nicht automatisch harmlos, nur weil sie aus pflanzlichen Bestandteilen hergestellt werden. Sie sollten deshalb genau wie andere Medikamente behandelt werden. Ihre Einnahme sollte immer mit dem behandelnden Arzt besprochen werden. Wechselwirkungen mit anderen Medikamenten können auftreten.

Posttraumatische Belastungsstörung

Eine posttraumatische Belastungsstörung (PTBS) ist eine psychische Erkrankung, die durch ein zurückliegendes traumatisches Erlebnis ausgelöst wurde. Einer PTBS gehen definitionsgemäß ein oder mehrere belastende Ereignisse von außergewöhnlicher Bedrohung oder katastrophalem Ausmaß (Trauma) voran. Dabei muss die Bedrohung nicht unbedingt die eigene Person betreffen, sondern sie kann auch bei anderen erlebt werden. Zum Beispiel, wenn man Zeuge eines schweren Unfalls oder einer Gewalttat wird.

Psychologe

Psychologe ist eine Berufsbezeichnung von Personen, die über eine entsprechende universitäre Ausbildung im Fach Psychologie verfügen (Diplom-Psychologen bzw. Master of Science (Psychologie)). Psychologen können eine psychotherapeutische Zusatzausbildung machen und dürfen sich dann Psychologischer Psychotherapeut nennen. Ohne Zusatzausbildung dürfen Psychologen keine Psychotherapie anbieten.

Psychiater

Psychiater sind Fachärzte für Psychiatrie und Psychotherapie. Die Psychiatrie ist eine Spezialisierungsrichtung innerhalb der Medizin. Psychiater beschäftigen sich mit der Diagnose, Behandlung und Erforschung von psychischen Erkrankungen oder Störungen unter Einbeziehung der körperlichen Ebene (Somatik). Ein niedergelassener Psychiater ist ein Facharzt genau wie zum Beispiel ein Orthopäde oder ein HNO-Arzt. Das heißt, der Psychiater kann - im Gegensatz zum Psychologen/Psychotherapeuten - Medikamente verschreiben, Laboruntersuchungen veranlassen und Überweisungen zu anderen Ärzten ausstellen.

Psychoanalyse

Psychoanalyse ist die Bezeichnung sowohl für eine psychologische Theorie als auch für ein psychotherapeutisches Behandlungsverfahren. Das ursprüngliche Konzept der Psychoanalyse wurde bereits 1890 von dem Wiener Neurologen Sigmund Freud entwickelt. Von dessen Schülern und anderen Psychologen und Psychiatern wurden danach bis heute verschiedene Schulen der sogenannten Tiefenpsychologie entwickelt. Die Psychoanalyse gehört zu den sogenannten aufdeckenden Therapieformen. Ihr Ziel es ist, dem Patienten ein besseres Verständnis seiner Persönlichkeit und seiner oft unbewussten Konflikte zu ermöglichen. Ziel ist eine positive Umstrukturierung der Teile der Persönlichkeit und des Gefühlslebens, die zu den krankhaften Symptomen beitragen. Eine klassische Psychoanalyse findet über mehrere Jahre 3 – 5 Mal pro Woche statt. Heute findet man häufiger kürzere Formen, wie die Analytische Psychotherapie und die Tiefenpsychologisch fundierte Psychotherapie.

Psychopharmaka

Als Psychopharmaka werden grundsätzlich alle Medikamente bezeichnet, die auf die Psyche des Menschen einwirken. In der Regel sind damit solche Medikamente gemeint, die der Behandlung psychischer Störungen oder neurologischer Krankheiten dienen. Bei der Behandlung von Depressionen kommen vor allem Antidepressiva zum Einsatz.

Psychose

Eine Psychose ist eine schwere psychische Störung. Bei einer Psychose entwickeln die Patienten häufig Wahnvorstellungen und verlieren den Bezug zur Realität. Die Betroffenen sind sich ihrer psychotischen Störung oftmals nicht bewusst. Sie halten sich für gesund. Im Zusammenhang mit Depressionen treten Psychosen nur in seltenen, schweren Fällen auf.

Psychosomatik

Der Begriff Psychosomatik setzt sich aus den griechischen Wörtern für „Seele" (Psyche) und „Körper" (Soma) zusammen. Dementsprechend bezeichnet Psychosomatik die engen Zusammenhänge zwischen seelischen und körperlichen Vorgängen.

Psychotherapeut / Psychologischer Psychotherapeut

Psychotherapeut ist eine geschützte Berufsbezeichnung. Das Psychotherapeutengesetz (PsychThG) regelt genau, wer diese Berufsbezeichnung führen darf. Dazu gehören Ärzte mit entsprechender Ausbildung, Psychologische Psychotherapeuten und Kinder- und Jugendlichenpsychotherapeuten, die eine entsprechende Approbation (staatliche Zulassung) haben. Heilpraktiker gehören nicht dazu. Ihre Berufsbezeichnung lautet „Heilpraktiker für Psychotherapie".

Rapid Cycling

Als Rapid Cycling bezeichnet man einen schnellen Wechsel von depressiven und manischen Phasen bei einer bipolaren Störung. Man spricht von Rapid Cycling bei mindestens vier Stimmungsumschwüngen im Jahr, von Ultra Rapid Cycling bei Stimmungsumschwüngen innerhalb von wenigen Tagen und von Ultradian Rapid Cycling bei Stimmungsumschwüngen innerhalb weniger Stunden. Patienten mit diesem Störungsbild benötigen eine ganz besondere Behandlung.

Remission

Als Remission bezeichnet man das zeitweise oder dauerhafte Nachlassen der Symptome einer Krankheit, ohne dass eine endgültige Heilung erreicht wurde. Manchmal findet man auch die Bezeichnungen „Vollremission" für eine vollständige Heilung oder „partielle Remission" für eine teilweise Besserung der Symptome.

Responder / Non Responder

Als Responder wird in der Medizin ein Patient oder ein Proband bezeichnet, der auf eine bestimmte Behandlungsmethode wie erwartet reagiert. Ein Responder ist zum Beispiel ein depressiver Patient, bei dem die depressiven Symptome, nach der Einnahme eines Antidepressivums, wie erwartet, nachlassen. Als Non Responder werden die Patienten bezeichnet, bei denen ein Medikament oder eine Behandlungsmethode, trotz korrekter Durchführung, nicht die gewünschte Wirkung zeigt. Siehe auch „Therapieresistenz".

Rezidiv

Als Rezidiv bezeichnet man in der Medizin einen Rückfall. Bei der Behandlung von Depressionen treten Rückfälle zum Beispiel häufig auf, wenn die Patienten nach einer ersten Besserung (partielle Remission) die Behandlung oder die Einnahme der Medikamente abbrechen. In der Folge kann ein Rezidiv dann sogar mit stärkeren Symptomen auftreten als zu Beginn der Erkrankung.

Rezidivprophylaxe

Als Rezidivprophylaxe bezeichnet man alle Maßnahmen, die dazu dienen, das erneute Auftreten einer Erkrankung zu vermeiden. Bei der Behandlung von Depressionen kann die Rezidivprophylaxe zum Beispiel darin bestehen, ein Antidepressivum auch nach Abklingen der Symptome weiterhin einzunehmen.

Serotonin

Serotonin ist ein Neurotransmitter (Botenstoff), der im Gehirn unter anderem die Stimmung des Menschen beeinflusst. Serotonin wird deshalb im Volksmund häufig als „Glückshormon" bezeichnet. Da bei einer Depression ein Mangel an Serotonin vorliegt, haben die meisten Antidepressiva unter anderem die Funktion, die Konzentration von Serotonin im Gehirn zu erhöhen. Die Selektiven Serotonin-Wiederaufnahmehemmer (SSRI) blockieren, die Wiederaufnahme des Botenstoffs und sorgen so dafür, dass mehr Serotonin zur Verfügung steht.

SNRI

SNRI steht für „Serotonin-Noradrenalin-Reuptake-Inhibitor". Das sind Antidepressiva, die gezielt die Wiederaufnahme der Botenstoffe Serotonin und Noradrenalin an den Rezeptoren im Gehirn blockieren. Dadurch wird eine Erhöhung der, bei einer Depression zu geringen, Konzentration dieser Neurotransmitter erreicht.

somatoforme Störung

Als somatoforme Störungen werden Erkrankungen bezeichnet, die sich durch körperliche Symptome äußern, bei denen aber keine körperlichen Ursachen gefunden werden können. Typische somatoforme Störungen sind Müdigkeit, Erschöpfung, Schmerzen, Herz-Kreislaufprobleme und Magen-Darm-Beschwerden.

somatogen

Somatogen bedeutet „körperlich", „vom Körper kommend", „körperlich bedingt". Häufig wird stattdessen auch der Begriff „organisch" verwendet.

Somatogene Depression

Somatogene Depressionen sind solche, die organisch oder hormonell bedingt sind. Ursachen können Stoffwechselstörungen, Tumore oder verletzungsbedingte Hirnschädigungen sein. Typisch ist zum Beispiel die Depression bei Störungen der Schilddrüsenfunktion. Aber auch hormonell bedingte Depressionen z. B. nach einer Schwangerschaft (postpartale Depression) werden zu den somatogenen Depressionen gezählt.

Soziale Phobie

Mit dem Begriff „Soziale Phobien" werden Ängste beschrieben, die beim Zusammensein mit anderen Menschen auftreten. Das zentrale Merkmal sind ausgeprägte Ängste davor, in sozialen Situationen im Zentrum der Aufmerksamkeit zu stehen oder sich peinlich oder beschämend zu verhalten.

SSRI

SSRI steht für „Selective Serotonin-Reuptake-Inhibitor". Das sind Antidepressiva, die gezielt die Wiederaufnahme von Serotonin an den Rezeptoren im Gehirn blockieren. Siehe auch „Serotonin".

Stressbewältigung

Stressbewältigung ist ein Sammelbegriff für „Stressmanagementmethoden", also für Methoden, um psychisch belastenden Stress zu verringern oder ganz abzubauen. Typische Mittel zur Stressbewältigung sind Entspannungstraining (z. B. das Autogene Training oder die Progressive Relaxation), Achtsamkeitstraining aber auch Sport. Insbesondere Ausdauersport gilt als äußerst wirksam, wenn es darum geht, die negativen Wirkungen von zu viel Stress zu kompensieren.

Suizid

Suizid bedeutet „Selbsttötung". Den in der Alltagssprache häufig verwendeten Begriff „Selbstmord" versucht man in der modernen Medizin und Psychologie zu vermeiden, da er unangemessen wertend und verurteilend ist.

Switching / Switch

Switching oder Switch ist die Bezeichnung für einen übergangslosen Phasenwechsel bei einer bipolaren Störung. Ein Switch kann unbeabsichtigt durch bestimmte Antidepressiva ausgelöst werden.

Symptom

Als Symptome werden generell alle Krankheitszeichen und Begleiterscheinungen von Erkrankungen bezeichnet.

Symptomatik

Mit dem Begriff Symptomatik bezeichnet man die Gesamtheit aller, bei einer bestimmten Erkrankung auftretenden Symptome.

Synapse

Synapsen sind die Verbindungsstellen, an denen Nervenzellen mit anderen Zellen (Sinneszellen, Muskelzellen oder andere Nervenzellen) in Kontakt stehen. Signale können an den Synapsen auf chemischem oder elektrischem Wege übertragen werden. Die chemische Übertragung findet mittels sogenannter Neurotransmitter statt. Ist die Verfügbarkeit dieser Neurotransmitter gestört, kommt es zu Problemen bei der Signalübertragung. Im Falle der Depression nimmt man zum Beispiel an, dass unter anderem die Verfügbarkeit des Neurotransmitter Serotonin gestört ist.

Therapieresistenz

Von Therapieresistenz spricht man, wenn die Symptome einer Erkrankung trotz fachgerechter Behandlung nicht gemindert werden, obwohl dies zu erwarten wäre. Bei Depressionen ist eine echte Therapieresistenz selten. Hinter vielen Fällen scheinbarer Therapieresistenz steckt eine nicht ausreichende Dosierung oder mangelnde Compliance seitens des Patienten. Wenn Antidepressiva und Psychotherapie tatsächlich keine Wirkung zeigen, gibt es noch eine Reihe weiterer, seltener angewendeter, Behandlungsmethoden.

Trauma

Der Begriff Trauma steht ursprünglich für Verletzungen jeder Art. Innerhalb der Psychologie wird der Begriff aber vor allem für seelische Verletzungen oder Belastungen verwendet. Typische Traumata sind der plötzliche Tod eines geliebten Menschen, das Miterleben eines schweren Unfalls aber auch sexueller Missbrauch.

Trizyklische Antidepressiva

Die sogenannten trizyklischen Antidepressiva waren die ersten Medikamente, die erfolgreich als Antidepressiva eingesetzt wurden. Ihren Namen haben sie aufgrund ihrer chemischen Struktur erhalten. Sie werden häufig auch als „ältere Antidepressiva" bezeichnet. Sie zeichnen sich durch eine gute Wirkung, aber leider auch durch besonders viele unerwünschte Nebenwirkungen aus.

Unipolar / Unipolare Depression

Unipolar bedeutet „nur mit einem Pol ausgestattet", „nur nach einer Seite ausgerichtet". Eine unipolare Depression ist eine, bei der ausschließlich depressive Episoden auftreten. Der Begriff unipolare Depression wird manchmal als Abgrenzung oder Gegensatz zur bipolaren Störung verwendet, bei der neben depressiven auch manische Episoden oder Phasen auftreten.

Vegetatives Nervensystem

Das sogenannte vegetative Nervensystem ist der Teil des Nervensystems, über das alle automatisch ablaufenden Funktionen des Körpers gesteuert werden. Dazu gehören unter anderem der Blutdruck, die Atmung, der Herzschlag und die Verdauung. Eine andere Bezeichnung für das vegetative Nervensystem ist „Autonomes Nervensystem". Diese Bezeichnung beschreibt eine wichtige Eigenschaft dieses Teils des Nervensystems. Es unterliegt nämlich nicht der willentlichen Steuerung und kann bestenfalls indirekt willentlich beeinflusst werden. Im Gegensatz dazu kann das sogenannte „Somatische Nervensystem" bewusst gesteuert werden (z. B. Muskulatur und Bewegung).

Vulnerabilität

Vulnerabilität bedeutet übersetzt Verletzlichkeit oder Anfälligkeit. Im Zusammenhang mit Depressionen wird mit dem Begriff Vulnerabilität die mehr oder weniger hohe Anfälligkeit, an einer Depression zu erkranken, bezeichnet. Die Vulnerabilität gegenüber Depressionen ist bei jedem Menschen unterschiedlich hoch. Eine hohe Vulnerabilität bedeutet ein größeres Risiko an einer Depression zu erkranken.

Wirklatenz

Als Wirklatenz (Latenz = Verzögerung) bezeichnet man den verzögerten Wirkungsbeginn eines Medikaments. Die meisten Antidepressiva haben eine Wirklatenz von mehreren Wochen. Einzelne Anteile des Wirkspektrums (z. B. Antrieb oder Schmerzlinderung) können aber bereits früher eintreten. Das ist zum Beispiel problematisch, wenn der Antrieb eines Patienten bereits gesteigert wird, bevor eine Verbesserung der Stimmung eintritt (Suizidgefahr).

Zirkadianer Rhythmus

Als zirkadianen Rhythmus bezeichnet man den Ablauf biologischer Aktivitäten im Tagesverlauf. Dazu zählt zum Beispiel der Wach-Schlaf-Rhythmus. Der zirkadiane Rhythmus wird manchmal auch als „innere Uhr" bezeichnet. Insbesondere der Wach-Schlaf-Rhythmus ist bei einer Depression häufig gestört.

Lesetipps zum Thema Depression

Wenn Sie sich noch weiter über das Thema Depressionen informieren möchten, finden Sie im Folgenden einige lesenswerte Bücher zu diesem Thema.

Depressionen überwinden – Niemals aufgeben! (Stiftung Warentest)

Niklewski, Günter / Riecke-Niklewski, Rose (ISBN 978-3-86851-132-1)
Ein sehr empfehlenswertes Buch für Betroffene und Angehörige. Sachlich korrekt, informativ und gut verständlich geschrieben. Ein Standardwerk, das jeder gelesen haben sollte, der direkt oder indirekt von Depressionen betroffen ist.

Leben mit bipolaren Störungen: Manisch-depressiv: Wissen, das Ihnen gut tut

Bräunig, Peter (ISBN 978-3-8304-3524-2)
Eines der wenigen gut lesbaren Bücher über bipolare Störungen.

Wenn die Seele den Körper leiden lässt

Loew, Thomas; Köllner, Volker (ISBN 9783893734184)
Der Autor, Dr. med. Thomas Loew beschreibt anschaulich und gut verständlich die Zusammenhänge zwischen Psyche und Körper. (Leider zur Zeit nur noch gebraucht zu bekommen)

Hilfen bei Stress und Belastung

Tausch, Reinhard (ISBN 978-3-499-60124-8)
Der bekannte Psychologe, Professor Tausch, zeigt hier sehr praxisnah, wie man Stress im eigenen Leben reduzieren und besser mit Problemen umgehen kann.

Der achtsame Weg durch die Depression

Williams, Mark / Teasdale, John / Segal, Zindel / Kabat-Zinn, Jon (ISBN 978-3-936855-80-7)
Ein leicht verständliches Buch zum Thema Depressionsbewältigung durch Achtsamkeit. Die Autoren sind renommierte Vertreter der Achtsamkeitsbasierten Kognitiven Therapie (MBCT). Im Buch enthalten sind zwei CDs mit Achtsamkeitsübungen.

Kognitive Verhaltenstherapie bei Depressionen

Hautzinger, Martin (ISBN 3-621-27512-6)
Das Buch richtet sich sowohl an Therapeuten, aber auch an interessierte Laien. Wenn Sie wissen wollen, worauf die Theorie der (kognitiven) Verhaltenstherapie basiert und wie diese in der Praxis abläuft, ist dieses Buch richtig für Sie.

Wichtige Adressen

Es gibt eine ganze Reihe von Möglichkeiten der Beratung und Information zum Thema Depressionen. Auch wenn es im Zweifelsfalle immer richtig ist, einen Arzt aufzusuchen, ist es für Betroffene und Angehörige sinnvoll, sich über die Erkrankung so gut wie möglich zu informieren. Im Folgenden finden Sie einige Kontaktdaten und Internetadressen, die als Startpunkt dafür gut geeignet sind.

Deutsche DepressionsLiga e. V.

Die Deutsche DepressionsLiga e. V. ist ein bundesweit tätiger, gemeinnütziger Verein, der sich als Vertretung depressiver Patienten und deren Angehöriger versteht. Der Verein bietet auf seinen Seiten eine Vielzahl an Informationen rund um die Themen Depressionen und Therapie. Sie finden dort unter anderem Kontaktadressen zu Kliniken, Selbsthilfegruppen und Beratungsangeboten.

http://www.depressionsliga.de/index.html

Deutsche DepressionsLiga e.V.
Postfach 1151
71405 Schwaikheim
Deutschland
kontakt@depressionsliga.de

Stiftung Deutsche Depressionshilfe

Die erklärten Ziele der Stiftung Deutsche Depressionshilfe sind die Erforschung depressiver Erkrankungen, die Hilfe für Betroffene und die Weitergabe von Wissen. Sie finden auf den Seiten unter anderem umfangreiche Adressenlisten, Rat für Angehörige und ein Online-Forum mit vielen Beiträgen.

http://www.deutsche-depressionshilfe.de/index.php

Stiftung Deutsche Depressionshilfe
Semmelweisstraße 10
04103 Leipzig
Tel.: 0341/97-24493
Fax: 0341/97-24599
info@deutsche-depressionshilfe.de

Bundesarbeitskreises der Angehörigen psychisch Kranker (BApK)

Der Bundesarbeitskreis bietet unter anderem Beratung per E- Mail und per Telefon an:

Telefon: 01805 950 951
E-Mail: *seelefon@psychiatrie.de*

Sozialpsychiatrische Dienste

Sozialpsychiatrische Dienste bieten unter anderem Beratung und Hilfe für Menschen mit psychischen Erkrankungen und auch für deren Angehörige oder Freunde an. Jeder Bürger hat Anspruch auf Hilfe und Beratung durch einen sozialpsychiatrischen Dienst. Da die sozialpsychiatrischen Dienste von den einzelnen Bundesländern geführt werden, können sich die Regelungen im Einzelfall unterscheiden. Der Bundesverband der Angehörigen psychisch Kranker e. V. führt auf seinen Seiten „Psychiatrienetz" eine (leider noch nicht ganz vollständige) Liste von sozialpsychiatrischen Diensten der einzelnen Bundesländer.

http://www.psychiatrie.de/bapk/prof-hilfen/spdis/

Informationen zum Thema Psychotherapie

Auf den Webseiten der Bundespsychotherapeutenkammer finden Sie Informationen und Hinweise zum Thema Psychotherapie. Unter anderem kann dort die Broschüre „Wege zur Psychotherapie" in verschiedenen Sprachen heruntergeladen werden.

http://www.bptk.de/patienten/einfuehrung.html

Bundespsychotherapeutenkammer
Arbeitsgemeinschaft der Landespsychotherapeutenkammern
Klosterstr. 64
10179 Berlin
Tel.:   030 278785-0
E-Mail: info@bptk.de

Spezialisierte Depressionsstationen in ganz Deutschland

Die Zeitschrift „Stern" veröffentlicht auf einer ihrer Webseiten eine sehr ausführliche Liste mit den Kontaktdaten zu psychiatrischen Kliniken und Einrichtungen. Die Adressen sind nach Postleitzahlbereichen geordnet, sodass man schnell eine Einrichtung in der Nähe des eigenen Wohnorts finden kann.

http://www.stern.de/gesundheit/2-hilfe-von-experten-spezialisierte-depressionsstationen-in-ganz-deutschland-1617341.html

Verzeichnisse von Psychotherapeuten

Auf der Website von „Therapie.de" finden Sie eine Liste mit etwa 5000 dort registrierten Therapeuten. Die Liste kann nach unterschiedlichen Therapieverfahren, Behandlungsschwerpunkten durchsucht werden. Ebenso können Sie über die Ort-Suche leicht einen Therapeuten in Ihrer Nähe finden. (Beachten Sie, dass hier sehr viele, aber nicht alle Therapeuten aufgeführt sind).

http://www.therapie.de/psychotherapie/-regionalsuche-/

Auf der Webseite „Psychotherapeutensuche.de" kann man ebenfalls nach Therapeuten in der Nähe des eigenen Wohnorts suchen. (Beachten Sie, dass hier nicht alle Therapeuten aufgeführt sind).

http://www.psychotherapeutensuche.de/psychotherapeuten/suche/

Arztsuche in Deutschland

Auf den Seiten der Kassenärztlichen Bundesvereinigung finden Sie die Kontaktdaten der verschiedenen Kassenärztlichen Vereinigungen der einzelnen Bundesländer. Dort erhalten Sie Auskunft über Ärzte unterschiedlicher Fachgebiete in Ihrer Nähe.

http://www.kbv.de/arztsuche/178.html

Kassenärztliche Bundesvereinigung
Herbert-Lewin-Platz 2, 10623 Berlin
Postfach 12 02 64, 10592 Berlin
Tel.: (0 30) 40 05 – 0
Fax: (0 30) 40 05 - 15 90

Diakonie

www.evangelische-beratung.info/angebote/lebensberatung

Caritas

www.caritas.de/hilfeundberatung/onlineberatung/behinderungundpsychischeerkrankung/

Selbsthilfegruppen

Die Deutsche DepressionsLiga führt auf ihren Seiten eine Liste mit Selbsthilfegruppen für an Depression Erkrankte und deren Angehörige.

Die Liste kann nach Postleitzahlen durchsucht werden, um schnell eine Selbsthilfegruppe in der Nähe zu finden.

http://www.depressionsliga.de/selbsthilfegruppe-suchen.html

Was tun im Notfall?

Wenn Sie selbst unter Depressionen leiden oder mit einem depressiven Menschen zusammenleben, kann es im Verlauf der Erkrankung zu Krisen oder auch echten Notfällen kommen. In schweren Fällen und bei Suizid-ankündigungen oder Suizidversuchen sollte man nicht zögern und umgehend den Notruf (Telefon 112) wählen. Es ist sinnvoll, Adressen und Telefonnummern von Krankenhaus, Therapeut und ggf. Taxizentrale immer griffbereit zu haben.

Beratung in Krisensituationen

Die Telefonseelsorge kann man rund um die Uhr und an jedem Tag der Woche gebührenfrei unter den Rufnummern +49 (0)800 111 0 111 oder +49 (0)800 111 0 222 erreichen. Die Berater sind geschult und können Ihnen wertvolle Hilfe und Ratschläge geben. Kinder und Jugendliche können sich an das Kinder- und Jugendtelefon wenden, das wochentags zwischen 14:00 Uhr und 20:00 Uhr unter der Telefonnummer 0800/111-0-333 erreichbar ist.

Suizidversuch oder Suizidgefahr

In beiden Fällen ist die Notfallnummer 112 zu wählen. Es gilt, möglichst ruhig zu bleiben, und die Fragen der Gegenstelle genau zu beantworten. Teilen Sie insbesondere die Adresse korrekt mit, damit die Notretter Sie möglichst schnell erreichen können. Lassen Sie den suizidgefährdeten Menschen nicht alleine. Entfernen Sie alle Gegenstände aus seiner Nähe, die er dazu verwenden könnte, sich zu verletzen.

Notfallnummern in verschiedenen Bundesländern

Auf dieser Webseite finden Sie eine Liste mit Notfalltelefonnummern in den einzelnen Bundesländern:

http://www.depressionen-depression.net/notfaelle/notfallnummern.htm

Weitere Notfallnummern

In einem Notfall können auch andere Telefonnummern wichtig sein. Es ist sinnvoll, sich auch die folgenden Nummern für den Notfall zu notieren:

- Telefonnummer/Handynummer des Partners oder eines guten Freundes

- Telefonnummer des behandelnden Arztes und/oder Psychiaters

- Telefonnummer des nächstgelegenen Krankenhauses/Klinik

- Telefonnummer des behandelnden Therapeuten

- Telefonnummer eines Taxiunternehmens (Geld für die Taxifahrt bereithalten)

Tipp: Informationen immer bereithalten

Im Fall eines Zusammenbruchs oder eines anderen Notfalls ist es erfahrungsgemäß schwierig, die richtigen Entscheidungen zu treffen und wichtige Telefonnummern oder Adressen zu finden. Es macht also sehr viel Sinn, diese Informationen nicht erst suchen zu müssen, wenn man sie dringend benötigt. Es reicht schon, die wichtigsten Schritte und Kontaktdaten auf einem DIN-A4 Blatt aufzuschreiben und dieses zusammengefaltet unter das Telefon oder ins Telefonbuch zu legen. So hat man alle wichtigen Daten zur Hand, wenn man sie benötigt. Vergessen Sie die Notfallliste nicht, wenn sie unterwegs sind. Eine Kopie gehört in die Hand- oder Brieftasche.

Tipp: Hilfe gibt es nicht nur für Betroffene

Beratung und Hilfe zum Beispiel bei der Telefonseelsorge erhalten nicht nur Betroffene, sondern jeder, der das Gefühl hat, mit (seelischen) Problemen oder Sorgen allein überfordert zu sein. Das betrifft in unserem Fall insbesondere auch Angehörige und Freunde von depressiven Menschen. Wenn Sie sich mit der aktuellen Situation überfordert fühlen, können Sie dort jederzeit Hilfe und Beratung erhalten.

Kontakt

Haben Sie eine Frage oder eine Anregung?

Wir freuen uns darauf, von Ihnen zu hören.

Wenn Ihnen das Buch gefallen hat, freuen wir uns natürlich auch immer sehr über eine positive Bewertung bei Ihrem Buchhändler. Schon im Voraus vielen Dank dafür :-)

Bitte senden Sie Ihre Fragen oder Vorschläge an:

Zebrabuch

Auf dem Kamp 15

51645 Gummersbach

Stichwort: Depression

Per E-Mail:

info@zebrabuch.de

oder direkt an:

alexander.stern@zebrabuch.de

ÜBER DEN AUTOR

Alexander Stern ist der Autor bekannter Ratgeber wie „Achtsamkeit kann man lernen!", „Schluss mit Angst und Panik" sowie des Bestsellers „Selbstbewusstsein kann man lernen!".

Alexander Stern versteht es wie kein Zweiter, die neuesten Erkenntnisse der psychologischen Forschung in alltagstaugliche Anleitungen für jedermann zu übersetzen.

In seiner neuesten Veröffentlichung „Depressionen – erkennen – verstehen – überwinden" gibt er fundierte und anschauliche Antworten auf Fragen rund um das aktuelle Thema Depressionen und deren Behandlung.

Weitere Bücher von Alexander Stern

Selbstbewusstsein kann man lernen!

Tipps & Tricks für mehr Selbstsicherheit

von Alexander Stern

Achtsamkeit kann man lernen!

Wie Sie durch Achtsamkeit glücklicher und gesünder werden!

von Alexander Stern

Keine Angst vor Prüfungen!

Tipps & Tricks gegen Prüfungsangst

von Alexander Stern

Das große Angstbuch

Angst & Panik verstehen und überwinden

von Alexander Stern

Website zum Buch

Besuchen Sie auch die Website des Autors:

www.gefuehlundverstand.de

Sie finden dort eine Vielzahl weiterer Informationen zu Themen wie

- Depressionen

- Angst & Panik

- Meditation und Achtsamkeit

- Selbstbewusstsein und Selbstvertrauen

Sie haben dort außerdem die Möglichkeit, in einem Forum mit anderen Menschen in Kontakt zu treten.